飛鳥藤原京の山河意匠

―地形幾何学の視点―

木庭元晴

関西大学出版部

【本書は関西大学研究成果出版補助金規程による刊行】

目　次

推理から確証へ

『日本書紀』神武紀によれば，神武天皇が熊野から入って地元の豪族との戦いに疲弊していた際，夢に高皇産霊神（たかみむすびのかみ）が現れる。天香具山（あまのかぐやま）の赤土を取ってきて云々というお告げに従っての後は破竹の勢いで勝ち進み，ヤマトに入る。古代世界の覇権を得て飛鳥宮都（きゅうと）の谷で飛鳥文化が花開くのであるが，この谷には天香具山々頂を通過する天の北極軸が貫通していた。飛鳥時代の始まりの推古期に建立されたとされる谷南端の橘寺

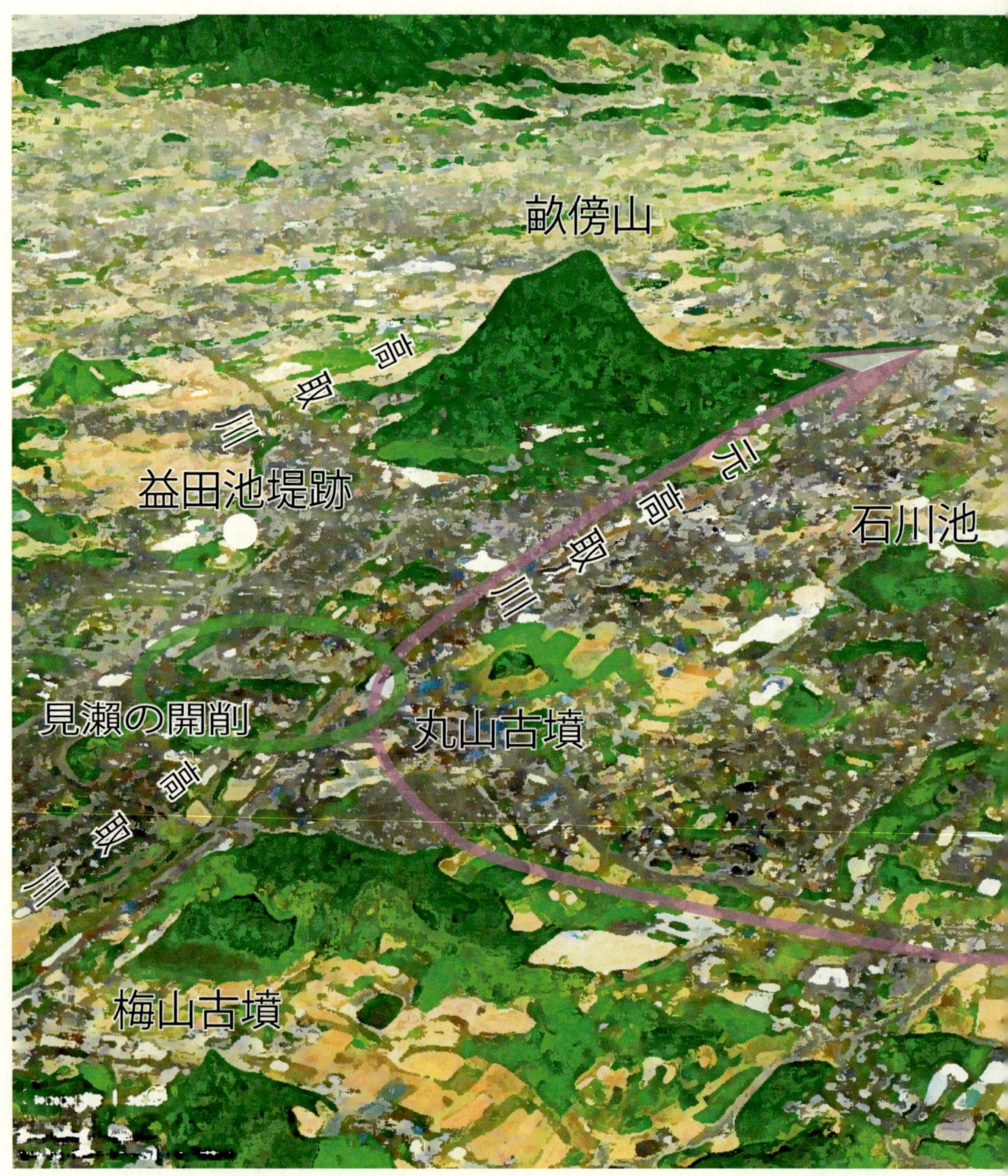

から，飛鳥時代の終わりの文武朝に建立された谷北端の大官大寺まで，伽藍の中心をなす仏塔跡がこの軸をまさしく通過している。この天香具山軸を筆者は発見した。天香具山信仰はヤマト王権のものであり，天の北極軸は大陸の価値観であって，この天香具山軸は当時の価値世界を如実に表している。このほか，これまで誰も見いだせなかった飛鳥時代の世界観と都市デザイン力を本書を通じて感じてもらえると思う。再

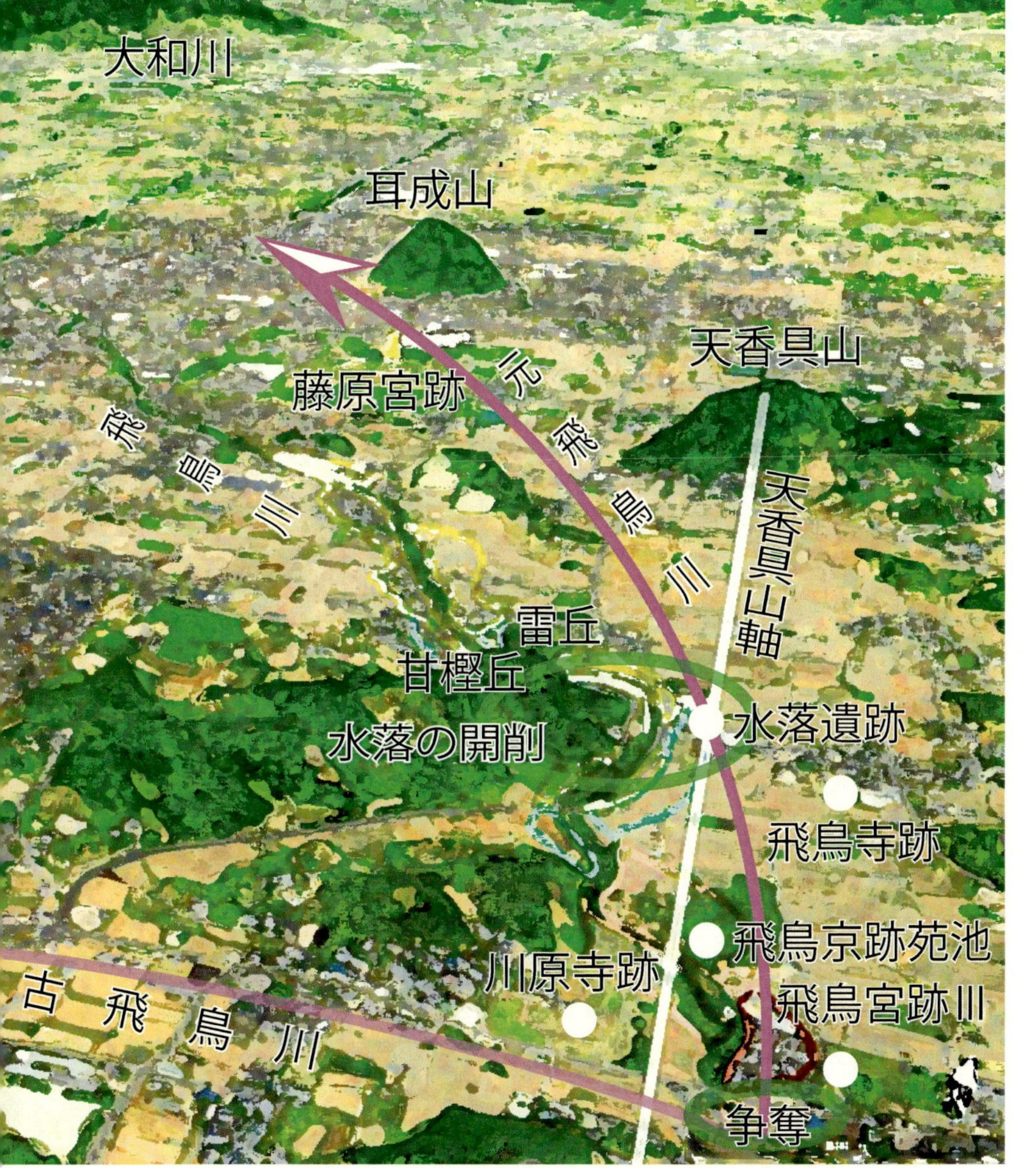

図1　元飛鳥川および元高取川の争奪，水落および見瀬の斉明期開削（付け替え），そして天香具山軸と大和三山の太極（藤原宮）
本図は南から北への鳥瞰図。北から南へのものは p. 93 図 1 に示す。

現性を確保するために導出過程を示しているところもあるが，無視頂いても筆者の論理を理解する上で何の問題もない。

後氷期以降の侵食環境

飛鳥との出会いは，網干善教先生ご案内の巡検であった。初めて畝傍山（うねびやま）に上った。にこやかに種々お話しになったがその内容は全く覚えていない。登り道で花崗岩から流紋岩に変わるところで急峻になり，あゝキャップロック[1)] かと思ったことだけが記憶に残っている。その数十年の後，網干先生お弟子である米田文孝氏のお誘いで飛鳥の自然を書くことになってしまった。唯一の取っかかりとなったのは，畝傍山のあのキャップロックである。そこで大和三山とその周辺の地形環境に焦点をあてることにした。2012年当時，欧米諸国からはかなり遅れてやっと，国土地理院が5mメッシュ数値標高モデルを作成しつつあった。それを使って地理情報システムGrassGIS[2)] で分析することにした。当時は茨木市史の自然編を担当していて，そのツールを使って成果を得つつあったので，その流れ[3)] でもあった。

大和三山の地形を分析する過程で，いくつかの学習と発見があった。畝傍山はキャップロックではなくて，花崗岩地域に貫入した小さな火道跡（あと）[4)] だった。つまり，モナドノック[5)] であった。それよりも何よりも大和三山の斜面に共通する侵食基準面の片鱗をみつけた。それは奈良盆地南部に分布する最終氷期の扇状地の形成当時の堆積原面を指示するものだった。盆地南部で孤立丘をなす大和三山が，現在の周辺の盆地底より40mほど高く，その原面の形跡を残していた。これまで認識されていた最終氷期の扇状地面はこれより20mほど低い位置にある。この関係は，卓越する地形はつまるところ，残骸である，という筆者の日頃思うモデルを提示していると思う。

その後，地理学教室の卒業生で考古学教室にも出入りしてきた辻康男（パリノサーヴェイ株式会社）の協力も得て調べると，最終氷期にあたる3万年前に姶良カルデラから噴出した火山灰が盆地底のわずか数メートル下に広がっていることを知り，この

1）この場合は，かつて，降水による侵食に弱い花崗岩からなる緩傾斜地上を熔岩が流れ，その火山岩が花崗岩に対して笠の役目をして，辛うじて花崗岩の一部が高く残る。そういう笠の役割をする岩石をキャップロック cap rock という。

2）GrassGISはもともと米軍の建設工学研究所が開発したもので現在は公開され，多くのボランティアによって開発が進められている。フリーウェアながら強力な地理情報システムである。https://grass.osgeo.org/home/history/

3）一昨日，大阪府教育センターの「防災教育のための教育クラウドとしての地域情報センターの構築」で作成されるシステム内地域教材データ使用許諾の問い合わせがあった。

4）マグマが地上に噴出する垂直的な通り道。

5）流紋岩が周囲の花崗岩に比べて侵食に強くて高まりをなした。その高まりのこと。

ことから，奈良盆地では最終氷期に続く後氷期以降，新たな堆積物は現在に至るまでほとんど供給されず，むしろ侵食されてきたことを知った。近畿地方では過剰な土地利用ゆえに天井川[6]が当然なので，筆者の居住する箕面から明日香に車で出かける途中，河道沿いを走って，ほぼすべての河道の河床面が盆地底より低い，つまり河道が下刻環境にあることを不思議に思ったが，その現象を第四紀地史の観点から理解できたのである[7]。

三つの河川争奪

GrassGISで作成した1m間隔の等高線地図上に行政界を表示すると，明日香村と橿原市の行政界が雷丘(いかづちのおか)付近から北に弧状に延びる岩列に沿って矢のごとく北に突出しているように見える。何ゆえだろうと目をこらすと河川争奪[8]があった（pp. 2-3図1の「水落(みずおち)の開削」）。明日香村水落付近で飛鳥川が不自然にクランク状に屈曲している。河川争奪されたと筆者に訴えかけていた。そして，地形の不自然さから，その原因が人の河川付け替えの可能性が高いと考えた。水落(みずお)としの場所だから水落ちという地名が残っているのではないか。以上の内容を含む報告が，『第Ⅰ章 最近公開されたGISデータベース情報を使って得られた飛鳥及びその周辺の古代～更新世末期の自然環境』である[9]。

この水落では1981年以降，新たに奈良文化財研究所によって発掘され，強固な基壇とその内部の精巧な配水系が見いだされた。この水落遺跡は，『日本書紀』斉明六（660）年夏五月の条の「皇太子初造漏剋　使民知時」に記されている漏刻(ろうこく)（水時計）にあたると推定されている。

以下の記述では河川名を次のように使いたい（図1参照）。いつに煩瑣を避けるためである。飛鳥川と高取川という名称は現在の河川に対応している。いずれの河川も後述するように，最終氷期に自然に発生した河川争奪とその後の人工的な河川争奪を受

6）土地利用の歴史が同じ場所で長期に及ぶ近畿地方では河道を固定するために堤防を築いてきた。周辺山地が隆起し盆地が沈降する近畿地方では土砂供給量が多いが，上流から供給される土砂は河道を越えて拡散できず，河道内に継続的に堆積し，河床面は流路外の地表面より高くなった。その現象を天井川と言う。

7）考古学や地理学の研究者は奈良盆地の河道を天井川と称していることが多いが，堤防列が盆地底に聳えているので勘違いしている。

8）一つの河川が他の河川の上流域を取り込むこと。この場合，小さな谷が相対的に大きな河川の上流域を奪っている。

9）奈良盆地南部の地形発達史については次の報告に示している。
木庭元晴，2013．侵食地形から得られた奈良盆地南部の低位段丘構成層の堆積面レベルの復元．日本地理学会2013年春季学術大会（立正大学にて開催），セッションID 535，演題番号100244．https://www.jstage.jst.go.jp/article/ajg/2013s/0/2013s_104/_pdf

けている。前者の争奪前の河川を古飛鳥川と仮称する。これは丸山古墳のそばで古高取川と合流して畝傍山東麓を北流していた。

その後，古飛鳥川は後氷期の初めに飛鳥宮跡Ⅲまたは川原寺跡付近で谷頭侵食によって南に侵攻する河川にその上流域を争奪された。その地点より下流部の古飛鳥川はそれまでと同様，古高取川と丸山古墳付近で合流して畝傍山東麓を北流していた。古飛鳥川を争奪した前述の南に侵攻してきた河川を元飛鳥川と仮称する。古飛鳥川が争奪された後も畝傍山東麓を北流し続けた河川を元高取川と仮称する。

次に人工的な争奪，つまり河川の付け替えが元飛鳥川では水落付近で，元高取川では見瀬付近で施行された。元飛鳥川は北流していたが，河川の付け替えによって新たな河道は水落付近より西方に屈曲し，水落付近より上流域では深い線状の下刻が始まり，その線状谷中に河岸段丘が形成された。付け替え後の河川が現飛鳥川にあたる。元高取川でも見瀬付近で河川の付け替えがあった。飛鳥川同様，その見瀬付近より上流域で下刻が始まるが人工的な埋立が想定されたり，この争奪にともなう河岸段丘の残存率は低く，この図1には河岸段丘を表現していない。この付け替え後の河川が現高取川にあたる。

元飛鳥川付け替えの目的と時期

筆者は，雷丘を扇の要（かなめ）とする元飛鳥川扇状地の地形から元飛鳥川争奪のメカニズムを示し，さらに古代飛鳥寺と水落遺跡の占地を，天香具山々頂を通過する天の北極軸上で実現する観点から，河川付け替えの時期を両遺跡成立の間に置いた。推古朝によって造営された飛鳥寺は倭国で天の北極軸を嗜好する最初の施設であった。天の北極軸と言っても幾何学的には無限にある。『古事記』では，神武天皇の大和での覇権獲得を実現させた聖地が天香具山である。天武持統期に成立した『古事記』の元資料は推古朝によって用意されていた。飛鳥寺は天香具山軸を求めながら，何ゆえにその核となる仏舎利塔を軸上から外したのか，という疑問に対する筆者のこだわりを経て，その根拠を地形分析から明らかにした。

後述するように（第Ⅳ章），GrassGISの平面直角座標系上に，水落遺跡の強固な基壇を載せると，その中心は天香具山々頂，つまり天香具山々頂を通過する天の北極軸と比べて，南北2km弱離れているにもかかわらず，その東西方向のズレは6cmに過ぎなかった。そこから元飛鳥川の被争奪現象が，天文台に位置づけうる水落遺跡設置にあたっての，天香具山軸嗜好ゆえの斉明期の付け替えであるという結論を得た。この内容を含む報告が，『第Ⅲ章 天香具山山頂を通過する天の北極軸を基軸とする古代飛鳥寺域と水落遺跡の飛鳥川争奪前後の占地』である。

飛鳥寺造営の際には，元飛鳥川は北流しており，天香具山々頂を通る天の北極軸上には元飛鳥川が幅 200m ほどで流れていて，仏塔などの伽藍（がらん）を軸状に載せることができなかった。その代わりとして種々の工夫が成される。飛鳥寺境内西側の西門前は全く空間に余裕が無く，否応の無い理由で切断されているように見えることや，伽藍から離れた境内東側の塀は南北方向から西に大きく振っていることなどに，大きな疑問があった。前者については，『第Ⅱ章 おわりに』と『第Ⅵ章 2．飛鳥の谷の天香具山軸から中ツ道軸への転換』で示している。水落遺跡だけでなく，飛鳥宮都の谷の北端，天香具山の麓にある文武天皇建立の大官大寺九重仏塔跡や，この谷の南端の聖徳太子建立とされる橘寺五重仏塔跡などが，正しく天香具山軸に載っていることなどを GrassGIS の座標系から知り，解答を探り当てた。

後者，つまり，「境内東側の塀は南北方向から西に大きく振っていること」については，第Ⅵ章に続く『コラム：飛鳥寺域東斜辺から唐尺を使って推古期の天香具山軸および甘樫丘軸を捉える』で示している。東縁の天の北極軸から西に振った寺域境界線を北方に延長し，天香具山軸との交点を求めると，天香具山々頂から北へ 81.5m にあった。推古期の設計の結果であった。さらにこのコラムでは，推古期の天の香具山軸を復元し，飛鳥寺の南北位置と甘樫丘のつながりをも示している。

第Ⅲ章に続く『コラム：争奪過程で生まれた飛鳥川線状谷の河岸段丘形成年代』では，元飛鳥川の付け替え時期を確定している。遺跡や遺物の年代を決めるには，上限年代と下限年代から挟み撃ちにする。争奪の結果うまれた飛鳥川線状谷内には上位から下位へ a 面～d 面（図 1 では不明瞭ではあるが a 面は赤枠，b 面は橙枠，c 面は青緑枠，d 面は黄枠）の 4 つの河岸段丘が形成されている。水落遺跡は c 面が形成されて後に設置されたのだが，この年代は前述のように斉明六（660）年であり，これが上限年代にあたる。斉明天皇によって造営された飛鳥宮跡Ⅲの内郭の南西部は a 面によって深く抉られている。もちろん，ほぼ天の北極軸にあたる中心軸またはその平行軸に対して線対称に造営される宮都であるから，抉られた場所に宮廷が設置される訳は無い。造営開始を斉明元（655）年とすると，これが下限年代となる。元飛鳥川の被争奪，つまり付け替えはこの 5 年の期間内に施行されたことになる。飛鳥川争奪を 2013 年に発見し，この本の第Ⅰ章にあたる報告（2014 年 1 月）以来の 4 年間で，やっと見つかった斉明期付け替えの確証である。

元高取川付け替えの目的と時期

これまで述べてきた水落付近の飛鳥川開削部と類似の地形が高取川の丸山古墳（橿原市）のそばに見える（図 1 の「見瀬の開削」）。飛鳥の地に近く北流する隣接河川での類似の屈曲については，以前から気になっていた。地理情報システムGrassGISを使って地形を解析して，この屈曲が自然ではあり得ないことが容易にわかった。古飛鳥川はかつては飛鳥宮跡Ⅲまたは川原寺跡付近と丸山古墳付近をつなぐ形で北西方向に流れていたが，前述のように南北方向に峡谷をなす元飛鳥川が谷頭侵食で南方へ侵攻し，古飛鳥川の上流域を争奪してしまったことに，分析過程で行き当たった。

図1には，マゼンタ色の矢印で，飛鳥宮跡Ⅲ付近から丸山古墳付近までを古飛鳥川の斜交ルート，そして，さらに丸山古墳付近から畝傍山東麓を北方へ延びる元高取川の北流ルートを示している。元飛鳥川による古飛鳥川上流域の争奪によって，元飛鳥川には多量の砂礫（されき）が供給されて、南北に走る峡谷は埋まって現在見られるような元飛鳥川扇状地となった。後氷期初めのことである。

古飛鳥川は，丸山古墳の南方で南から流下していた古高取川と合流していたので，飛鳥宮跡Ⅲまたは川原寺跡付近より上流域は争奪されて流量は急減したのであるが，古高取川との合流点（丸山古墳付近）より北には依然，元高取川が畝傍山東麓を北流していたのである。

現在の高取から北流してきた高取川は，丸山古墳の南西端で，突如，西流している。そのため，畝傍山東麓の元高取川流路跡には，今では桜川と名を変えた小川が谷底幅に似合わず見られるに過ぎない。新たな争奪（見瀬の開削）があったのである。この直角の流路変更部には人工的な開削の痕跡が残存している。この開削を見瀬の開削と呼ぶ。

では開削の時期はいつだったのか。もちろん直接的な資料はないので，上限年代と下限年代を求める必要があった。まずは丸山古墳造営の後に見瀬の開削があったことがわかった。この近くには梅山古墳もある。両古墳はいずれも6世紀後半に成立している。この何れもが開削に伴う破壊を受けていたので，この両古墳の成立が開削の下限年代となった。

空海が揮毫（きごう）したという益田池碑文で著名な益田池が、見瀬の開削部の下流側にかつて広がっていた。この時に見瀬の開削が施工された可能性があった。文献では，ただ益田池造成予定域の最下流部の狭窄部で新たに200m長の築堤をしたに過ぎないように読める（図1中の益田池堤跡（つつみあと））。空中写真判読をしていると堤の一部を構成する風化花崗岩の地山の高まり内に整然とした矩形（くけい）の切土（きりど）地を発見した。以前から空中写真で見えていた凹地であったが採土地という発想に繋がらなかった。切り土量を計算してみると200m長の築堤の土量とほぼ一致した。このことから，益田池の造成時には高取川はすでに西流しており，益田池造成の際には高取川をただ堰き止めたに過ぎないことが納得された。益田池の完成は天長二（825）年であるから，これが上限年代となった。

6世紀後半から西暦825年の間のいつなのか。この最大のヒントは平田キタガワ遺跡にあった。開削部より上流域の下刻の証拠がこの遺跡にあったのである。おそらく開削後の下刻によって形成された埋没谷底平野であろう。斉明期に比定され，苑池跡(えんちあと)で飛鳥宮参内(さんだい)前の待機場所の役割を担ったという。それまで気付かなかったが，この見瀬の開削部は，見瀬から飛鳥宮跡Ⅲまでの東西路の西縁にあたっていた。図中の見瀬の開削（部）から飛鳥宮跡Ⅲまでの古飛鳥川の盲谷[10)]にあたる。

見瀬の開削によって生まれた新たな高取川ルートと開削前の元高取川ルートの遡上難易度を地形学的に調べると，かなり改善されていることがわかった。渡来人達を乗せた舟が大和川から見瀬の開削部まで遡上してゆく。突然，岩盤を開削して形成された垂直に切り立つゲートが現れる。この壮観さは，水路による飛鳥宮の玄関口として相応しいものであっただろう。以上は，『第Ⅴ章 飛鳥時代斉明期の高取川見瀬付け替え』に含まれる。

推古朝から天武・持統朝に受け継がれた大和三山の太極

藤原宮の占地問題に移る。天武天皇が飛鳥宮都の谷から藤原への遷宮に拘りつつ病死して，その后であった持統天皇が入った藤原宮であるが，この占地については，岸俊男による大和古道からの等距離説が受容されてきた。推古期に設定されたと考えられている大和の主要古道については，東から1000歩間隔で南北方向に走る上ツ道，中ツ道，下ツ道が配され，伊勢と難波をつなぐ横大路がそれらに垂直に走る。岸俊男は，藤原宮はこれらの古道を利用したとした。つまり，中ツ道，下ツ道，横大路の三道から500歩の等距離に，大極殿と朝礼院の境界の閤門(こうもん)（図1中の黄ピンの地点）が設置されるように藤原宮が造営されたという。

この解釈では道教を信奉する天武天皇の大和三山への思いが実現されえないと筆者は考えた。そして大和三山の山頂を使って三角形の五心をGrassGISで求めると，垂心がその閤門にほぼ一致した。紀元前後にうまれた中国の実用書『九章算術』を見ると，三角形の頂点から対辺に下ろした垂線が垂点で交わる状態を正とし，以外を邪とし，直角に神性を見る考え方（この第Ⅵ章の次の『コラム：推古期の垂心の幾何学』）があり，三垂線が一つの垂心に交わって得られる大和三山の太極に帰結するのが適当と考えた。

10）上流域を争奪された側の河川の流路幅がその流域の割に大きい場合，河川争奪が疑われる。そういった流路部分を盲谷（もうこく blind valley の翻訳）とよぶ。

とはいえ，この考えを裏付ける歴史的な資料が半年近く見つからなかった。そして『藤原宮の御井の歌』（万葉集五十二番歌，詠み人知らず）に出会い，この真意を筆者は解読した。『御井の歌』の解釈の通説は中西進のものである。大和三山と吉野山に単純に東西南北の方位を添えている。ここで歌われている長く引き継がれてきた筈の持統天皇による国見儀式を読み取っていない。『御井の歌』の儀式の筆者の解読結果をこの第Ⅵ章に示している。この長歌には大和三山の垂心，つまり大和三山の太極を太陽の運行に合わせて導く合理的な手法が示されている。

大和主要古道が推古期に成立したとすると，太極の発見は推古期まで遡らなければならない。もちろん，岸説を裏返すと太極から大和主要古道が導かれる。飛鳥宮都の谷では，岸俊夫と黒崎直の研究から，太極の発見に連動する中ツ道が土地区画や皇居や寺の立地に影響していることを確認した。前に触れたが，さらに遡って，飛鳥寺域西辺切断の契機なども，当初の天香具山軸の採用から，この太極の発見に伴う中ツ道軸への転換で説明することができた。以上は，『第Ⅵ章 藤原宮の占地根拠となる大和三山の太極の発見，そして飛鳥京の寺院等遺跡から得られた太極由来の中ツ道軸と天香具山軸との共存』に含まれる。

飛鳥宮都の谷を貫く天香具山軸の普遍性　推古期に造営された飛鳥寺が倭国（わこく）で初めて天の北極軸を実現したことはすでに述べたところである。暦の実績や，飛鳥寺などの伽藍や中ツ道などの南北道の建設のためには，推古期にはまずは天の北極軸が求められていた筈である。この観点から論じたものが第Ⅱ章である。

推古期に渡来した僧観勒（かんろく）が学者または技術者として高い能力を持っていたことは，『日本書紀』推古紀から容易に想像されるところである。ところが『日本三代実録』には，平安時代9世紀半ばに暦博士だった眞野麻呂（まのまろ）による「推古期に渡来した僧観勒は暦術を教えたが実際には（元嘉暦（げんか）は）行用されなかった」という評価が示されている。『日本書紀』7世紀末の持統紀には，元嘉暦とともに，より優れた儀鳳暦（ぎほう）と併用されるようになった，という記事がある。儀鳳暦では太陽の黄道の位置の観察に基づいて作成されたのに対して，元嘉暦は黄道をただ均等分割して作成されていることなどから，史学や国文学の研究者間では，元嘉暦は実際の使用には耐え得なかったという印象が持たれている。

遅くとも欽明期以来使用されてきた形跡のある太陰太陽暦の元嘉暦が，当時の王朝運営に耐え得なかったのかどうかを検証した。推古元年から持統崩御までのグレゴリオ暦593～702年の110年間の日月配置の把握で最も重要とされていた冬至日の月齢を調べた。見事な直線関係（決定係数0.999）があった。冬至日の太陽の運行を調べてみると，黄経誤差はほぼ８年毎に外れつつも天文学的冬至日に戻る仕掛けが組み込まれていたのである。このことから，日常生活だけではなく，冬至（太陽の運行）と月齢の把握についても問題なく，日月の運行がかなり正確に捉えられていたことがわかったのである。

暦作成のための天文観測をする上で，天の北極を求めることは最も基礎的なことであるが，推古期の観測環境を復元し，『日本書紀』に記録されている僧観勒渡来翌々年の推古十二（604）年の「始用暦日」が可能であったことを示した。さらに飛鳥宮都の谷での皇居と寺院の配置が当初は天香具山を通る天の北極軸に重きが置かれ，後に中ツ道の影響を受けていることなどを示している。以上は，『第Ⅱ章 飛鳥時代推古朝による天の北極及び暦数の獲得』に含まれる。

飛鳥水落遺跡の基壇中央が，天香具山々頂を通る天の北極軸上に精緻に設置されたことは，揺るぎない事実である。繰り返しになるが，天香具山から水落遺跡まで 2km ほどであるが，東西誤差 6cm の実現はこの基準からすると，現在，実施されている地形測量などと比べて遙かに高度な測量が実現されていたことがわかる。国土地理院が規定する公共測量の地形測量または平面測量では例えば 500 分の 1 地形図であれば地上誤差 100cm以内と規定されている。ズレ 6cm が如何に信じがたい値か想像できる。

漏刻台がこのような途方もない測量努力を要求しないのはもちろんであり，強固な基礎が漏刻台設置のためではないこともちろんである。漏刻が天文観測に不可欠なことも間違いない。天文台の設置可能性の評価は，まずは天香具山を通過する天の北極軸であり，次に日月五星さらには二十八宿の通年の視界を確認する必要がある。

現在の水落遺跡から北方向を望むと天香具山が見え，西には甘樫丘が迫る。それゆえ，水落遺跡基壇が天香具山の天の北極軸上におよそ載ることは，これまでの研究者が容易に想像し得たであろうが，その基壇中心と天香具山軸との信じがたい一致は過去，指摘されてこなかった。甘樫丘は水落遺跡に立つと，いわば壁のようで圧迫感もある。それゆえ，GrassGIS のスカイラインの抽出機能を使って，水落遺跡からの周囲 360 度の視界を明らかにする必要があった。当時の観測対象は日月五星だけでない。天球の周回を知るのに，天の北極周辺の北斗七星だけでなく，黄道及び天の赤道に位置する二十八宿が観察されねばならない。日月五星は黄道沿いに運行するので，黄道の視界位置を確認すれば済むが，問題は二十八宿である。歳差運動と章動が組み込まれた天文シミュレーションソフトを使って西暦 660 年の天球を復元し，水落遺跡が天文台として十分に機能することを，ここで明らかにした。

この過程でキトラ古墳天文図の精度を調べ，これが相馬充の研究でいう大陸起源ではなく，飛鳥起源の高い蓋然性をも示すことができた。相馬が「6世紀頃に伝わり日本で初めて使用された暦法である元嘉暦が作られたのが西暦443年で，その暦法を作るための観測が行われたであろう年代（観測年300 ± 90年）と一致しているのは意味があることではないかと思う」としたことは当たらない。キトラ古墳天文図のような粗雑な観測では到底，精緻な元嘉暦を作成するための基礎資料になり得ない。前述のように推古期にすでに天球の観測は当時の飛鳥で始まっており，粗雑なキトラ古墳天文図は推古期の後の技術の伝承というより，むしろ技術者の劣化を示すと考える。以上は，『第Ⅳ章 飛鳥時代の水落天文台遺跡から観測された天球』に含まれる。

以上，記紀などの文献からも，考古学的成果からも，直接的には得ることができない歴史事象を，筆者が推理し確証に至った過程を示してきた。第Ⅰ章～第Ⅳ章は筆者の発表順序に一致する。つまり，筆者の推理過程を示している。すべてのコラムと第Ⅴ章は，論理の展開に必要と考えて，新たに書き下ろしたものである。第Ⅵ章の第1節は第Ⅱ章と，同第2節は第Ⅲ章と，それぞれほぼ同時期に作成したものであった。筆者としてはこの第Ⅵ章が最も気に入っている。この第Ⅵ章には英文表記が散在しているが敢えて残した。将来は全体を包括する形で英書として出版するという思いがある。遅筆でこれまで種々の学会で公表してきたものを必ずしもこの本にまとめ得なかった。今後もこの種の研究を継続したいものとは思う。この分野の研究を進める上で，明日香村教育委員会，奈良県立橿原考古学研究所，奈良文化財研究所などの発掘成果の信頼性と，末永雅雄に薫陶を受けた人々の層の厚みを強く感じた次第であった。

第Ⅰ章

最近公開された GISデータベース情報を使って得られた飛鳥及びその周辺の古代～更新世末期の自然環境

はじめに

2011年東北地方太平洋沖地震を契機にして国は積極的に手持ちの情報を公開し始めた。特に2012年秋には都市中核部以外についても5mメッシュ数値標高モデル（国土地理院）[1)] が公開されるようになって平野地形などを詳細に見ることができるようになった。これまでの10mメッシュ数値標高モデル（国土地理院）では平野地形を見ることができなかった。前述の5mメッシュは国土交通省のものを追加することなどで充実した。

この報告で使用したデータベースは上記数値標高モデルと，国土地理院の基盤地図情報25000（奈良県）と2500（畝原図幅），そして通産省産業総合研究所地質調査総合センターが公開しているシームレス地質図（和歌山図幅）である[2)]。地質図については，地理情報システムで実用上使えるものは，シームレス地質図20万分の1のシェープファイルである[3)]。20万分の1地質図画像がそのままシェープ化されているため，位置の歪みが見られる。たとえば，南東部の耳成山（みみなしやま）と畝傍山（うねびやま）の中新世火山岩の位置をみると，座標位置の観点ではより信頼性が高い10mメッシュ数値標高モデルから作成した100m等高線位置に比べると200m近くもずれている。

ArcGIS[4)] など市販地理情報システムは必須の分析ツールなどがオプションになっており非常に高価であり，個人ユーザーが所有することは難しい。大学などにあっても学生は自宅では本体ソフトすら使えない。フリーソフトではQGIS[5)] やMANDARA[6)] が簡便であるが機能は限られている。ここでは，フリーウェアで継続的に開発が進められているラスタとベクタ何れにも対応し多様な分析ツールを持つGrass GISを使用し

＊ Koba, M., 2014. Natural environments during the latest Pleistocene period to ancient times in Asuka and its adjacent areas in the Nara Basin obtained from the GIS database recently published by Geospatial Information Authority of Japan. Shisen : historical & geographical studies in Kansai University, No. 119, pp. 23-36.

1）国土地理院ホーム＞基盤地図情報＞基盤地図情報の閲覧・ダウンロード＞ダウンロードサービス　http://fgd.gsi.go.jp/download/

2）総合地質図データベース（産総研）　http://iggis1.muse.aist.go.jp/ja/top.htm
2006年試験公開。

3）この2012年4月まで近畿・中国地方の5万分の1が公開されていたようだが，コストが賄えなくなって中止になったようである。

4）esri ジャパン　http://www.esrij.com/products/arcgis/

5）Quantum GIS　http://www.qgis.org/　2012年12月現在 v. 1.8.0

6）地理情報分析支援システム（谷謙二）　http://ktgis.net/mandara/

ている。ここで述べている使用法などに関連する情報については，すべて筆者のウェブサイト[7]に掲載している。

さて，Grass GISで上記データベースを使って求めた飛鳥およびその周辺の分析例を示す。飛鳥に対する地形学からの興味は，四半世紀ほど前に参加した歴史巡検で初めて大和三山の一つ，畝傍山に上った時に始まる。畝傍山の基部が花崗岩からなり，登る途中から流紋岩が見られたことから，花崗岩の上位に流紋岩が載って笠石（かさいし）の役目をしていると当時は考えた。これが誤りであることを後に知ることになるが，この誤解を契機に，奈良盆地南部の花崗岩と火山岩が構成する地形や，飛鳥の地での製鉄原料の採取に思いが及ぶことになった。

さらに，この文章を書くにあたって明日香村と橿原市の行政界が奇妙なことから河川争奪を見出した（図8）。そしてこの河川争奪が条里地割に絡む河川改変の結果であることも想定できた。

本書での追記：

関西大学史学地理学科同窓会行事に関わって網干善教先生ご案内の巡検で，初めて畝傍山に上った。整備された道をちょっと歩いただけの筆者の観察で，今思えば何ゆえに流紋岩の流理構造を観察しなかったのかと反省しきりである。2013年に再度見にゆくと，流理構造は垂直方向で側方からのものではなく火道のものであった。図3に続く追加写真を参照ください。

上掲下線部の「河川争奪が条里地割に絡む河川改変の結果」についてであるが，第Ⅲ章（2017.3発行）で述べるように，斉明期の水落遺跡成立期（660年）にはすでに争奪されていた。条里地割は第Ⅴ章で述べるように，先進地域の奈良盆地南部でさえ，平安時代の9世紀半ば以降に成立したものである。

1．二上山以北周辺の花崗閃緑岩などと中新世火山岩

図1に，シームレス地質図でいう中期～後期中新世の非アルカリ苦鉄（くてつ）質火山岩類（以下，中新世火山岩と略称）の分布を示す。この範囲ではこの火山岩の主要部は，奈良盆地西縁を画する山地中央部にあたる大和川の峡谷を挟んで分布しており，大和川の南側の金剛山地では二上山（にじょうざん）以北に分布している。

この中新世火山岩の下位には不整合関係で，シームレス地質図でいう前期～後期白

7）木庭元晴のサイト　http://motochan.sakura.ne.jp/public_html/GIS_Frameset.html

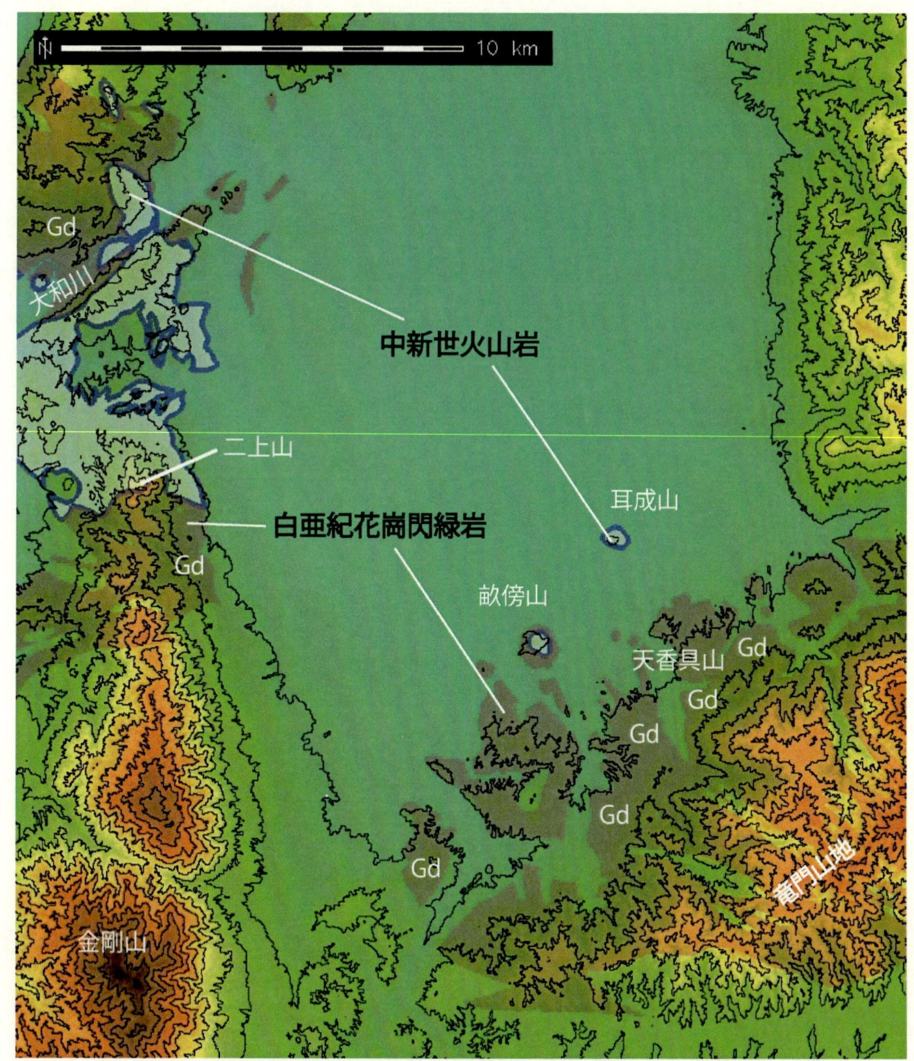

図１　奈良盆地南部での白亜紀花崗閃緑岩と中新世火山岩の分布

図中の白亜紀花崗閃緑岩（うす緑色でGdを追記）は，シームレス地質図『和歌山』の「白亜紀前－後期（K1-2）の花崗閃緑岩（古期領家花崗岩類），約1億2000万-9000万年前にマグマが地下の深いところで冷えて固まった花崗閃緑岩（古期領家）」で，中新世火山岩（うす青色）は，同「中期中新世－後期中新世（N2）の非アルカリ苦鉄質火山岩類，約1500万年前-700万年前に噴火した火山の岩石（安山岩・玄武岩類）」である。基図は10mメッシュ数値標高モデルからGrass GISを使って100m等高線を作成し段彩（だんさい）表現している。その基図の上にシームレス地質図の上記二種の地質分布を掲載している。

亜紀の深成岩である花崗閃緑（せんりょく）岩（古期領家，以下，花崗閃緑岩と略称）がある。この花崗閃緑岩の分布を見ると，金剛山地北縁周辺（海抜100m未満から300m前後）と，耳成山・畝傍山の南の竜門山地山麓部などに分布（より南の高所に続くのではあるが）しており，中新世火山岩の分布と対応関係が見られる。言い換えると，この花崗閃緑岩の侵食低下を緩和してきたのが中新世火山岩と言えよう。

この図1で中新世火山岩の広く残存している金剛山地北縁周辺ではその広がりから，花崗閃緑岩の笠石 cap rock の役割を果たしてきたと考えられるので，比較的緩傾斜地については，地形用語のメサ mesa が適用できるであろう。

2．大和三山と低位段丘礫層の侵食基準面

地形と地質の関係は三山で異なる。シームレス地質図では，中新世火山岩は一括して非アルカリ苦鉄質火山岩類とされるが，畝傍山と耳成山のものはザクロ石黒雲母(くろうんも)流紋岩[8] である。前者の中新世火山岩はいわゆるサヌカイト（古銅輝石ガラス質安山岩，二上山からドンズルボウ）[9] などのもので堅牢で黒曜石のごとく比較的鋭利な刃を持つ打製石器の原料となった。風化にも強い。これに対し，後者の流紋岩は白っぽい岩石

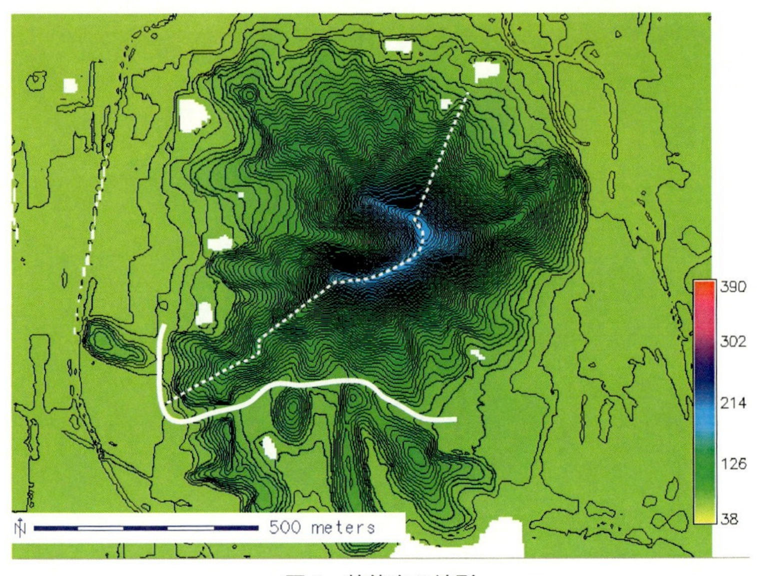

図2 畝傍山の地形

5m メッシュ数値標高モデルから Grass GIS を使って 2m 等高線を作成。下部の太い白線は畝傍山主要部と分離丘陵との境界を示す。図中の南西－北東方向の稜線上に白い破線を描いているがこれは図3中央の断面図ルートを示している。

8）春本篤夫，1932．南大和の小火山．地球，18，pp. 182-189.
中沢圭二・市川浩一郎・市原実編著，1987．日本の地質『近畿地方』，共立出版.
沢井誠・佐藤隆春，1989．瀬戸内火山岩類－設楽と二上山を中心に－．Urban Kubota, No. 28, p. 48.　http://www.kubota.co.jp/urban/pdf/28/

9）松本征夫，1984．九州の火山と陥没構造．Urban Kubota, No. 22, p. 24.
http://www.kubota.co.jp/urban/pdf/22/pdf/22_1_6_1.pdf

でナトリウムやカリウム成分が多く風化（アルカリ溶脱）に対する抵抗性が低い。両火山岩はいずれも瀬戸内火山活動由来のものとして一括される。

畝傍山の地形をイメージすべく，等高線による地形表示（図2）と垂直断面図（図3中央）を示す。図2の2m間隔の等高線は5mメッシュ数値標高モデルをGrass-GISに取り込んで作成したものである。等高線の下地は段彩で表現している。図中の白抜き部分はため池の水域である。

三山の地質図は奥田による橿原昆虫館ウェブサイト[10]で見ることができる。地質学的認識は松下編著（1987）や中沢・市川・市原編著（1987）[11]などにみえる。畝傍山上半分は等高線が密でこの部分は火山岩に対応し，下半分は花崗岩で構成される。図3中央の垂直断面図は，図2の山体部南西端から北東端へのルートで作成したものである。海抜120m以高で流紋岩が花崗岩の貫入（かんにゅう）岩として露出している。

天香具山（現在の地名表記は香久山）には火山岩は分布しない。この周辺の低地以外の部分は黒雲母角閃石花崗岩からなっている（図1）。山頂部はほぼ海抜150mを示す（図3右）。天香具山の山頂付近は，はんれい岩から構成されている[12]。はんれい岩は花崗岩に比べると水に溶けやすいナトリウムやカリウムの含有量が少なく，アルカリ溶脱などの風化に強いと考えて問題はない。

耳成山の地形を図5に示している。山頂138m，山麓64mの間で3箇所の緩斜面が認められる。人的破壊によるものではないことを示すために建物などの分布も表示している。図3左に垂直断面図を示す。山体すべてが火山岩となっている。耳成山が見事な円錐形を示すのは均質な岩体に由来するのであろう。

大和三山，特に畝傍山と耳成山が笠石効果で形成されたビュートbutteでないことは明確ではある。この地形や地質の類似性は，両山同様に瀬戸内火山帯に属する讃岐七富士でも見られる[13]。

図3には稜線沿いに取った三山の垂直断面図を示しているが，横方向の太い緑色の

10）樫原市昆虫館地学サイト　http://www.kontyukan.jp/chigaku.html の奥田忠良氏の橿原・明日香の地形と地質のページが参考になる。

11）松下進編著，1987．日本地方地質誌「近畿地方」改訂版．朝倉書店．
中沢圭二・市川浩一郎・市原実編著，1987．日本の地質『近畿地方』，共立出版．

12）10)に同じ。

13）長谷川修一・鶴田聖子・三野愛香・山中稔，2004．讃岐富士になる山とならない山．
http://www.jseg.or.jp/chushikoku/ronnbunn/PDF/PDF17/1715.pdf
長谷川修一・鶴田聖子，2012．讃岐平野と飯野山．
http://www.eng.kagawa-u.ac.jp/~hasegawa/geositePDF/14iinoyama.pdf

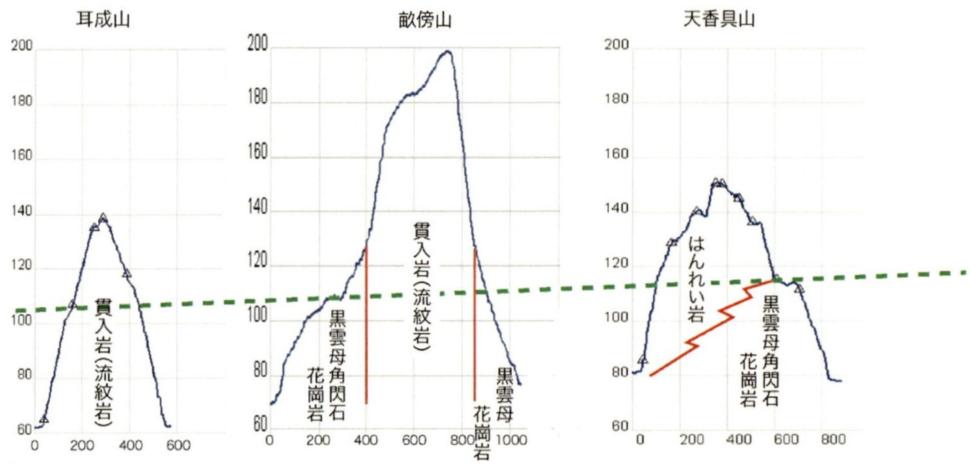

図３　大和三山の垂直断面図

三山の地形と地質断面を示す。Grass GIS で 5m メッシュ数値標高モデルを使って作成している。図中の水平の太い破線は，本報告で新たに提案した侵食基準面である。

追加写真：流紋岩の流理構造が垂直に立っている様子

山頂からすぐの北方向に下山する斜面の産状。

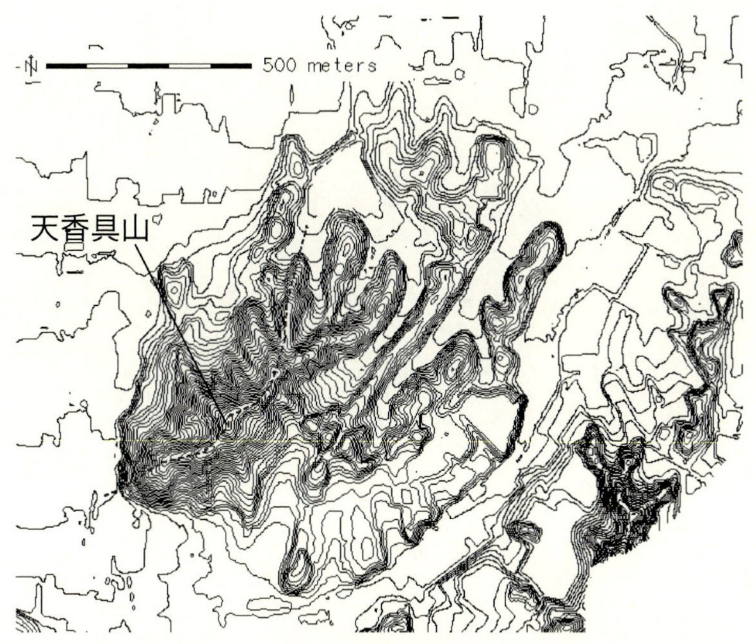

図４　天香具山の地形

図中の南西—北東方向の稜線上に破線を描いているが，これは図３右の断面図のルートを示している。

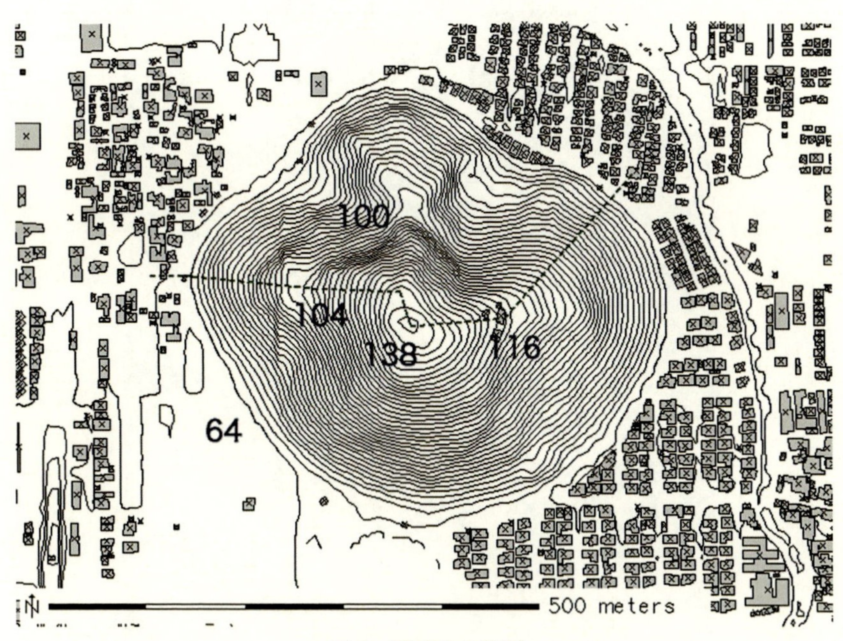

図５　耳成山の地形

5m メッシュ数値標高モデルから Grass GIS を使って 2m 等高線を作成。

緩斜面の高度も表示。建物は，基盤地図情報2500（橿原図幅）を使用。図中の東西方向の稜線上に破線を描いているが，これは図３左の断面図のルートを示している。

破線で示しているように，三山共通のレベルを海抜120m弱に見出すことができる。このレベル付近には，畝傍山では貫入岩と花崗岩の境界が，天香具山でははんれい岩と花崗岩の境界が，耳成山では流紋岩内斜面の緩斜面で認められる。

花崗岩を持たない耳成山を除く二山では，風化による花崗岩の侵食がこのレベルで減速したと読み替えることができる。つまり，このレベルがかつて地表面をなしていたと考える。現在のローカルな侵食基準面は，三山が緩斜面上に位置するため，60～80mと幅がある。40mほど現在より高い安定した侵食基準面を想定することになる。なお，花崗岩の真砂化は水分移動が活発な地表面付近で卓越する。花崗岩中の鉱物を構成するアルカリの溶脱も専ら地下水の飽和帯上面までである。地下水面は当然，ローカルな侵食基準面と連動しており，谷頭侵食が進行する過程でローカルな侵食基準面は進行拡大してゆく。

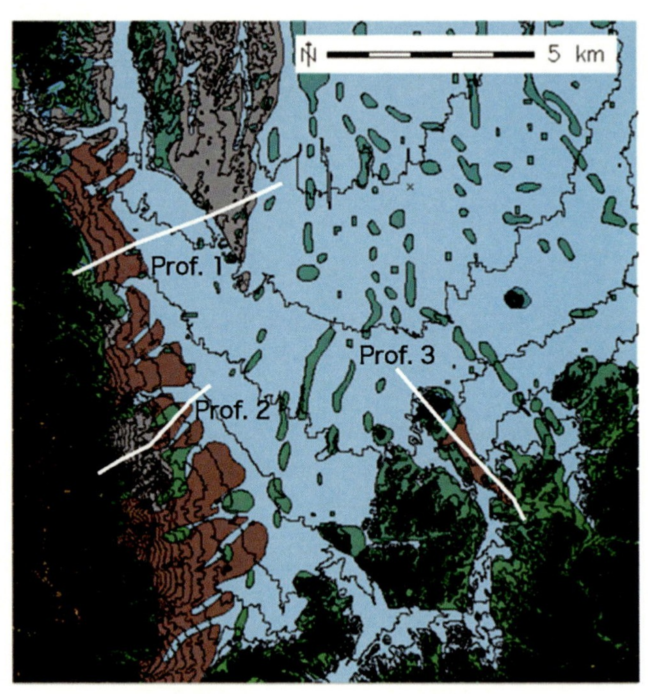

図6　奈良盆地南部の低位段丘の分布と垂直断面位置

10mメッシュ数値標高モデルからGrass GISを使って10m等高線を作成。シームレス地質図『和歌山』のもの。Prof. 1の右部の丘陵上やProf. 2の左部山麓の灰色部分は「前期更新世の海成または非海成堆積岩類約170万年前～70万年前に形成された地層」で，Profs. 1～3の山麓部（うす茶色部分）は「後期更新世の低位段丘堆積物　川沿いの低地に分布している約7万年前～1万8000年前に形成された段丘層」にあたる。盆地底には数メートルの層厚で堆積物（水色と緑色の部分）が分布しており，これは「後期更新世－完新世の海成または非海成堆積岩類約1万8000年前～現在までに形成された最も新しい時代の地層」にあたる。

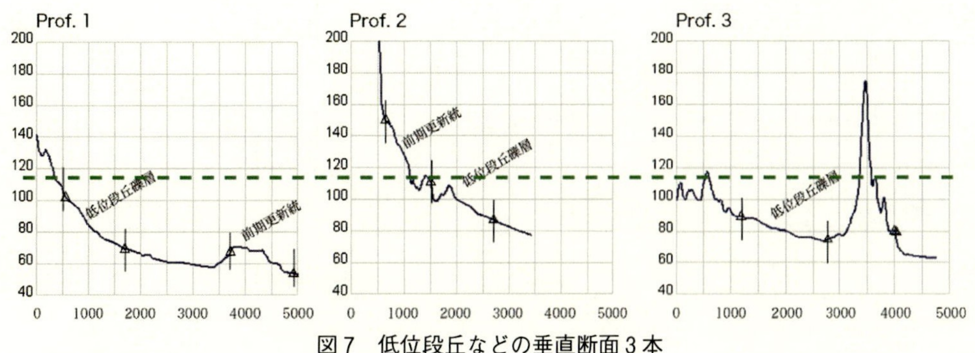

図7　低位段丘などの垂直断面３本

図6の Profs. 1～3の垂直断面図を示す。Grass GIS で 5m メッシュ数値標高モデルを使って作成している。図中の水平の緑色の太い破線は，図３に提案した侵食基準面に対応する。

三山の竜門山地側の過去の侵食基準面の残骸を探すと，最終氷期に対応する低位段丘がある。ただ図6に示すように，竜門山地側ではかなり破壊されていて，畝傍山の南東側一箇所にしか見られない。そして，その一箇所も図7の Prof. 3に見られるようにかなり元の段丘面よりも低下しているようである。

次に，低位段丘面の出現位置を活断層が見られない金剛山地北部東山麓でみる。図6と図7の Prof. 1を見ると，前期更新世の堆積物は地形的には低位段丘堆積物の下方に見られるが，低位段丘堆積物上限より上方の 120m 弱付近に低位段丘面の上限と考えられるかつての地形面の断片が見られる。両図の Prof. 2を見ると，前期更新世堆積物と地形面の上限が 150m 付近に認められ，さらに低位段丘礫層（れきそう）の上限とほぼ一致して地形面が残存しているのが認められる。Prof. 3については，低位段丘礫層は Profs. 1, 2と比べるとその上限高度は低いが，図の左手つまり山側には 120m 弱付近にかつての地形面が想定できる。

このような低位段丘と礫層の分布傾向は一般に認められ，少なくとも奈良盆地南部でかつての地形面高度としてほぼ 120m を想定することができる。低位段丘礫層は堆積の最盛期からするとかなりの部分が亡失した。この契機になったのは，後氷期の海水準上昇であって，海進過程で内陸部の侵食基準面の急激な低下の結果と考えられる。発掘資料[14)] によれば，奈良盆地の沖積層は極めて薄く，現在の盆地面は低位段丘層の侵食地形と考えられるのである。

この説明は自然地理学では基本的ではあるがここに解説する（参考図1）。およそ1万8千年前の最終氷期には，海水準は現在より 100m ほど低かった。その後，地表の

14）辻康男（パリノサーベイ株式会社）氏からの私信。

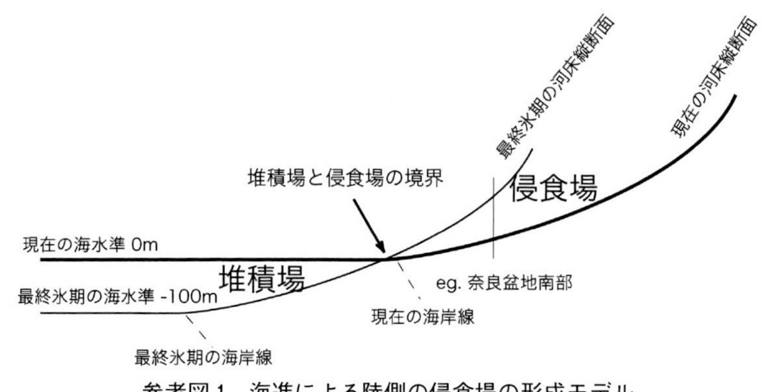

参考図１　海進による陸側の侵食場の形成モデル

温度は上昇し，極域やその周辺の氷床や高緯度域の山岳氷河が縮小し，海域の水量が増加した結果，海水準は上昇して５千年ほど前には現レベルに達している。

なお，大和三山の成因に関連して，小規模の分離丘陵と畝傍山と耳成山の配列について述べる。図２の畝傍山南麓に実線で示した外方には小規模の分離丘陵が認められる。図４の天香具山の麓の分離丘陵も同様である。この両地域では，笠石の役割を果たす火山岩が長く残存していて岩体境界部での地下水湧出によって花崗岩の風化が進んだものと考えている。図１で見られるように，畝傍山と耳成山の両山頂を結ぶ直線の走向はこれより南方の山地の凹地（木庭の岩盤崩壊）の走向とほぼ並行している。両山が流紋岩の貫入ゆえに残存していることからすると，この地の火山活動は竜門山地の岩盤崩壊の弱線を利用した可能性がある[15)]。

本書での追記：

この節の下線を施した三つの部分について補足する。

一つ目の，「ただ図６に示すように，竜門山地側ではかなり破壊されていて，畝傍山の南東側一カ所にしか見られない」に関連しては，第Ⅴ章 1. 西流する古飛鳥川とその後の元飛鳥川による争奪，で示している。

二つ目の，「この契機になったのは，後氷期の海水準上昇であって，海進過程で内陸部の侵食基準面の急激な低下の結果と考えられる」に続いては，地形学の基礎的な考え方を示した。奈良盆地と大阪平野の間には地すべり地帯の亀の瀬を含む大和川の峡谷があり，これは大和川断層に対応する。この断層の後氷期の活動によって奈良盆地の侵食基準面が低下して，最終氷期の扇状地面礫層が侵食されたと考える方がより納得がゆくと，筆者は現在思っている。図１西縁北寄りに大和川とした線状谷が見られるが，うす青色で示した中新世火山岩が侵食に強く，大和川の谷頭侵食の奈良盆地へ

15）論旨の混乱を避けるためにこの脚注は本書では削除しました。

の侵入を抑えているように見える。

三つ目の,「図1で見られるように，畝傍山と耳成山の両山頂を結ぶ直線の走向はこれより南方の山地の凹地（木庭の岩盤崩壊）の走向とほぼ並行している。両山が流紋岩の貫入ゆえに残存していることからすると，この地の火山活動は竜門山地の岩盤崩壊の弱線を利用した可能性がある」に関連して，この章に引き続く『コラム 飛鳥後背の岩盤崩壊と大和古道』を用意した。

3．飛鳥川の河川争奪現象の発生とその時期

この考えに至る契機になったのは，樫原市と明日香村の不自然な行政界（オレンジ色の実線）であった。図8に見られるように，明日香村の村域が水落遺跡そばの点Pから北方向に線状に続く丘陵群（図中に弧状線で示す花崗岩列）の先に突出している

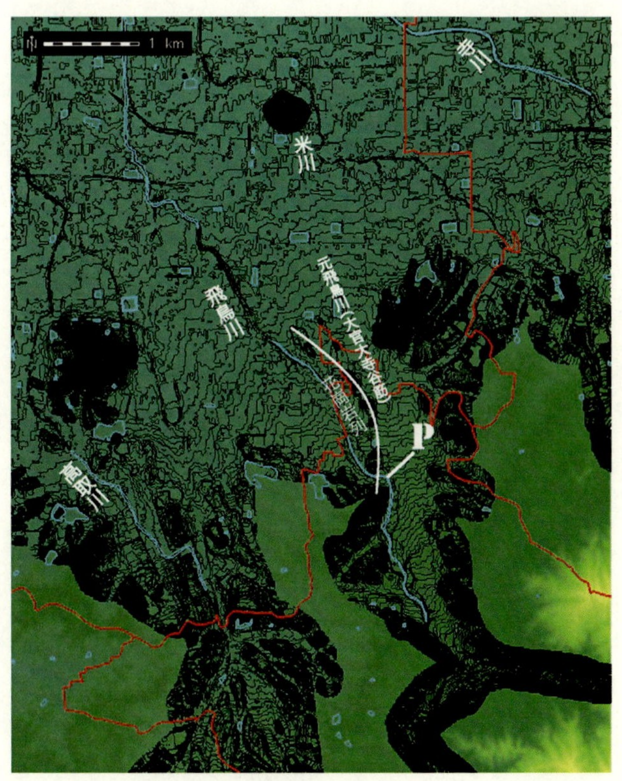

図8　飛鳥川の河川争奪

基図は，5m メッシュ数値標高モデルから Grass GIS を使って作成した 1m 等高線と段彩図である。河川名を川の左手に配置し，争奪点Pを表示している。元飛鳥川（大官大寺谷筋）としているのが争奪前の河道であるが，基盤地図情報 25000（奈良県）の水涯線を使って，この図の範囲の河道と池の外枠を水色で表示している。

のである。

かつての飛鳥川は現在のように点Pから左（西方）に曲がって流下することなく，丘陵群の東側を流れていた。それがある時期（これについては後述）に点Pから西に折れて流下するようになった。かつての流路，つまり先の丘陵群と天香具山の間の谷筋を，大官大寺（だいかんだいじ）跡の存在から，大官大寺谷筋とここでは仮称する。

奈良盆地は瀬戸内式気候に属しており，現在の年間降水量は1300mmと少ない。条里制が実施された時代であっても多くのため池があることからすると，比較的乾燥性の気候であったと察することができる。それゆえ，大官大寺谷筋に飛鳥川が流れていたころはこの谷筋は豊饒の地の一つであったことが想定される。

図8に見られるように，飛鳥川は明瞭な扇状地を形成している。飛鳥川は，上流部

図9　飛鳥川周辺の現在の流域区分

10mメッシュ数値標高モデルからGrass GISを使って作成。使用した主なコマンドはr.watershedである。詳細は木庭のウェブサイト[16]に示す。

16）木庭の地理情報システムのページ
http://motochan.sakura.ne.jp/public_html/GISContents/22.htm

の谷底は傾斜が急であるが，点Ｐより下流の大官大寺谷筋は比較的緩やかになって，扇頂部を構成する。すなわち水量が比較的多い場所であった。その後，大官大寺谷筋が終わる天香具山の西方付近から耳成山の南方の米川が流れを西から北に転じる付近から扇端となっている。この場所も扇頂部同様，比較的水を得やすい場所である。耳成山から畝傍山の弧状の緩傾斜地が飛鳥川の扇端となっているのである。

このように争奪前の大官大寺谷筋は当時の土地利用の観点からすると重要で，この

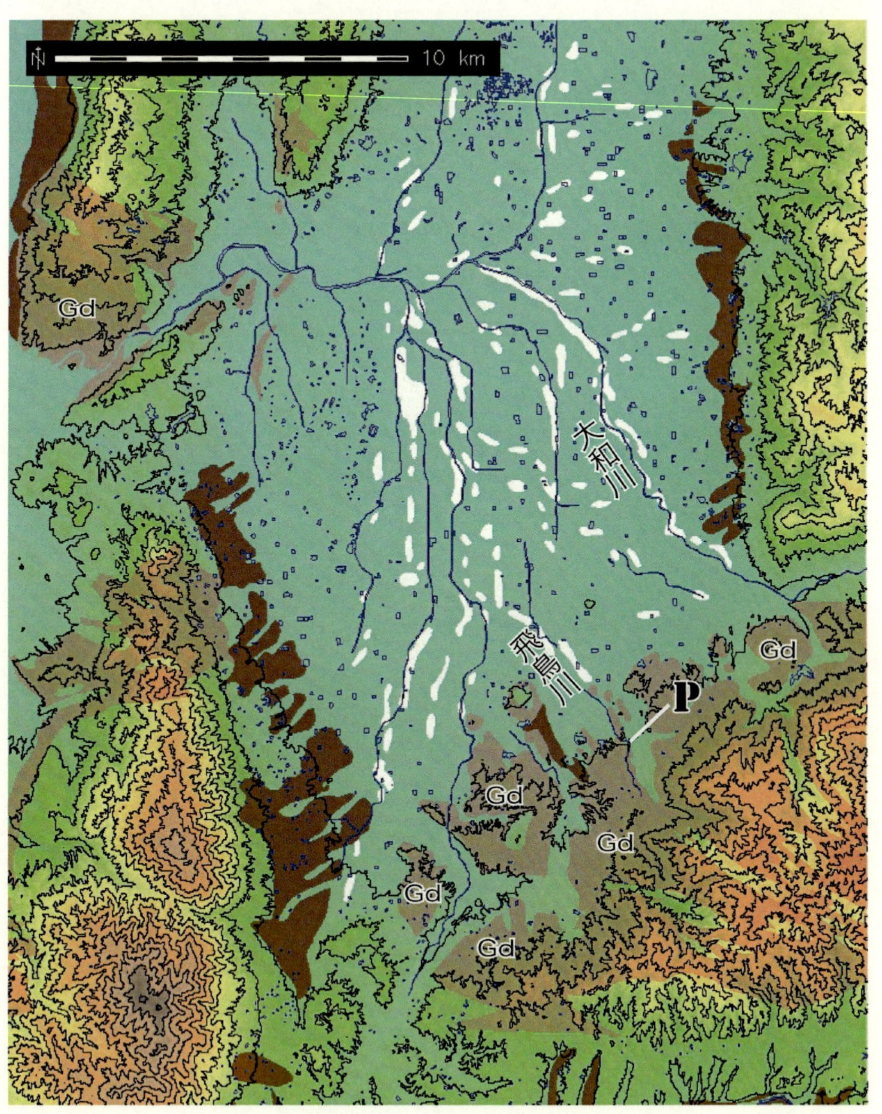

図 10　奈良盆地南部の河道と自然堤防などの分布

地質は，花崗閃緑岩（うす茶色に Gd を追記），低位段丘層（濃い茶色），自然堤防堆積物（白抜）。自然堤防堆積物は，シームレス地質図『和歌山』の「後期更新世－完新世の自然堤防堆積物約 1 万 8000 年前－現在」にあたる。河川名は図 11 を参照。

歴史が明日香村域をして北に突出させていると考えるのである。

現在の流域区分を示した図9は，争奪後（現在）のものである。この図にも図8の争奪点Pを転記している。現在の飛鳥川の流域は図9で「飛鳥川」と印字した水色の範囲である。争奪前は，点Pより南側の飛鳥川上流域は，図9の飛鳥川の東隣の寺川などのより広い流域に属していた。

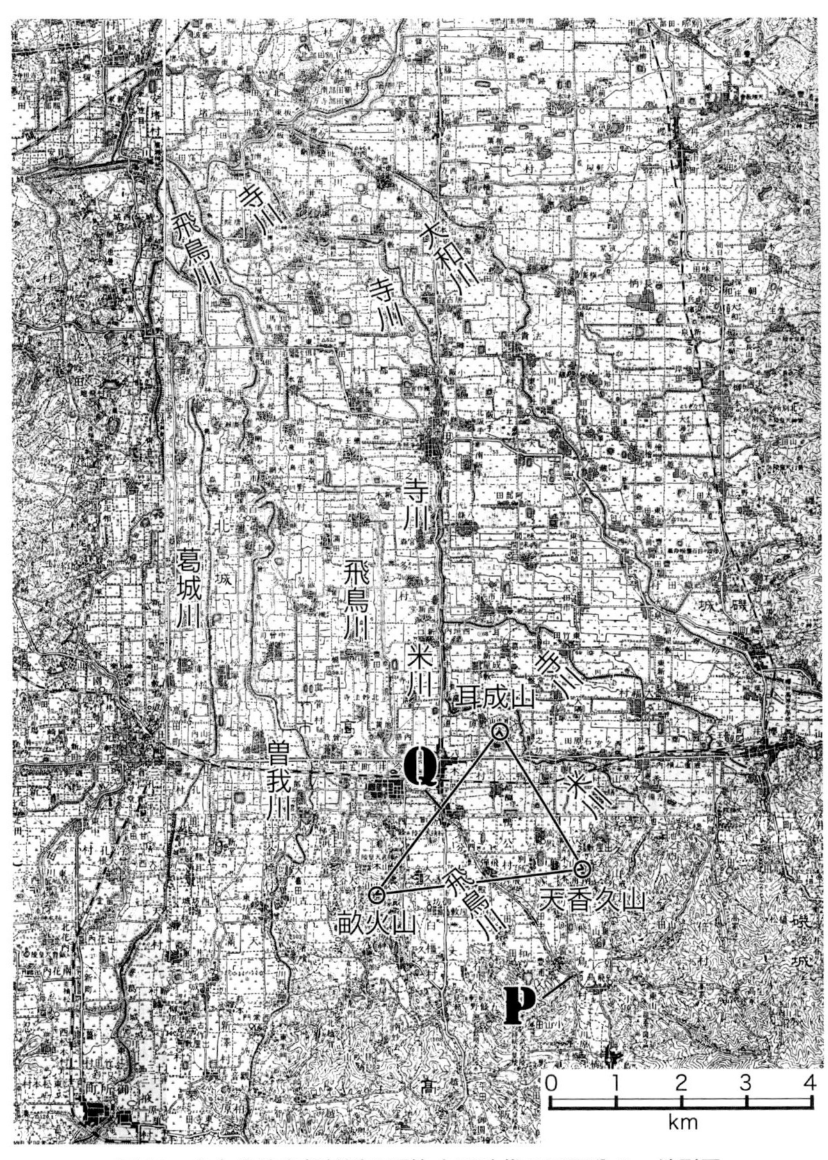

図11　奈良盆地南部付近の明治大正時代の五万分の一地形図
おもに明治に測量された大阪東南部，桜井，五條，吉野山の4地形図を接合。
河道の左側に河川名を配している。大和三山頂間を結んだ三角形，争奪点P，
耳成山－畝傍山中点Qも示している。

さて，何故に争奪が生じたのか。図10の盆地平野部の河川沿いに連続または断続的に自然堤防堆積物とされる砂礫堆が分布している。これは河川による氾濫とその対策としての堤防建設の結果である。砂礫堆はほぼ直線的で，河道の直線化の後に形成されたものである。

人が係わらない自然河道は本来網状または蛇行しており固定されない。一般的には，現在の河道は近代的な土木工事が多少加わってはいるが，河道の直線化については奈良盆地ではかなり時代を遡る。

図11は，明治・大正時代の五万分の一地形図に河川名を付した（河川の西側に配置）ものである[17)]。明治41年に測量され，大正3年に部分修正され，大正6年に発行されたもので大阪東南部，桜井，五條，吉野山の4図幅を簡易に接合したものである。この河道と現在の河道はほとんど違いがない。明治時代にはすでに河道は南北に直線的に改修されている。そしてこの河道は条里の地割に対応し古代～中世に建設されたものである。飛鳥川と耳成山－畝傍山両山頂（図11では山頂を〇で囲む）を結んだ線の中点との交点がQで，この点Qから北方に並ぶ米川や寺川のさらに北の延長に平城京の朱雀大路が続く。この軸線は現在でも中街道と呼ばれ，条里制や条坊制の観点からすると，奈良盆地で最も重要な水路が走る。

網状または蛇行する河道を直線化すると河道延長距離は場合によるが5分の1以下になる。その結果，河床勾配は大きくなり流速も増大する。争奪時の河川配列はもちろん今は見えないが，これまで論述してきたように，おそらく現飛鳥川か条里制にともなう寺川の直線化が，飛鳥川の点Pでの争奪に起因したものであろう。

本書での追記：

下線を三カ所施している。

最初の，「条里制が実施された時代であっても多くのため池がある」については，平地部のため池の成立は江戸時代にまで降（くだ）るというのが定説となっている。

次の，「飛鳥川と耳成山－畝傍山両山頂（図中では山頂を〇で囲む）を結んだ線（図中では破線で結ぶ）の中点との交点がQで，この点Qから北方に並ぶ米川や寺川のさらに北の延長に平城京の朱雀大路が続く」については元の論文では表現にケアレスミスがあったのでこのように修正した。朱雀大路は推古期に成立したとされる下ツ道にあたる。岸（1970）[18)]は大和古道の南北三道である上（かみ）ツ道，中（なか）ツ道，下（しも）ツ道の成立につ

17）古地図研究会，1983．明治大正日本五万分の一地図集成 / 陸地測量部［作製］．III，学生社．

18）岸俊男，1970．大和の古道．橿原考古学研究所編『日本文化論巧』．『日本古代宮都の研究』（岸俊男，1988）pp. 66-10　岩波書店，に再録．

いて，下ツ道を基軸とする考えを示した。下ツ道が見瀬丸山古墳の前方部のいわば拝所にあたるような所で下ツ道と交差するように見る事が可能ではないかということであった。とはいえ，飛鳥王家の谷に続く中ツ道こそ基軸であるとした。小澤（2003）[19]は岸の下ツ道説を引き取って見瀬丸山古墳は蘇我稲目の墳墓に比定されるとして，下ツ道基軸説を積極的に支持している。筆者はGrass GISで幾何学的に検討した結果，岸が描いた図は適当ではないと判断した。この作業結果を『コラム 下ツ道基軸説への懐疑』としてこの第Ⅰ章に続いて用意した。この第Ⅰ章では，その代替案として下ツ道を基軸とする場合の，耳成山－畝傍山の山頂間の中点が下ツ道の通過点にほぼ一致することに注目したのである。

ところが現在では，主要な大和古道の成立について，第Ⅵ章では推古期にあった大和三山の太極の発見から派生したものと考えている。参照願いたい。なお，いずれも両立し得た理由として考えられるのは，南北三道の距離が1000歩に設定されたことである。

三つ目の，「おそらく現飛鳥川か条里制にともなう寺川の直線化が，飛鳥川の点Pでの争奪に起因」については，すでに「はじめに」の追加文で示したように，第Ⅲ章では斉明期の付け替えとしている。

4．飛鳥とタタラ製鉄

大和三山と河川争奪については，これまで地形学的に論じてきた。

砂鉄採取についてはかなりの推定が伴う。天香具山の「カグ」は火の神「カグツチ」と通じ，タタラ製鉄と繋がる。斎木（2007）[20]によれば，奈良県葛城市笛吹にある「葛城坐火雷（かつらぎいますひのいかづち）神社では，祭神は天香具山命と火雷とされる。火雷の神は，「火之輝具土（ひのかぐつち，タタラ）の神」でもあり，『火野威加槌（ひのいかづち，鍛冶）の神』でもある。いずれも金属製錬の神。それが後に，雷神ともなった」。このような場で，タタラ製鉄が実施されていた可能性は極めて高いであろう。

花崗閃緑岩（古期領家）は比較的均質であり広島県や島根県に分布するものと類似している。広島柳井地方の粗粒層状花崗閃緑岩の場合，SiO_2は65-68％で，アルカリ/(MgO＋全鉄＋アルカリ）比は0.51-0.59を示す（本間，1976）[21]。島根県八束郡・大

19）小澤毅，2003.『日本古代宮都構造の研究』青木書店.

20）斎木雲州，2007. 出雲と大和のあけぼの：丹後風土記の世界. 大元出版，146p.（pp. 87-88）

21）本間弘次，1976. 2・3の地球化学的特徴からみた広島花崗岩と領家花崗岩の成因的関係. 岡山大学温泉研究所報告，No. 45, pp. 33-46.

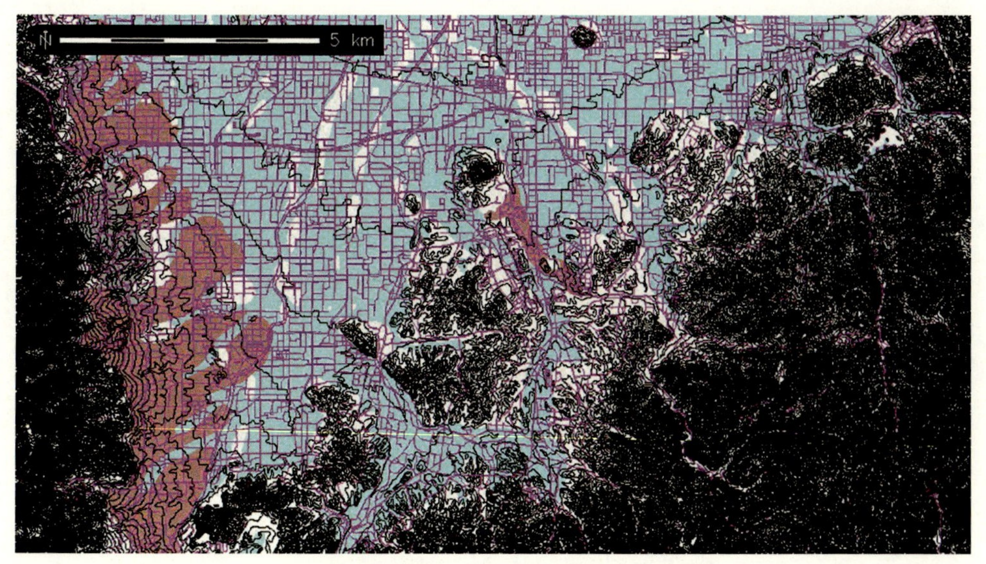

図12　飛鳥周辺の低位段丘礫層と道路分布

低位段丘礫層（うすい赤茶色の領域）はこれまで提示してきたものである。道路（濃い赤茶色のライン）は，基盤地図情報25000（奈良県）のもの。

原郡では，SiO_2の平均65-68％で，Fe_2O_3＋FeO値3.78％であり，TiO_2とP_2O_5はそれぞれ0.50％，0.12％で多くはない（山口，1957）[22]。山口によれば，鉄を取る花崗岩質岩石には，古くから続いてきて現在もなお通用する二区分がある。その一つは風化物を水選し磁鉄鉱粒を集めるもの（真砂（まさ）と呼ばれる）で分離しやすく，燐やチタンが少なくて鋼を製錬する上で最も良質の砂鉄とされる。飛鳥周辺の花崗閃緑岩（古期領家）に該当するものは，前述のように黒雲母花崗岩か黒雲母角閃石花崗岩で，最も良質の砂鉄を採取することが可能な岩質である（山口，1957）。

さて，図1に見られるように，花崗閃緑岩（古期領家）は生駒山地南縁と金剛山地北縁，そして飛鳥に近い竜門山地に分布している。低位段丘は奈良盆地周辺の山麓部の緩傾斜域に分布しているが，飛鳥周辺の竜門山地山麓には畝傍山南東部のみに限定されている（図12）。この図の等高線間隔は10mである。この図の低位段丘と同様の高度域には緩傾斜地は見られるが，何ゆえ低位段丘構成層が見られないのか。

図12には道路の分布も示しているがこれによると，金剛山地山麓では近代的な大規模地形改変がなされているが，竜門山地山麓では特に実施されていない。それゆえ，低位段丘がほとんど残存しない理由を，近代以前の砂鉄採取に求めることも可能かと

22）山口鎌次，1957．山陰地方産花崗岩質岩石について（第1報），岡山大学温泉研究所報告，No. 19，pp. 34–51.

思われる。江戸時代には鉄穴(かんな)流しが中国地方を中心に大規模に実施されたのであるが，ここで想定しているのは古墳時代の小規模な砂鉄採取である。遺構は未だ見出されていない。

おわりに

奈良盆地南部の現盆地底域で，最終氷期の礫層が現在より40mほど高い位置に侵食基準面を構成していたこと，条里地割建設に伴う河川の直線化によって飛鳥川で河川争奪が生じたこと，低位段丘層の欠落からみて竜門山地山麓部で真砂鉄原料が採取された可能性があること，を示した。特に三点目の問題は直接的な史料や考古学的な証拠が必要である。とはいえ，地理情報システムを使って地形地質のデータベースから，最終氷期の地史や歴史に言及することは可能と考えている。

なお，以上の仮設を証明すべく市村の協力を得て，株式会社アテック吉村の成迫法之氏とともに資・試料を収集している。

COLUMN

下ツ道基軸説への懐疑

下ツ道，中ツ道，上ツ道の南北古道そしてこれらに直交する東西古道の横大路という大和主要古道の成立や，藤原宮の占地については，第Ⅵ章で論じて決着している。しかしながら，大和南北三古道の通説のうち，下ツ道を基軸として東方に1000歩間隔で中ツ道と上ツ道を設定したという小澤説が現在，一定の評価を受けている。小澤説はその根拠は別にして，下ツ道が8世紀の平城京条坊制と9世紀以降の条里制の中心軸となっていることから，支持を受けていると考えてよいだろう。歴史的に変質し塗り替えられたものが過去を復元する場合の有力な資料にならざるを得ないことは理解できるところではある。

第Ⅰ章では耳成山と畝傍山を結ぶ線分のほぼ中点を下ツ道が通過する現象を示したので，現在の通説の根拠についての疑問をここに示そうと考えた。説明上，第Ⅵ章との重なりが生じることをお許しいただきたい。

1．藤原宮立地を三大直線古道から求める通説

藤原宮の中軸線は，南北に直線的に走る古道である中ツ道，下ツ道両道の距離を正しく二等分する位置に対応している。このことから，藤原宮が既存の両道の位置に基づいて決定されたというのが通説である[1)]。

日本書紀の推古二十一（西暦613）年に，又自難波至京置大道，つまり，難波より（飛鳥）京に至る大道を置く，という極めて簡潔な記述があり，これが横大路だろうとされる[2)]。成立年は不確かであるが，東は伊賀，伊勢に通じ，西は竹内峠または穴虫峠に比定される大坂を越えて河内に至る[3)]。岸（1993: p. 35）によれば，中ツ道と下ツ道の横大路での距離は，大宝令以前の測地法では1000歩（3千分の1地図上2118m）と

1）例えば，岸（1993），小澤（2003）など。

2）近辺の複数の博物館の報告など。

3）例えば，岸（1993: p. 33）。

なる。藤原宮の内裏と朝堂院の境界はこの横大路から500歩であって，藤原宮中軸線と下ツ道・中ツ道両道の距離と一致している。それゆえ，藤原宮立地がこの三つの直線古道から決定されたことになる。この岸説はこの論理の流れからは説得性を持っている（第Ⅵ章図1を参照）。

2．下ツ道基軸説

中ツ道の東方には下ツ道と同距離を隔てて上ツ道が見られる。上ツ道は奈良盆地東縁の山麓や三脚部を通るため必ずしも直線性は認めがたいのであるが，南部では飛鳥に通じている。そういう訳で南北三古道の基準になったものは中ツ道か下ツ道に限定されると考えられた。岸（1993: p. 34- 古道の設定年代）では見瀬丸山古墳[4]との関係から下ツ道とし，小澤（2003: p. 176 4 官道と古墳）はその被葬者などの関連から，後述のように基準になりうるとしている。

岸説を次に引用する。「たとえば下ツ道がまっすぐ南下して見瀬丸山古墳の前方後円墳の前方部周濠に突き当たり，それから南は直線道路となっていないという事実なども注目される。（中略）しかしそれよりも注意すべきことは，この三道が相互に等間隔を保ちながら，奈良盆地中央を走る下ツ道より東に設定され，中ツ道の延長線が香具山を越えて飛鳥に達しているという事実，つまり三道は飛鳥中心に設定されているらしいということである」（岸，1993，p. 34 古道の設定年代）。岸はこのように三古道の基軸を中ツ道としている。ここで問題とするのは，上記引用の中略の前に位置する部分である。三道の基準を見瀬丸山古墳と下ツ道の関係から下ツ道とする考え方である。引用のはじめに，たとえば，とあり，決定的なニュアンスはないと考えるが，その後の研究者は小澤も含めて下ツ道を三道の基準線に想定している。

小澤説（2003: p. 180-）は立地については岸説を踏襲しているが三道の基軸になった理由を論じている。結論の段落を次に示す。

「下ツ道ひいては三道がこの古墳を基準に設定された理由も自ずから明らかになるだろう。先に，官道としての三道の整備は，横大路と同じく，推古二十一（613）

4）橿原市生涯学習部文化財課のウェブページによれば，見瀬丸山古墳という名称は所在地名からすると不適切で，「五条野丸山古墳，あるいは大軽丸山古墳とすべき」という。最近は，五条野丸山古墳と呼ばれるが地形図では単に丸山古墳とされている。行政界が変わったからといって名称を変更するのは奇妙なことと筆者は感じている。見瀬丸山古墳という名称が初めて現れた考古学報告は下記のものである。William Gowland, 1897. The Dolmens and Burial Mounds in Japan. Archaelogia, Vol. 55, Iss. 2, pp. 439-524.

年頃と推定したが，その年代は，前年に五条野丸山古墳[5]を軸にとりおこなわれた蘇我氏顕彰の誄儀礼とほとんど重なってくるからである。下ツ道をはじめとする三道の設定も，そうした顕彰行為の一環として，曽我馬子と推古により，父祖稲目の墓を基準におこなわれたと考えて良い」[6]（p. 183）。

3．下ツ道と見瀬丸山古墳の幾何学的関係

図１で，岸の下ツ道と見瀬丸山古墳との関係を検証する。左端 **a** は岸の図である。中央 **b** には奈良県遺跡地図[7]の１万分の１表示のものに古墳の地形（等高線は 5m 間隔）を考慮して可能な中軸線を表示している。右端 **c** には GIS で作成した等高線間隔 1m の地図上に下ツ道と古墳地形から得られた可能な中軸線を表示している。

c で周濠周辺とする太い実線で示した弧は地形と地質から求めたものである。この急崖は周辺の風化の進んだ花崗閃緑岩または低位段丘礫層を多少削って形成された周濠の境界となっている。特に東側の周濠周辺と墳丘の間の周濠域はより北部の地形からすると深さ数メートル掘り込まれて墳丘に積み上げられた可能性が高い。

a では下ツ道の南端が周濠縁辺と一致するとされるが，**b** と **c** では，実線で示す現在復元されている下ツ道の南端が古墳の中軸線の周濠縁辺に必ずしも一致する訳ではない。一点鎖線で下ツ道の南方延長を示す。

岸の図の精度であれば，南北線とこれと対角的に並ぶ古墳の中軸線は，幾何学的には容易に交わる可能性がある。図１のように，下ツ道の直線性は見瀬丸山古墳のそばで終わる。上ツ道北部に見える箸墓についても，上ツ道は迂回している。なお，箸墓古墳は３世紀後半の築造で卑弥呼の墓説[8]がある。

ちなみに，見瀬丸山古墳の長軸と下ツ道とは南から反時計方向に測ると 32° をなし，

5）上の注 4）に示したように見瀬丸山古墳の言い換えである。

6）明日香村大字阪田小字ミヤコにある一辺 40m ほどの方墳が 2014 年度に明日香村教育委員会と関西大学考古学研究室（代表米田文孝）発掘された。六世紀後半のもので場所と時期から蘇我稲目のものという説もあり，未だこの問題は推測の域を出ない。明日香村教育委員会・関西大学文学部考古学研究室，2014.8，都塚古墳.

7）奈良県遺跡地図　http://www.pref.nara.jp/16771.htm

8）桜井市遺跡・文化財
http://www.city.sakurai.lg.jp/kanko/isekibunkazai/kashiramoji/hagyo/1395214364761.html

前方部端で交差する。箸墓古墳[9)]は上ツ道と後円部で交差し北から反時計方向に測ると 24° をなす。南北直線三路の両端路で古墳と交差する点について注目されるのは当然かと思われるが，道路位置を決める基準を探すのは難しい。

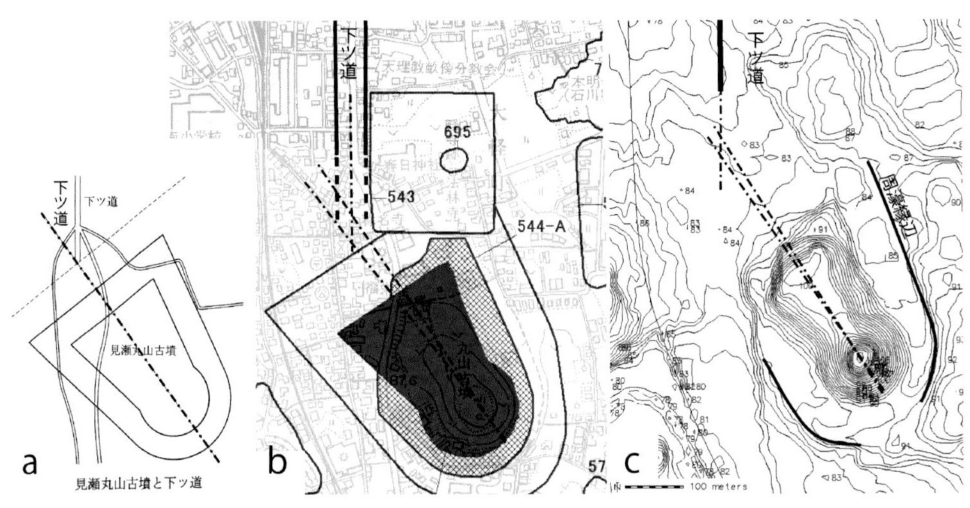

図1　見瀬丸山古墳と下ツ道

a. 岸（1993）p. 35 図 13 を引用，b. 奈良県遺跡地図 1 万分の 1，c. 国土地理院基盤地図情報 5m メッシュ[10)] から Grass GIS で 1m 等高線を作成。それぞれの地図に下ツ道を示す。一点鎖線は復元された下ッ道の延長線で筆者が追加した。

参考文献

岸俊男，1993. 日本の古代宮都．岩波書店.

小澤毅，2003. 日本古代宮都構造の研究．青木書店.

9）次の資料に箸墓古墳のオルソ写真や立体地図が公開されている。
奈良県立橿原考古学研究所，アジア航測株式会社，2012. 報道発表資料「平成 24 年 6 月 5 日（火）箸墓・西殿塚古墳赤色立体地図の作成」
http://www.ajiko.co.jp/news/2012/hashihaka_rittaichizu.pdf

10）国土地理院基盤地図情報ダウンロードサイト http://fgd.gsi.go.jp/download/

飛鳥後背の岩盤崩壊と大和古道

岩盤崩壊は筆者の独創的地形認識で，地下 10km ほどの非地震ゾーンに岩盤が重力的に落下してゆく現象である。この飛鳥後背の竜門山地にもそれが分布している。

ここで描いている弧状線で描いた岩盤崩壊の中心は耳成山付近にあたる。この本が

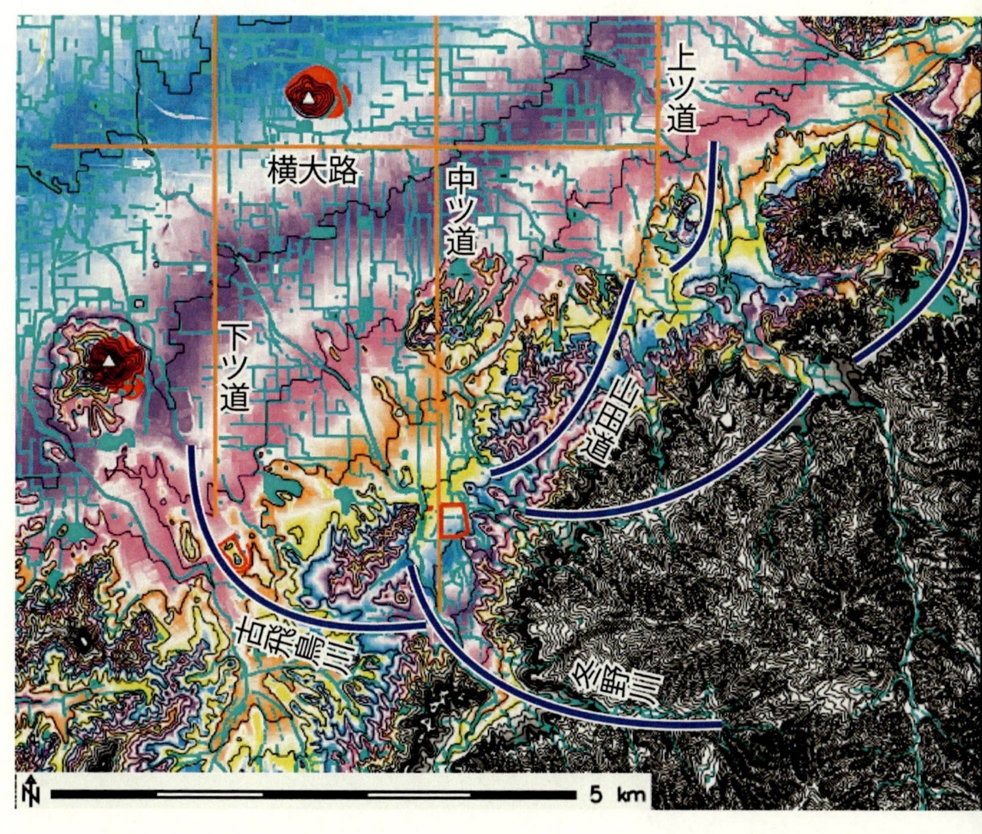

焦点を当てている飛鳥時代からすると気の遠くなるような過去からのゆっくりした地すべり現象ではあるが，現在の谷地形などと連動している。図1の両図を比較すると，左図でオレンジ色の直線で描いた大和古道のうちの南北直線三古道と繋がりがある。上ツ道から飛鳥までには，岩盤崩壊の弧状線に載る山田道が続く。中ツ道の天香具山の南方延長にあたる飛鳥宮都の谷は，新しい最終氷期の元飛鳥川の扇状地礫層に埋まっているため，岩盤崩壊の弧状線を見ることができないが，この図では三本が集約している。下ツ道の南縁に近い部分は古飛鳥川（第V章図2，4など）の流路跡と重なっている。この古飛鳥川も岩盤崩壊の弧状線に対応した旧河道である。

大和三山の太極の価値世界で設計された直線古道ではあるが，輸送または移動ルートとして，数十万年間の地球史で築かれた地形と矛盾無く成立しているのである。

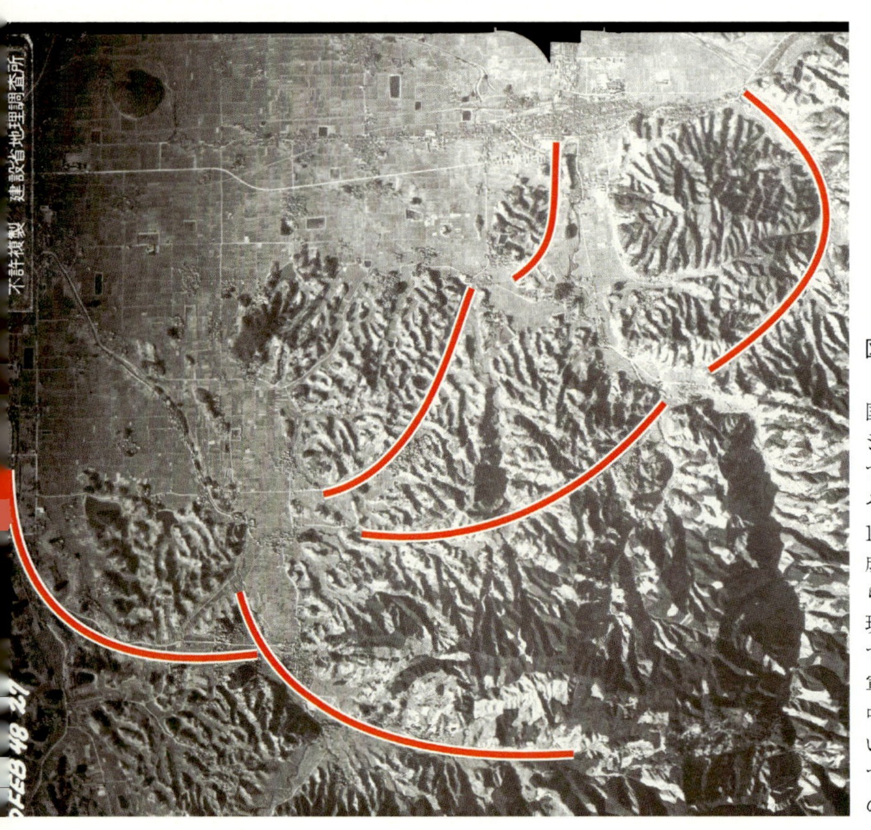

図1　岩盤崩壊と大和古道の分布

左図はGrassGISで描いたもので，国土地理院の国土情報基盤5mメッシュDEMを利用して海抜150mまでは1m間隔の段彩図を描いている。その上に，10mメッシュDEMから10m間隔の等高線を描いている。耳成山と畝傍山には，中新世流紋岩からなる火道が侵食性の先鋒として出現しているが，流紋岩の部分を赤色で塗色している。右図は1948年米軍撮影（USA-M792-73と-72）の空中写真の実体視から-73に直接，赤い弧状線で岩盤崩壊を表現したものである。左図は右図の範囲より西部のみ広く表現している。

第Ⅱ章

飛鳥時代推古朝による
天の北極及び暦数の獲得

はじめに

飛鳥時代は，記紀や万葉集などが残されていることで，古墳時代以前に比べると圧倒的な情報量をもつ。飛鳥時代の研究は考古学だけでなく歴史学や国文学などの方面からも蓄積されてきたとはいえ，奈良時代以降に比べて情報量が少なく，そのことが在野の研究家の想像力をもかき立てることにもなっている。自然地理学分野に属する筆者もその一人であることを自覚しつつ，門外漢ゆえの疑問を抱いてきて，この一年余り研鑽を積んできた。ここでは，表題についての筆者なりの解答を報告させていただきたいと思う。

元嘉暦は，中国南北朝時代の南宋で五世紀に編纂されたものであり，遅くとも六世紀半ばの欽明期には使われるようになったこと，持統期七世紀末には（より優れた）儀鳳暦と併用されるようになったことなどが日本書紀に記されている。平安時代十一世紀頃に成立した『政事要略』には，推古朝によって（初めて）暦数（れきすう）作成が始められたことが記されているが，九世紀半ばに成立した『日本三代実録』では，当時の暦博士眞野麻呂が，推古期に渡来した僧観勒は暦術を教えたが実際には行用されなかったと言う。儀鳳暦では太陽の黄道の位置の観察に基づいて作成されたのに対して，元嘉暦は黄道をただ均等分割して作成されていることなどから，史学や国文学の研究者の間では，元嘉暦は実際の使用には耐え得なかったという印象が持たれているようである。とはいえ，実用上はどうであったのか。これを披瀝した報告は皆無である。筆者は，天文学的な日月の公転軌道上の位置と暦との関係を調べて，元嘉暦が使用に十分耐え得ること，眞野麻呂が抱いた推古朝の暦学に関わる誤解の理由などを，ここに示している。

暦の作成や，法興寺伽藍などの中軸や中ツ道など南北直線道の建設には，天の北極，これから自動的に求まる東西南北の方位が求められる必要があった。いずれの手法も紀元前後にあたる漢代には完成していた天文書『周髀算経（しゅうひさんけい）』や算術書『九章算術』などの古典に易しく記されている。推古期には，法興寺，法隆寺，四天王寺などの大伽藍や大規模な道路や水路などが建設されており，この施工は天文や土木の算術が前提となっている。筆者は，僧観勒とその書生らが実際に天の北極を求めたとして，北極璿璣四游（せんきしゅう）が可能であったのかを当時の天球の運行から復元した。これまで指摘されなかった『周髀算経』原本の限界や事実上の天文観測環境もここで示した。

---

* Koba, M., 2016. Acquisitions of the North Pole and the almanac during the Suiko's reign of Asuka period. Bulletin of Kansai University Museum, No. 22, pp. 1-20.

1. 推古朝による天体観測の開始

1.1 百済僧観勒渡来前の暦使用環境

『隋書倭国伝』の開皇二十（600）年の段落には倭国の風俗が紹介されている。その一部を次に引用する。「無文字，唯刻木結繩。敬佛法，於百濟求得佛經，始有文字。知卜筮，尤信巫覡。毎至正月一日，必射戯飲酒，其餘節略與華同」。この邦訳は，「文字はなく，ただ木に刻みをいれ，縄を結んで（通信）する。仏法を敬い，百済で仏教の経典を求めて得，初めて文字を有した。卜筮を知り，最も巫覡（ふげき＝男女の巫者）を信じている。毎回，正月一日になれば，必ず射撃競技や飲酒をする，その他の節句はほぼ中華と同じである」[1]。このように，推古八（600）年には，飛鳥の暦は隋で当時使われていた大業暦の正月一日と二十四節気がほぼ対応しており，宮中だけでなく，京域でも広く使われていた可能性が認められる。隋では当初，開皇暦が使用され日食が外れた事で，開皇十七（597）年には，開皇暦の改良版の大業暦に移行している[2]。大業暦の前の開皇暦は元嘉暦の多少の修正版であり，大業暦と元嘉暦は南宋系譜の平朔平気法を使う太陰太陽暦であり，立春正月朔日など二十四節気はほぼ一致しており，前述の隋書の記述とも対応する[3]。

日本書紀巻第十九欽明十四（553）年六月の記事に，百済との通信に関して，「医博士，易博士，暦博士は当番制により交代させよ。今上記の役職の人は，ちょうど交代の時期になっている。帰還する使いにつけて交代させよ。また卜書，暦本，種々の薬物など送るように」（宇治谷訳，1988：pp. 37-38.）などとあり，十五年二月の記事に，上の記事に絡んで「易博士施徳王道良，暦博士固徳王保孫，（中略）をたてまつった。皆願いによって交代した」（宇治谷訳，1988：pp. 40-41）とある。この暦が百済で当時使われてきた元嘉暦[4]であることは日本書紀巻第三十の持統四（690）年十一月十一日の記事にも次の形で示されている。「勅を承ってはじめて元嘉暦と儀鳳暦を使用した」（宇治谷訳，1988：p. 328）と記される。原文は，「奉勅始行元嘉暦與儀鳳暦」（坂本ほか，1995b：p. 449）である。元嘉暦はそれまで使われてきたもので儀鳳暦も併用され

1）堀貞雄の古代史・探訪館『隋書』倭国伝
http://members3.jcom.home.ne.jp/sadabe/kanbun/wakoku-kanbun9-zuisho.htm

2）http://hosi.org/u/wiki.cgi?Calendar%2FWhen%2FExe%2F暦説明%2F本編%2F中国%2F朔閏表一覧

3）suchowan's blog 中国の暦について．暦法のパラメータが整理されている。
http://www.asahi-net.or.jp/~dd6t-sg/when/china.html#2-3

4）南朝宋の何承天が元嘉二十（443）年に作成したもの。

るようになったということを示している[5)]。欽明十四（553）年の暦博士の当番制による交代依頼からするとこの時期よりさらに前に，倭国でも南宋由来の元嘉暦が百済経由で使用されてきたことがわかる。

1.2　百済僧観勒と書生による観測に基づく暦作成の開始

天の北極信仰を示す法興寺（のちの飛鳥寺）の成立は六世紀末であり僧観勒（かんろく）渡来以前である。仏法受容と天の北極信仰は連動している。六世紀末の飛鳥寺遺構の中心軸は正しく天の北極を示しており，百済からの暦博士によって天の北極が決定されていたと考えて良い。その暦博士は，欽明天皇十五（554）年に渡来した前述の固徳王保孫（ことくおうほうそん）かその後継者の可能性が高い。

日本書紀推古十（602）年[6)]には次の記述がある。「冬十月　百濟僧觀勒來之。仍貢曆本及天文地理書　幷遁甲方術之書也。是時　選書生三四人　以俾學習於觀勒矣。陽胡史祖玉陳習曆法。大友村主高聰學天文遁甲。山背臣日立學方術。皆學以成業」（坂本ほか，1995a: p. 457）。つまり，百済の僧観勒（かんろく）が来て，暦本と天文地理書，並びに遁甲方術の書を献上した。そして書生三，四名を選び観勒の下で学ばせた。玉陳は暦法を習い，大友村主高聴は天文遁甲を，山背臣日立は方術を学んだ。皆よく理解した，とある。国内での暦博士の養成が始まったと考えてよいだろう。

推古十年の記事に現れる百濟僧觀勒はそれまでの暦博士とは趣を異にする。蘇我馬子や厩戸皇子（うまやとのおうじ）などからなる大陸文化を積極的に取り込む体制が，参照または渡来知識人に従う姿勢から積極的な模倣さらにはそれ以上へと大陸文化の受容姿勢が大きく転換したことを示している。

その一環で僧観勒が招請されたのであろう。推古三十二（624）年夏四月三日の記事に（宇治谷訳，1988: pp. 114-115），一人の尼僧が祖父を斧で打った件で観勒が推古に仏法定着の歴史的観点から意見書を奉るところが出ている。そして，続く同月十七日の記事には，推古によって観勒は初めて僧最高位の僧正に任ぜられている。観勒が来朝したのが推古十年，オーロラが観測されたのが二十八年，観勒が僧正に任ぜられるのが三十二年，皆既日食が観察されたのが三十六年であって，観勒の影響が強く感ぜられる。僧観勒の指導で，来朝後の早い時期に，大陸レベルの暦作成や占星術の基本

5）落合ほか（2012）は，皇極天皇二年五月乙丑（十六日），西暦 643 年 6 月 8 日の月食が元嘉暦で予測されていた高い可能性を暦学的に示している。

6）日本書紀　全文検索　推古紀
http://www.seisaku.bz/nihonshoki/shoki_22.html

となる天の北極の位置決めなどが実施されたと考えられる。

日本書紀天武四（675）年春正月には「始興占星臺」（坂本ほか，1995b：p. 407），つまり初めて占星台が設置されたとされるが，もちろん遅くとも，僧観勒による観測や学生への指導時にはそれに類するものは設置されなければならなかった筈である。

1.3 『政事要略』記事から推定される推古朝による暦作成

金澤文庫版『政事要略』（黒坂編，1935）巻第廿（にじゅう）五年中行事廿五の十一月一の記事内容を使って，推古期の独自の暦作成開始の可能性を述べる。

年中行事廿五の十一月一の前半部には，前述同様の論理で，日本書紀掲載の欽明天皇十四年の暦博士の記事，推古天皇十年の僧観勒の記事が引用された上で次の記事が続く。「儒傳云。以小治田朝十二年歳次甲子正月戊申朔。始用暦日」。つまり，推古十二（604）年正月朔日から暦を使い始めたとある。この記事の後，改行されて，次の記事が続く。「右官史記云。太上天皇持統元年正月。頒暦諸司」。つまり，持統天皇元（687）年正月には関係官吏に暦が配布されている。この記事に続いて，暦数についての担い手や教育そして「暦作成の意味論」（次の段落に示す）などが続く。暦数とは日月星辰を観測してお手本になる暦に合わせて，宮中の行事や農業カレンダーを示すことである。この『政事要略』は長保四（1002）年ごろ成立しているが[7]，この事務連絡的な記事によれば，冬至つまり十一月一日から翌年の暦数作業を開始すべきとしている。

上記で筆者が「暦作成の意味論」としたのは，地の文に比べてポイント数を落として示された注記を指す。「（次の2文は地の文と同様のポイント数）集解云。暦数。（以下，ポイント数が落とされて地の文1行に2行が配置されている）

「釈云。①尚書堯典云。及命義和。欽若昊天。暦象日月星辰。敬授民時。②孔安國曰。重黎之後。義氏和氏世掌天地之官。故堯命之。敬順昊天。々々言元氣廣大也。星四方中星。辰日月所會。暦象其分節。敬記天時以授民也。③大戴禮。聖人賓守日月之数。以察星辰之行。以序四時之従逆。謂之暦也」（引用中の①～③は筆者の便宜的区分）。

この文とほぼ同様のものを，孔安國伝『尚書正義（しょうしょせいぎ）』（十三經注疏整理本編纂委員會，2007）巻第二（p. 27-）堯典（ぎょうてん）第一虞書（ぐしょ）（p. 38-）に見ることができる。「乃命羲和，欽若昊天，歴象日月星辰，敬授人時。重黎之後羲氏，和氏世掌天地四時之官，故堯命之，使敬順昊天。昊天言元氣廣大。星，四方中星。辰，日月所會。歴象其分節。敬記天時

7）レファレンス協同データベース　http://crd.ndl.go.jp/reference/modules/d3ndlcrdentry/index.php?page=ref_view&id=1000113901

以授人也。此擧其目，下別序之」。

『政事要略』の方の筆者の読み下しを示すと，「①尚書堯典に云う。乃ち羲和（羲氏と和氏）に命じて，欽んで昊天に若い，日月星辰を暦象して，敬んで人に時を授けしめる。②孔安國曰く。（帝が）重黎（重と黎）に命じて天地を隔てさせた後，義氏と和氏が世（代々）天地の官を掌るようになった。それ故に堯が之れを命じ，（義氏と和氏は）敬んで昊天に順った。昊天は元気広大なりと言った。星は四方中星（の周天）を運行し，辰は日月が會する所で，その（周天の）分節を暦象する。敬んで天の時を記して，以て民に授けしめる。③大戴禮によれば，聖人は日月の暦数を守るという（天の恩恵を）賚っている。以て，星辰の運行を観察し，以て四時の順逆を序する。之れを暦と謂う」。

ここでいう①の『尚書』堯典は，春秋時代（紀元前772年-476年）に成立したとされる（『尚書正義』27-）。②の「孔安國曰。重黎之後」以下の部分については，繰り返すことになるが，孔安國伝『尚書正義』巻第二　堯典第一 虞書に見える。もちろん，この史料には，「孔安國曰」という表現は見られない。③『大戴禮』は前漢の戴徳撰のものである。

②のうち，星四方中星　辰日月所會　暦象其分節，の解説は，『尚書正義』に見える。「『星，四方中星』者，二十八宿，布在四方，隨天轉運，更互在南方，毎月各有中者。《月令》毎月昏旦，惟擧一星之中，若使毎日視之，即諸宿毎日昏旦莫不常中，中則人皆見之，故以中星表宿，『四方中星』總謂二十八宿也」。つまり，天の赤道は，二十八星座からなる（月の）宿に分かれるが，各宿の目印の星が中星（距星）とされている。「『日月所會』謂日月交會於十二次也」，とあるので，辰は，黄道十二宮をさす。太陽は毎月十二宮を一宮ずつ移動し，それぞれの宮で日月は月1回会合する（新月に対応し，完全一致の場合は皆既日食）。「暦象其分節」に対する特別の説明は無いが，天の赤道上の二十八宿の星座，そしてその上の月の運行，黄道十二宮の月と太陽の運行を観察して，二十四節気などの季節の移り変わりを得て暦を作成するという流れを示していると考えられる。③「大戴禮」に続くものは，聖人であれば天体運行の異変，つまり王朝や社会の異変が生じる前に暦を作成して知ることができるという意義か。

『政事要略』の注記の評価が長くなったが，平安時代中期であっても，このように暦数への理解の程度は観念的である。この種の文書の書き手が文官であったであろうことや，当時要求された知識レベルの点からも当然ではあろう。ここで注目したいのは，平安中期であっても暦数に関わる考え方は漢代に確立していた知識の域を出ないことである。後述するように推古期であっても，漢代に確立した暦作成のための技術書である『周髀算経』が使われており，これによれば，二十四節気，月の満ち欠け，日出と日入，月出と月入，などの日時の計算，日月星辰（含惑星）の年間の位置を求めることができた筈である。僧観勒が玉陳らを指導し，古典でありながら実用書であった『周髀算経』に従って日月星辰を観測し，元嘉暦に当てはめ得て初めて，推古天皇十二年正月の「始用暦日」が可能となったと言える。前述の隋書倭国伝の開皇二十（600）年の記事のように飛鳥などでは当時，およそ二十四節気が使われていたのであり，推古十二年正月の「始用暦日」は，僧観勒の指導による飛鳥での日月星辰の観測に基づいて，推古朝のスタッフによって暦が作成されたことを宣言していると考えてよい。

1.4 残された暦から推定できる推古朝の暦数

1.4.1 『日本三代実録』掲載の推古朝暦術評価

『日本三代実録』（武田・佐藤，1986）清和天皇貞観三（861）年六月一六日の記事（巻五 pp. 671-678）に，「始めて長慶（ちょうけい）（唐代穆宗の治世で使用された元号）の宣明（せんみょう）暦経を頒行（はんかう）しき」として，暦博士大春日眞野麻呂（おおかすがのまのまろ）が奏言した宣明暦使用推奨の理由などが示されている。これは，「詔して従（ゆる）し給ひき」とあって採用され，貞享元（1684）年まで800年間用いられた[8)]。この眞野麻呂の奏言の記述の始めに，「謹みて撿（かんが）ふるに，豊御食炊屋姫（とよみけかしきやひめ）（推古）天皇の十年十月，百済國の僧観勒，始めて暦術を貢（たてまつ）りて未だ世に行はれず，高天原廣野姫（たかまのはらひろのひめ）（持統）天皇の四年十二月，勅有りて始めて元嘉暦を用ゐ，次で儀鳳暦を用ゐき」などと続く。推古期に高僧が来たけど暦が定着しなかったと断言している。後述するように推古期には元嘉暦が使用されているにも係わらず何故，当時の最高の暦博士である眞野麻呂が「未だ世に行はれず」と断言したのか。眞野麻呂は暦関連の過去の資料を掌握していた可能性が高く，推古期の資料が断然欠落していたものと察せられるのである。

前述のように，主として推古二十八年厩戸（うまやど）皇子と馬子大臣は天皇記，国記，本記の編集などを実施している。遣隋使に代表される積極的外交，法や官僚組織の整備を実施した厩戸・馬子体制は，当然ながら大陸の国家の基礎条件である暦の積極的な獲得努力を怠らなかったに違いない。三浦（2006）は，『口語訳　古事記　神代篇』の「古事記の世界（解説）」で，この日本書紀の記事に関連して，「歴史的な事実を記すものであるか否かは問題で，歴史書の編纂作業が聖徳太子の手によってなされたかどうかは疑わしい。しかし，何らかのかたちで七世紀初頭に歴史書の編纂がもくろまれたと

8）デジタル大辞泉　「宣明暦」

いう事実は認められるはずで，その起源を聖徳太子に仮託するというのが日本書紀の歴史認識であった。そして興味深いのは，古事記に記述された系譜がトヨミケカシキヤヒメ（推古）で終わっているということである」(pp. 260-261）という。古事記掲載の歴代天皇の系図は推古で終わっていて，本文は「推古期にとってもっとも近い『歴史』時代に位置するヲケ（二十三代　顕宗)・オケ（二十四代　仁賢）で閉じ」(p. 261）ている点からも，古事記の元原稿は間違いなく，推古期のものである。古事記が推古期の馬子・厩戸体制下にまとめられたものであることは確かなこととなる。

このように推古期の遺産は，日本古代国家にとっても非常に大きいものがあるし，古事記の系図にも本文にも蘇我氏の大和朝廷での役割を意図的に膨らませる操作もほとんど感じ得ない。とはいえ，日本書紀に記されている蘇我氏に係わる血なまぐさい現実の記述が避けられたとも考え得る。

眞野麻呂が推古朝では「未だ世に行はれず」と断言した原因として考え得るのは，すでに当時の暦資料の欠落とも考えられるが，その欠落を生み出した時期として最も理解しやすいのは，乙巳の変であろう。日本書紀には，皇極四（645）年六月十二日，中大兄皇子は中臣鎌子連らとともに蘇我鞍作臣（入鹿）を暗殺し，入鹿の父である蘇我臣蝦夷らは十三日，「すべての天皇記・国記・珍宝を焼いた。船史恵尺はその時，素早く焼かれる国記を取り出して中大兄にたてまつった」とある（宇治谷訳，1988: pp. 153-155)。この船史恵尺が国記のみ取り出したという記事について，赤城（2006: pp. 87-90「推古朝の史書編纂」）は種々検証して，「『天皇記』の成立は推古期であって，『帝王本紀』もそれに基づくものであろう。天武朝の『帝紀』『旧辞』などの旧記は，推古二十八（620）年につくられたという『天皇記』『国記』にまでさかのぼると見られる」と結び，推古期の史書編纂後四半世紀を経ているのに，それらの写本または正本が蘇我氏の史官である船史恵尺宅や朝廷などに無いのはあり得ないとする。

ただ，天文観測や暦数の記録については，その詳細性と専門性において，複数の写本が作成された可能性は低く，権勢を振るった蘇我氏本家宅には，推古朝の僧観勒の指導の下で集中的に天文観測された暦数資料が保管されていた可能性がある。飛鳥寺は蘇我氏の氏寺ではあるが，乙巳の変の際には，入鹿暗殺後，「中大兄は法興寺（飛鳥寺の異称）に入られ，とりでとして備えられた。諸の皇子，諸王・諸卿大夫・臣・連・伴造・国造などみながお供についた」(宇治谷訳，1988: p. 155）とあり，このことは法興寺には多くの人々が自由に出入りできたことを示しており，この場は，祭政一致の基本資料である暦作成のための観測資料の保管場所にはなり得なかったであろう。

火災から免れた暦に係わる資料は，およそ日本書紀の干支や天文記述などに限定されてはいるがその範囲で，天文学や暦学の視点から論じられた成果を次に確認したい。

1.4.2 日本書紀に見られる推古朝の天文記述とその意味

河鰭（かわばた）ほか（2002）では，森（1991）の分類になる日本書紀の天皇紀を正しい漢文で書かれた巻のα群と漢文に倭習の見られる巻のβ群に分けて天文観測の信頼性を評価すると，β群の日食と星食が信頼できるとした。谷川・相馬（2008a）には「表1. 日本書紀の巻と分類」があり，巻1～30のうち，天文観測の信頼性が高いβ群は，巻1～13までと，巻22（推古），巻23（舒明），巻28（天武 上），巻29（天武 下）が該当するとされるが，事実上，巻1～13を除く，4巻である。

この谷川・相馬（2008a）では，彗星や流星も含めて，次のように結論している。「β群の紀には，注意深い観測者がいたと考えるべきである。後に述べるように，日食はほぼ晴天率どおりに観測記録数がある。つまり，昼間，見える日食はすべて記録したと考えることができる。夜は彗星や月食を観測する人がいる。とすれば，異常な局地現象を観測しても不思議はない」。

信頼できる日本書紀の天体異変記述は，推古紀が最初で，在位中，次の2件がある。推古二十八年十二月一日には，「天に赤色の気（しるし）が現れた長さは一丈あまりで，形は雉（きぎす）の尾のようであった」（宇治谷，1988: p. 110.）。原文では，「天有赤氣　長一丈餘　形似雉尾」[9]。これはオーロラの観察。「三十六年春二月二十七日，天皇は病臥された。三月二日，日蝕で日が全く見えなくなった」（p. 117）。原文では，「卅六年春二月戊寅朔甲辰　天皇臥病。三月丁未朔戊申　日有蝕盡之」[10]。これは皆既日食に当たっている。

天武紀の天体異変の記述は12件と多く，推古紀との比較のために数例挙げる。彗星について，天武十三（684）年七月二十三日，「彗星（ほうきぼし）が西北の空に現れた。長さ一丈余であった」（宇治谷，1988: pp. 298-299）。例えば，流れ星については，同年十一月二十一日，「昏時（いぬのとき）（午後八時頃），七つの星が，一緒に東北の方向に流れ落ちた。二十三日，日没時（とりのとき）（夕方六時頃）に星が東の方角に落ちた。大きさは，ホトキ（湯や水を入れる口が小さくて胴の太い瓦器）くらいであった。戌（いぬのとき）（夜八時頃）になると，大空がすっかり乱れて，雨のように隕石（いんせき）が落ちてきた。この月，天の中央にぼんやりと光る星があり，昴星（もうしょう）（すばる）と並んで動いていた。月末に至ってなくなった」（pp. 300-301）。

9）日本書紀　全文検索　推古紀
http://www.seisaku.bz/nihonshoki/shoki_22.html

10）日本書紀　全文検索　推古紀
http://www.seisaku.bz/nihonshoki/shoki_22.html

天体の異変についての記述では，推古紀の天文観測記録には方位の明確な表現は無いが，推古十七年十月九日の記事に，新羅と任那の使人を案内する記事の中に，「共に南門から入って御所の庭に伏した」とある。推古紀に続く舒明紀（p. 129）の例えば六年秋八月の記事に，「長い星が南の方角に見えた。人々は彗星だといった」，続けて七年春三月の記事に，「彗星は廻って東の方に見えた」とある。推古期の「天に赤色の気(しるし)が現れた」オーロラは北に現れたものであって，天は言うまでもなく天の北極方向を指す可能性もあるだろう。

オーロラが観測された推古二十八年十二月一日の記事の直後に，「この年，皇太子と馬子大臣が相議って，天皇記および国記(くにつふみ)，臣・連・伴造・国造など，その外多くの部民・公民らの本記(もとつふみ)を記録した」（p. 110）とあり，国史編纂の高揚感が感じられる。大陸では国の歴史記述をする上で暦は必須であり，後段で確認するように，当時，推古朝スタッフによって，暦は作成されていた。この二ヶ月後にあたる翌年「春二月五日夜半，聖徳太子は斑鳩宮に薨去(こうきょ)された」。

皆既日食が観察されたのは三十六年春三月二日であったが，その二日前の二月二十七日，「天皇は病臥された」，そして皆既日食の五日後の三月七日，「天皇は崩御された」。「夏四月十日，雹(あられ)が降った。桃の実ほどの大きさがあった……春から夏に至るまで旱(ひでり)が続いた」（pp. 117-118），と続く。

日本書紀編纂者によって好意的に記述されている皇太子と大王が天に召された。それに対応する形で天体の異変が起きたと主張している。谷川・相馬（2008b）は推古紀のこの２件の天文記事を天文学から検証しており，ねつ造されたものではない。とはいえ，推古紀の天体異変記事は，取捨選択された可能性が強く感じられる。

谷川・相馬（2008b: 35-36）は細井（2007）批判の関連で，α群とβ群の天文記録数を論じている。「β群の場合，数え方による。推古元年からなら（β群にあたる推古，舒明，天武，三代の）合計在位は65年であるから，年平均（天文）記録数は0.32となる。観測の始まった推古二十八年からなら合計在位は38年だから，年平均記録数は0.55となる」。ここで，推古二十八年十二月一日のオーロラ観測記録を観測開始と捉えるには無理がある。天体異変観測記録は日本書紀の編纂者によって取捨選択されたと考える方が自然であり，暦数のための天体観測は，遅くとも飛鳥寺建設の前か，僧観勒来朝の早い時期に始まっていたからである。

1.5 暦学的評価

1.5.1 小川清彦による推古期の評価

小川清彦による日本書紀暦日研究の著作は，内田正男と斉藤国治の紹介によって一般に知られるようになった（1946aMS; 1997, 1946bMS; 1997)。渋川春海は，「日本書紀暦考をつくり日本紀の暦日が日本固有の暦法によって神武以降年々推算されたものであるとし」たが，小川（1946aMS）論文は次のことを明らかにした（斉藤国治の解説　p. 283)。「神武天皇（西暦紀元前 7 世紀）以降，紀元後 5 世紀までの間に，『書記』に載る月朔干支は『書記』の編纂（完成は A.D. 720 年）にあたって，陰陽寮の暦博士らが『儀鳳暦』の算法を使って古代に遡って逆算して求めた数値であり，古代の日本にそのような暦が行用されていたわけではなかった」という。日本書紀の暦日研究は，筆者にとっては小川の研究に尽きる感さえする。

ここで問題としたいのは，推古期の暦作成に係わる小川の認識である。小川（1946bMS: 292）は明治時代の特に那珂通世の紀年研究に注目して，次のように言う。「（那珂は）推古九年辛酉（西紀601年）から1蔀1260年（干支還暦60年/(元)×21(元)）を遡った年を神武元年と定めたに過ぎないのだと言う。それは推古天皇の時，聖徳太子が国史を編纂するため日本の建国いわゆる紀元元年をそれ以前どれ位の年代を遡ったところにおくべきかという問題に遭遇した際に，讖緯説を採用して（中略）神武即位の年と決めたのである。推古のおくりなはそのことを暗示しているのではないか」（一部変更）とする。この紀年起源説は，現在，通説化していると言ってよいと思うが，暦法を詳細に検討した小川が推古朝に紀年法の起源を求めたことに筆者は注目する。

小川は，日本書紀の紀元前 666 年～紀元後 667 年の間についての月朔及閏月の儀鳳暦，元嘉暦，大衍暦についての異同対照表を示しており，「明らかに神武から 5 世紀の中頃までを儀鳳暦平朔により推算し，それ以後は後年実際に使用された元嘉暦との連絡を保つ必要から，元嘉暦法によって推算されたものであることを告げているのではないか」としており，推古朝では確実に元嘉暦が使用されていたことを前提とするのである。

1.5.2 元嘉暦と日月配置の対応

1.5.2.1 太陰の運行

元嘉暦は，日月配置をどの程度，捉えていたのだろうか。この項では，「須賀隆さんの when」[11] というデータベースを使った計算結果を示す。グレゴリオ暦 593 年から 110 年間のデータを使用させていただく。この分析に係わる使用法などは，木庭のウェブサイトに掲載[12] しているが，大部なのでここでは述べない。グレゴリオ暦 593 年は推古元年にあたり，109 年後の 702 年は大宝二年で持統天皇の崩御年にあたる。

元嘉暦と日月配置をみたのが図 1 である。横軸は元嘉暦の冬至日で，縦軸は天文学的な月齢にあたる。後者を得るために個々の月の黄経差に対して，次の演算を実施した。「月の黄経差/360＊平均朔望月＋1」の結果のうち，＋値を示した年次は 0.1～0.7 の 5 個あって，その＋値を月齢とした。

この操作を蛇足と思いつつ説明する。まずは，月の黄経差であるが，地球の公転面と月の公転面は 5 度ほどしか傾かないので，月齢を知るには同一平面と考えても問題がない。地球ー月ー太陽が串刺し状態で並ぶ時は朔（新月）と言い月齢の朔日（ついたち）にあたり，月ー地球ー太陽と串刺しになる時は望（満月）といい月齢のほぼ 15 日にあたる。地球と月の距離は，太陽から地球および月への距離と比べて 400 分の 1

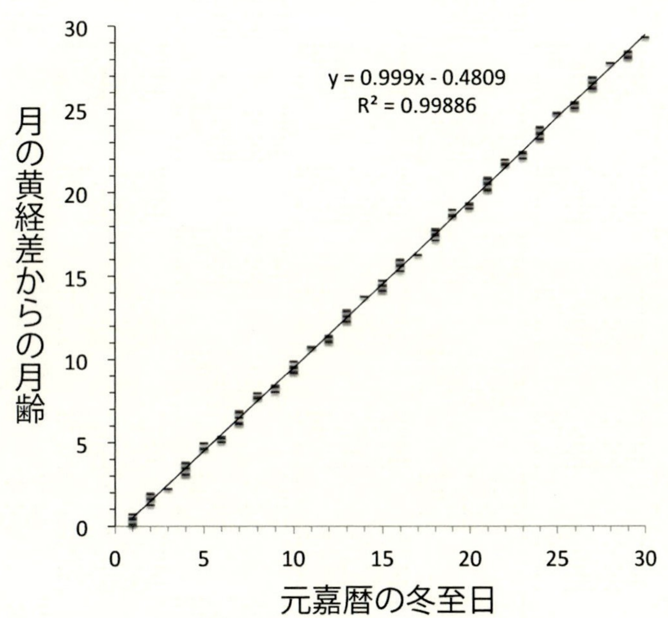

図 1　元嘉暦冬至日と月齢の黄経差の対応

横軸は元嘉暦の冬至日，縦軸は横軸値に対応する天文学的な月齢にあたる。プロットは短いバーで表示しており，プロット数は 110 点であるがかなりの重なりが見られる。

11）suchowan's blog　http://www.asahi-net.or.jp/~dd6t-sg/

12）木庭元晴の下記ウェブサイトに入って左のペーンの「暦法　こよみ」。
http://motochan.sakura.ne.jp/public_html/Kyozai_Frameset.html

ほどで，地球または月から見た太陽の方向は同じなのであるが，月齢を説明するのには距離をデフォルメした図が使われるので，ここでは，黄経差を「太陽から反時計回りの月の位置（度）」とする意味は次のようになる。地球の中心から太陽の中心に軸を想定して月の公転に合わせて，地球―月―太陽が串刺し状態をゼロ度とし，月の公転方向，つまり反時計回りで，90 度の場合に上弦，180 度の場合に望，270 度の場合に下弦とするのである。

元嘉暦の月齢と天文値との関係をみるべく，黄経差を月齢に変換する。月の黄経差/360，によって地球―太陽軸からの公転角度比が出る。それに平均朔望月である 29.530589 日を掛けると角度を日数に変換できる。朔日に対する天文学的な月齢値はゼロだが，暦では朔日（一日）になるので，一律 1 を加えるが，平均朔望月を超える結果が 5 個あったので，その超えた値を月齢したのである。

さて，図 1 のように，見事な一致が見られる。傾きは 0.999 で決定係数は 0.99886 であった。太陰太陽暦である元嘉暦は太陰の運行を正確に捉えていると言える。

1.5.2.2　太陽の運行

太陽の運行は天文学的には太陽の黄経で表す。須賀隆氏のデータベースでは，元嘉暦冬至日の春分点からの黄経（度）が提供されている。太陽黄経は地球の公転面上の春分点をゼロとして求めるので冬至日は 270 度に該当する。それゆえ，270 度から元嘉暦の冬至日の太陽黄経（度）を差し引くと，元嘉暦の冬至日の誤差を得ることができる。

図 2 の縦軸は，元嘉暦の冬至日の誤差（度）なので，縦軸値/360＊365.25，つまり縦軸値に 1.0146 を掛ければ，度を日に換算できる。最大誤差は 640 年の 30 度で 30.44

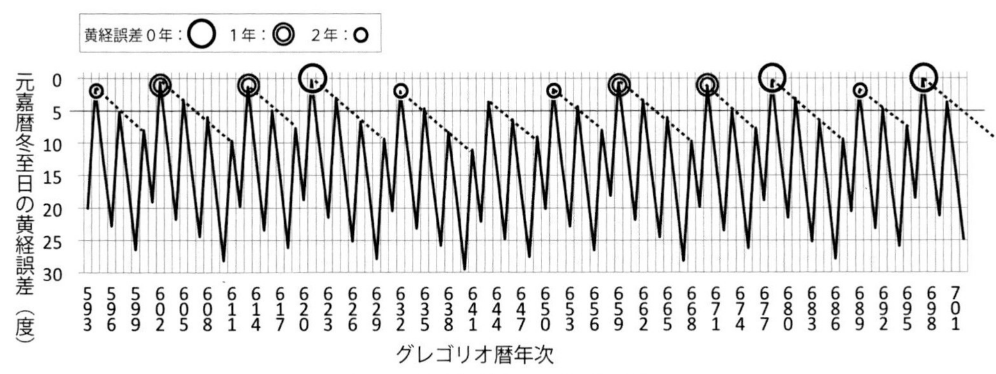

図 2　元嘉暦冬至日の黄経誤差

縦軸最上部のゼロ値は，元嘉暦の冬至日と天文学的冬至日が一致する場合で，下部ほどズレが大きい。黄経誤差 0～2 年にあたる年次に丸記号でマークしており，誤差 5 年の目盛りを横線で，及び黄経誤差の経年的な増加からみた周期性は斜めの破線で示している。

になるから，30日と考えて良く，度数をそのまま日数で読み替えることもできる。110年の間で，冬至に一致するのは，621年，678年，697年の3カ年のみである。とはいえ，2日以内のずれに収まるのは11カ年，5日以内では23カ年が該当する。何よりも重要なのは，図2に斜め破線で示したように，ほぼ8年間で外れつつも天文学的冬至日に戻る仕掛けが組み込まれていることである。フーリエ解析を実施したが元嘉暦のパラメータとの関係を論じる必要があり，ここでは述べない。

元嘉暦は，誰にでも歴然と見える月単位の太陰の満ち欠けを重視しつつ，交易や農業カレンダーの作成にも重要な年単位の太陽の運行を十分に捉えていると言え，持統紀に儀鳳暦が併用されるが，小川清彦の言うように事実上，違いはなかった。太陽の運行から外れない工夫についての簡易の説明は，内田（1972）に記されている。

2．『周髀算経』に基づく推古朝による観測実態の復元

2.1　天の北極信仰の定着時期

紀元前後の漢代に成立したと考えられている『周易』の説卦（せっか），つまり方位の役割を示す部分に，「聖人南面而聽天下　嚮明而治　蓋取諸此也」[13]とある。このいわゆる天子南面す，からすると，大陸では北が方位のうちで最も上位になっている。

大陸で生まれた天の北極信仰の日本への導入を確認したい。百二十年余りの沈黙を破って派遣された推古倭国からの使節が隋の高祖文帝に倭王について問われた際に回答した内容は幾度となく引用されてきた（例えば川本，2004: p. 68）。次の部分は，隋書巻八十一列傳第四十六倭國，の二十（600）年のはじめの部分である[14]。「開皇二十年，倭王姓阿毎，字多利思比孤，〔一二〕號阿輩雞彌，遣使詣闕。上令所司訪其風俗。使者言倭王以天為兄，以日為弟，天未明時出聽政，跏趺坐，日出便停理務，云委我弟。高祖曰:『此太無義理。』於是訓令改之」。翻訳[15]は次のようである。「使者言」以下の読み下しは，「使者言う，『倭王は天を以て兄となし，日を以て弟となす。天未だ明けざ

13）易學網　免費的易經學習網站　說卦
http://www.eee-learning.com/book/eee67

14）湖北中醫國學館應用心理學專業整理のウェブサイトには多くの古文書が掲載されている。
http://hbtcmpsy.awardspace.com/bb/bfq010.htm

15）堀貞雄の古代史探訪館　『隋書』倭国伝
http://members3.jcom.home.ne.jp/sadabe/kanbun/wakoku-kanbun9-zuisho.htm

る時，出て政を聴き跏趺して坐し[16]，日出ずれば便ち理務を停め，云う我が弟に委ねんと』」[17]。高祖文帝が何故義理無しとしたかの川本（2004）の解釈は興味深いが，ここで注目したいのは，「天を以て兄となし日を以て弟となす」ところである。倭国でも天つまり天の北極が優占されていた，または大陸と同様，天の北極を優先していますよというメッセージと考えられる。天の北極信仰が大陸から飛鳥に届いたのは開皇二十年つまり推古八年よりも前ということになる。

この上下関係から真北は，太陽の南天域での運行では無く，天の北極から直接的に求められねばならない筈である。八尺の髀（ノーモン，水平な地面に垂直に立てた棒）で太陽の南中方向と太陽高度を求めても[18]，天の北極を得ることはできない。細井（2008: p. 47）中の荒川（2001: 第2章）の引用では，「天武朝（672-686）に至ると，飛鳥より見て香具山の上に輝く北極星（「天香具山」)」を神聖視する「天の北極の宇宙軸」の観念があった」と言うが，前述のように飛鳥寺の成立年と文帝への推古の使者の回答からすると，すでに六世紀末の推古期に天の北極信仰は精神的にも実体的にも導入されていたといえる。

2.2 推古期の北極星

推古紀の僧観勒と書生らが見た天の北極とその周辺の夜空を，天文シミュレーションソフト stellarium[19] を使ってまずは確認したい。前述のように，僧観勒が推古十（602）年冬十月に来朝し，推古十二年正月には推古体制内のスタッフによって「始用暦日」を実現している。まずは，北極星の位置を確認したい。

二十四節気の四分節のうちの春分に注目する（表1)。この時代のポラリスは，天の北極から8度23分38秒離れた所で毎日同心円を描いていた。ちなみに暦学が飛躍的に発達した中国の漢代に関わる紀元0年には，11度43分ほど離れている。地軸は周期約25,800年で歳差運動をしており，北極星が天の北極に最も近づくのはほぼ紀元2102年で0度33分ほどまで小さくなる。ポラリスは，紀元前から現在まで徐々に天の北極に近づいてきた。

16）結跏趺坐の略で，「仏教における坐法の一。あぐらをかき，左右のももの上に，反対の足を置き，足の裏をあおむけにして組むもの」—三省堂大辞林による。

17）いわき明星大学2001年度後期　宗教社会学講義　木曜日4限　講師：村上守行　日本宗教の史料　http://www2.iwakimu.ac.jp/~moriyuki/sjr/00/sjr_jptext.html

18）大橋由紀夫，2011．科学史ミニ講義(2)　蓋天説と渾天説の話．日本科学史学会，科学史ミニ講義（大橋由紀夫氏）第1回目 Web 版．　http://historyofscience.jp/archives/167

19）stellarium　http://www.stellarium.org/ja/

福永（1987: p. 115）は，天武紀に採用された天皇という名称の根源と考えられる道教の「天皇は，もともと天文学や占星術の発達と共に，北極星が神格化されたもの」という。能田（のうだ）（1943: pp. 105-106）によれば，「史記天官書に云う天極星」四星の「内の北極星と考へ得られるのは帝星（β UMi）」であるとして，「帝星の北極に最も近かった時代を求むれば，紀元前1100年の頃即ち所以周初の頃にして，その北極距離は六度半であって，之を周代の北極星と見る事には敢えて不可なきを信ずるものである。爾来帝星は次第に眞の北極を離れ，前漢末の頃に至って其の北極距離は八・三度となるが，周初の頃より一・八度の増加を見るに過ぎない。従って，歳差運動の知識を有せざりし漢代に於ても，仍（なお）依然として『其一明者太一常居也』の帝星を北極星と考へ，古代の伝承を其の儘引き継いだ事は当然である。かくて余は周髀（しゅうひ）[20]に言ふ北極璿璣（せんき）は，北極中の大星にして，北極中の大星とは正に帝星なりと断定せんとするものである」としている。

周～漢の時代の北極星は現在の北極星（ポラリス Polaris，α UMi，こぐま座α星）と同じ星座の柄杓の柄の先端にあたる帝星（コカブ Kocab，β UMi，こぐま座β星）であった。stellarium で紀元前1100年を見ると，天の北極から帝星は7度28分の位置にあり，等級は現在の北極星ポラリス1.95に対し帝星は2.05を示しており，当時のポラリスはというと17度36分とかなり天の北極から外れている。

推古時代の北極星はいずれか。現在の北極星と帝星の見かけ上の赤緯を表1に示す。

表1　ポラリスと帝星の推古期と現在の春分時の赤緯

西暦年月日	ポラリス	帝星
603.3.19	81° 36′22″ 天の北極から8度23分38秒	79° 40′28″ 天の北極から10度19分32秒
2015.3.21	89° 15′51″ 天の北極から0度44分09秒	74° 09′19″ 天の北極から15度50分41秒

図3には，ポラリスと帝星の位置を示している。表1に示した両星の天の北極からの角度の大小の観点からすると，ポラリスを使うのだが，能田の先の引用「余は周髀（しゅうひ）に言ふ北極璿璣は，北極中の大星にして，北極中の大星とは正に帝星なりと断定せんとする」から，元嘉暦を使っていた推古期においても，白く輝く現在の北極星ではな

20）周代に成立した蓋天説（周髀説）をとる天文学書『周髀算経』で，能田は観測データを分析して周代に帰している。

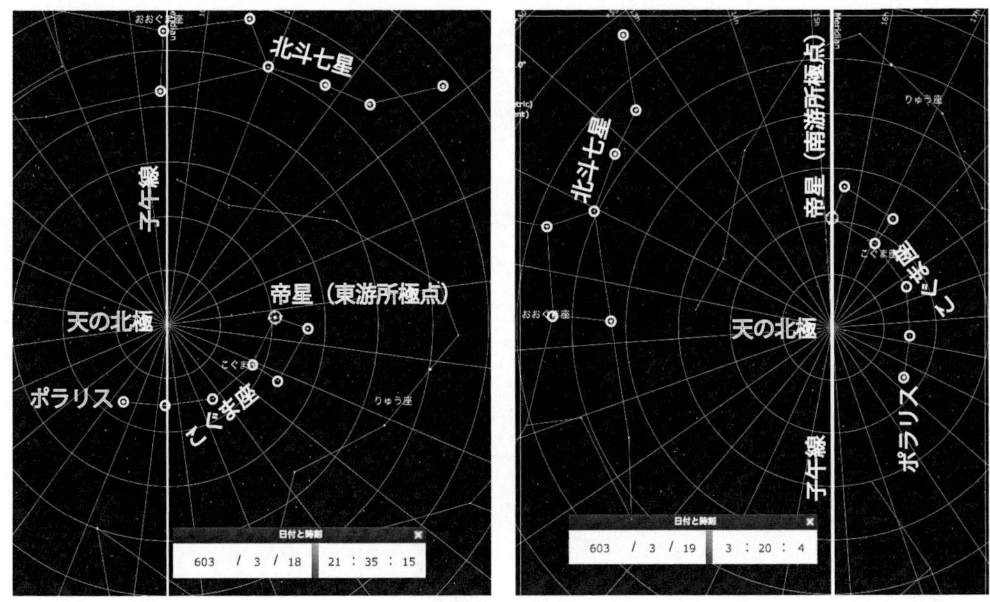

図3　推古十一年春分節のポラリスと帝星と北斗七星

く，赤い輝きが特徴的な帝星を北極星としたと考えてよいだろう。巨大な大陸文化の縁辺にある地では，星の天文的位置よりも既存の天文観が重視されたであろうから。

2.3 『周髀算経』による北極璿璣四游の限界

2.3.1 意義

次節の推古期の北極璿璣四游（せんきしゆう）を理解いただく上で，周代に成立し漢代に何らかの編纂がなされたであろう優れた天文書『周髀算経』の「北極璿璣四游ー北極と周極星」の解読が必須となる。橋本訳（1980: pp. 322-324）を，いささか長くなるが次に示す。

「天の真中の不動のところである北極の軸の位置を知りたい場合は，次のようにする。璿（璣）は（北極の）四方のきわみをめぐって周環する。（すなわち）いつでも①夏至の真夜中の時刻には，北極（星）は，もっとも南の位置に移動してゆき，②冬至の真夜中の時刻には，もっとも北の位置に移動してゆく。③冬至の日の酉の時刻（午後六時に相当する）には，もっとも西の端に移動してゆき，その日の卯の時刻（午前六時に相当する）には，もっとも東の端に移動して，めぐってゆく。これが北極璿璣の四游，つまり北極星が東西南北の四方位を移動して円周を描くということである。極の周囲をめぐる北極璿璣が描く円周の中央を正しく決定することが，北天の中央，つまり北極の軸が位置するところを正しく決めることである」。この引用文の（　）部分は橋本によるもので，①〜③の下線は筆者によるものである。この引用文の意味は，橋本の注 21 に記されてはいるが理解しがたく，また原本の内容にも問題があり，日周回の概念を踏まえた北極璿璣四游の概念図を図 4(a)に示す。

図 4(a)で観察者は半球の底面中央にいる。観察者が北の空を見上げて一晩中観測していると，ある点を中心にすべての恒星が反時計回りに周回している。これを日周運動という訳だが，周回星のうちの北極星に注目する。『周髀算経』では前述のように，こぐま座 β 星（コカブ Kochab）にあたり，『周髀算経』では北極大星という呼称が使われているが，中国では一般的に帝星という。「ある点を中心に」のある点は，天の北極である。図 4(a)では，天の北極に近い円軌道を帝星のものとしている。天の北極の高度は，観察者がいる ϕ（度）の緯線の度数と一致する。天球上の座標値である赤緯（度）は δ で表すが，この図では例えば帝星の南游位置は赤緯 δ で表すと，$90-\delta$ になる。天の北極の赤緯が 90 度で，天の赤道は天の北極から 90 度離れた赤緯線にあたる。天の赤道が赤緯 0 度になる。結局，天の赤道は，地球の赤道面を天球にまで延長し，天球上に交わってできる大円のことである。

さて，①と②の下線部の意味するところは次のようである。帝星は，夏至では真夜中に天の北極よりも上半分に見られ，冬至では真夜中に天の北極よりも下半分に見られる。天の北極よりも天頂に近いほうが南側で太陽の南中同様，最も高い高度に達する点を，南游所極という。夏至には南游所極が見られる。

③の下線部の意味するところは次のようである。冬至の日没後，酉の刻には，西の空に西游所極が見られる。そして，その半日後の夜明け前の卯の刻には東游所極が観察できる。酉の刻と卯の刻の間の子の刻（深夜十二時）には最も帝星が低くなって北游所極に達する，となる。そして，北極璿璣の四游が実現する。

2.3.2　観測法

北極璿璣の四游の観察と記録の方法は，前述の橋本訳の引用に続いて示される。図 4(b)，(c)は，筆者が整理してその方法を図化したものである。古代中国で独自に見いだされた句股（こうこ）の法はピタゴラスの定理にあたるが，直角三角形の相似関係を使って，地上に記録された天体の位置から，蓋天説に従って，観測場所である周の鎬京（西安）から天体までの距離などが推測されている。ただ，ここでは観測と記録の方法に限定する。なお，蓋天説は天動説の一つで，正方形の大地の上を丸い（半球形？）天が覆うとする。

図 4(b)は，表を使った天体観測手法を示した垂直断面図で，南游所極と北游所極を

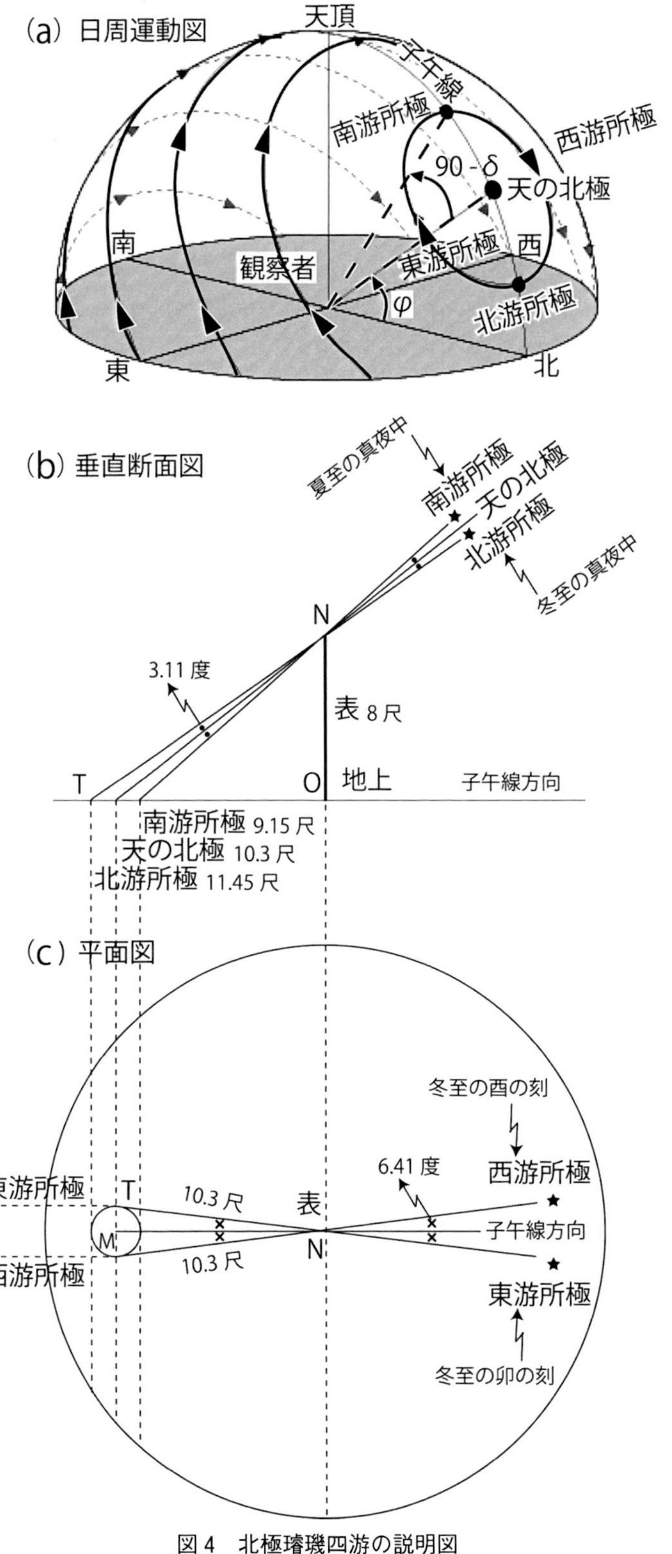

図 4　北極璿璣四游の説明図

観測し，その結果から天の北極を求めて，子午線（真北）方向を得る過程を示している。図4(c)は平面図で，西游所極と東游所極を観測し，その結果から天の北極を求めて，子午線（真北）方向を得る過程を示している。

橋本訳の先の引用の続きで，観測と記録の方法が示されている。「冬至の日の酉の時刻（午後六時）に八尺の表（ノーモン）を立て，縄（すみなわ）を表の先端に繋いでおいて，仰いで北極の中央付近にある大星（こぐま座ベータ星）を観測し，この縄を引っ張って地面にあてて（大星がいちばん西にくる位置に）目印をしておく。さらに，明け方になった翌朝の卯の時刻（午前六時）に改めておなじように縄を引張って，この星を望み見，表の先端から地面に縄を引いて地面にあてて，その端に目印をつけておく（大星がいちばん東にくる位置に対応する）。二つの目印は二尺三寸離れている」〔(　) 内の注記は橋本による〕などとある。

この記述は図4(c)の様子を示すが，まずは図4(b)の垂直断面図を見る。天体の位置は水平に均した地面に記録される。10cmほどの深さの正方形の凹地で泥水をかきまぜて静置し風乾させることを繰り返すと，水平の地面が得られ，記録盤になるであろう。一年を通じて観測をしていたようであるから，半永久的な相撲の土俵のような観測場があったものと思われる。

図4(b)の垂直断面図に示される観察と記録で天の北極が捉えられる。北游所極は冬至の真夜中に観察され，南游所極は夏至の真夜中に観察されるとあるので，半年がかりでこの作業が完結する。記録のための土俵は管理されなければならない。さて，天の北極は，北游所極と南游所極の両記録点の中間に設定される。$(11.45+9.15)/2=10.3$（尺）という形である。

ところが，この式は誤りである。⊿ONTの∠ONTについて，南游所極の場合をθ_1，北游所極の場合をθ_2とし，天の北極の地上位置をX(尺)とすると，$\tan[(\theta_1+\theta_2)/2]=X/8$と置ける。$\theta_1=\arctan(9.15/8)=48.8362$（度），$\theta_2=\arctan(11.45/8)=55.0584$（度），なので，$\tan[(\theta_1+\theta_2)/2]=\tan 51.9473=1.2775=X/8$，だから，$X=10.22$（尺），となる。先の10.3（尺）と一致しない。幾何学的にも当然，地上の天の北極点は北游所極と南游所極の両記録点の中間にはならない。

図4(c)の表の左手には小円を示している。これは『周髀算経』の考え方を図化したものである。先の計算結果からすると，円にならない。地上の東游所極点と西游所極点の距離は2.3尺とされる。これは，図4(b)の北游所極点と南游所極点の地上点の距離が$11.45-9.15=2.3$（尺）で，これに合わせている。そして，表から東游所極点および西游所極点までの距離は10.3尺となっていて，これは図4(b)で算出された天の北

極点位置に対応する。いわば機械的に数値が移入されている。

図4(c)で⊿TNMの∠TNMをθ_3とすると，sin θ_3=((2.3/20)/10.3)，なので，θ_3=arcsin((2.3/20)/10.3)=6.4105（度），となる。これは天の北極軸と東游所極または西游所極のなす角度である。図4(b)の先ほどの計算過程で得られた$\theta 1$と$\theta 2$を使って，天の北極軸と北游所極または南游所極のなす角度を求めると，($\theta 2-\theta 1$)/2=3.1111（度）となる。図4(a)から，天の北極軸と周回する天体のなす角度は一致する筈なので，図4(b)から機械的に作成された図4(c)には問題があると言わざるを得ない。

さて，この二種の北極からの角距離，つまり北極距離は『周髀算経』の観測時代のものとの関係はどうだろうか。能田（1943: pp. 105-106）には次の記述があった。「今帝星の北極に最も近かった時代を求むれば，西紀元前1100年の頃即ち所謂周初の頃にして，其の北極距離は六度半であって，此を周代の北極星と見る事には敢えて不可なきを信ずるものである」。このことからすると，図4(c)が実測に基づく図であって，図4(b)は未熟な幾何学で捏造されたものといえる。本書同様，後代も半年間を開けての観測は実施されなかった可能性がある。

なお，この図4(b)では天の北極軸の∠ONTは51.9473度なので，図4(a)にも示すがこの余角38.0527度（赤緯）が観測点の緯度にあたる。周の鎬京（西安）は北緯34度余りなので橋本も指摘するように理解できないところである。

2.4　推古十一年の北極璿璣四游の復元

僧觀勒が渡来したのは推古十年冬十月である。観勒の指導を受けて学生とともに観測に従事するという前提で，表2を作成した。自家製暦の実現は，まずは飛鳥のある観測点からの天の北極探知にある。天の北極決定はすなわち，前漢時代に発生して後漢時代に確立した渾天説に基づく張衡（ちょうこう）[21]由来の渾天儀を使用しているのであれば，赤道環，地平環，さらには子午環が明らかになるが，推古時代に渾天儀が使用された形跡は見つからない。より古い宇宙観の天蓋説であっても，まずは天の北極を求めた後に，暦に従って，日月さらには惑星群の軌道上の位置が決定され得る。暦を作る上で最も重視されるのは冬至の日のものである。僧観勒が来朝後，訪れた直後の冬至の日に観察できたかどうかはわからないので，翌年の冬至の日を表には含めている。もちろん数年で観測条件が変わるものではない。

観測日（表2の第一列，同表の脚注1）としては，『周髀算経』に現れる二至二分と

21）https://en.wikipedia.org/wiki/Zhang_Heng

最も重視されている冬至周辺の二十四節気を選んだ。グレゴリオ暦を使った二十四節気の当時の該当日（第二列，脚注2）を求め，それぞれの元嘉暦に換算した（第三列，脚注3)。元嘉暦での二十四節気は一般に天文学的な位置からすると数日ずれるが，北極璿璣四游を求めるには特に問題はなく，実際の天体の運行を重視した。第四列（脚注4）には，北極距離を東西南北について求めている。これは，それぞれの四游所極に対応する。第五列には，東西の方位角を示している。簡易の説明を脚注5に示している。子午線（天の北極軸）から見た左右（西東）の距離（度）は，約12度は東方への，約347度は西方への距離（を示す)。第六列（注6）には，水平面からの南北游所極の仰角を示す。前述のように，天の北極の高度は観測点の緯度に相当する。飛鳥の観測点（後述）の緯度は34° 29'0.25"N なので，例えば春分の南游所極点の仰角は44° 48'32" の場合，この値と緯度値の差10° 19'32" が北極距離に相当する。

図3には，グレゴリオ暦603年3月19日の春分の日～その前日の天の北極周辺の天球を示す。左図は前日夜の午後9時35分のもので，帝星が東游所極に位置する。天球座標系の一つである地平座標系では観測者から見て仮想の水平面からの高度と観測者を通る子午線から時計回り（東回り）の方位角を求めることができる。帝星の方位角を天の北極から計測すると12° 32'04" となる。方位角は球面三角法から見ると角距離に必ずしも対応しないので，『周髀算経』の手法での帝星の東西游所極点の観測結果から天の北極を求める過程での角距離とは合致しない。

図3の右図はその夜の日付が変わった午前3時20分の天球で，帝星は南游所極点にある。表2第六列で帝星の高度44° 48'32" を示し，これから前述のように北極距離10° 19'32" が求まる。これは角距離にあたり，概念的には『周髀算経』の手法による帝星と天の北極の角距離に一致する筈である。

表2第四列には北極璿璣四游の実現性を示している。「太陽光」または「＼」を施した箇所は，それぞれ太陽光または月光のために観察困難であることを示す。時刻を記した箇所が観察可能ということであるが，二十四節気のうち，2回可能な箇所を太線の矩形で時刻を囲んでいる。とはいえ，東西または南北のペアではない。春分と立冬の際に，南または北の游所極の地上点を使って子午線方向を決めて，西または東の游所極の地上点を使って，子午線への垂線を引くことで，地上の天の北極を獲得することになる。この方法は『周髀算経』には書かれていないが，句股（こうこ）の法を知る観察者は容易に実施することができると考えられるのである。

表2　推古十一（603）年の主な二十四節気での北極璿璣四游をもとめる

節気[1]	西暦[2] 603年月日	和暦[3] 推古年月日	最大離角時刻[4] 東	西	南	北	東または西 方位角[5]	北または南 高度[6]
立春	02月01日	10年12月15日	0:36	太陽光	**6:21**	18:23	12° 31'58"	44° 48'30"
春分	03月19日	11年02月02日	**21:35**	太陽光	**3:20**	太陽光	12° 32'04"	44° 48'32"
立夏	05月04日	11年03月19日	太陽光	太陽光	**0:15**	太陽光		44° 48'34"
夏至	06月20日	11年05月06日	太陽光	2:59	**21:10**	太陽光	347° 27'51"	44° 48'35"
秋分	09月21日	11年08月11日	太陽光	20:50	太陽光	**3:02**	347° 27'52"	24° 09'22"
立冬	11月05日	11年09月26日	太陽光	**17:53**	太陽光	**0:06**	347° 27'45"	24° 09'20"
小雪	11月20日	11年10月12日	**5:24**	太陽光	太陽光	23:11	12° 32'15"	24° 09'20"
冬至	12月19日	11年11月11日	**3:30**	太陽光	太陽光	21:13	12° 32'16"	24° 09'19"

1）二十四節気のうちの周髀算経に現れている春分，夏至，秋分，冬至と，冬至周辺時期を抽出。
2）現在使用されている節気対応のグレゴリオ暦月日を次のウェブサイトに従って示す。
http://m.jieqi.911cha.com/603.html
3）次のウェブサイトに従ってグレゴリオ暦を和暦に換算している。
http://keisan.casio.jp/exec/system/1240128137
4）帝星の天の北極周回の東西南北それぞれの游所極点観察時刻を示す。太陽光としたのは太陽光によって，時刻に斜め罫線を足したのは月齢に対応する出入りに合わせて月光によって，観察困難であることを示している。太枠で囲んだセルは一晩で2游所極点の観察が可能であることを示している。
5）游所極点の観測点，つまり子午線からの方位角 azimuth を示している。春分の東游所極は 12° 32'04"，立冬の西游所極は 347° 27'45" であるが，これは現天文学では方位角は，子午線の北から時計回りに 0° から 360° まで数えるためである。347° 27'45" は子午線から 12° 32'15" となる。この例では，東西で 11" の違いが生じている。なお，南北の游所極は子午線上にあり当然，方位角は 00° 00'00" となる。
6）観測点からの水平面上仰角 altitude である。この飛鳥の地にある観測点の経緯度は，34° 29'0.25"N, 135° 49'9.61"E で，海抜高度は 94m にある。それゆえ，天の北極の仰角は緯度と同値になる。帝星周回円の南游所極点は例えば春分では 44° 48'32"，北游所極点は立冬では 24° 09'20" であるから，南游所極点と北游所極点の緯度値の差はそれぞれ 10° 19'32"，10° 19'40" となっている。

おわりに

古代文献から読み取れる時代状況と，中国由来の暦学及び天文学の導入成熟期の観点などから，推古朝での天の北極及び暦数の獲得の高い可能性を述べてきた。図5には飛鳥宮都の谷沿いの古代施設の分布を示している。ここには六世紀末から八世紀初めにかけての大王の宮と先進的な学びと祈りの殿堂が立ち並ぶが，最も古く重厚な殿堂は法興寺（のちの飛鳥寺）で，完成は推古四（596）年末である。日本書紀には「法興寺造竟。則以大臣男善徳臣拝寺司。是日恵慈　恵聡二僧　始住於法興寺」（坂本ほか，1965: p. 455）とある

日本書紀の推古二十一（613）年冬十一月の記事に，「作掖上池　畝傍池　和珥池。又自難波至京置大道」（坂本ほか，1965: p. 467）とある。この記事だけでなく，考古学的な成果をも勘案して，岸（1993）に引き続き，小澤（2003: ps. 177, 183）も「官道としての三道の整備は，横大路と同じく，推古二十一（613）年頃と推定」してい

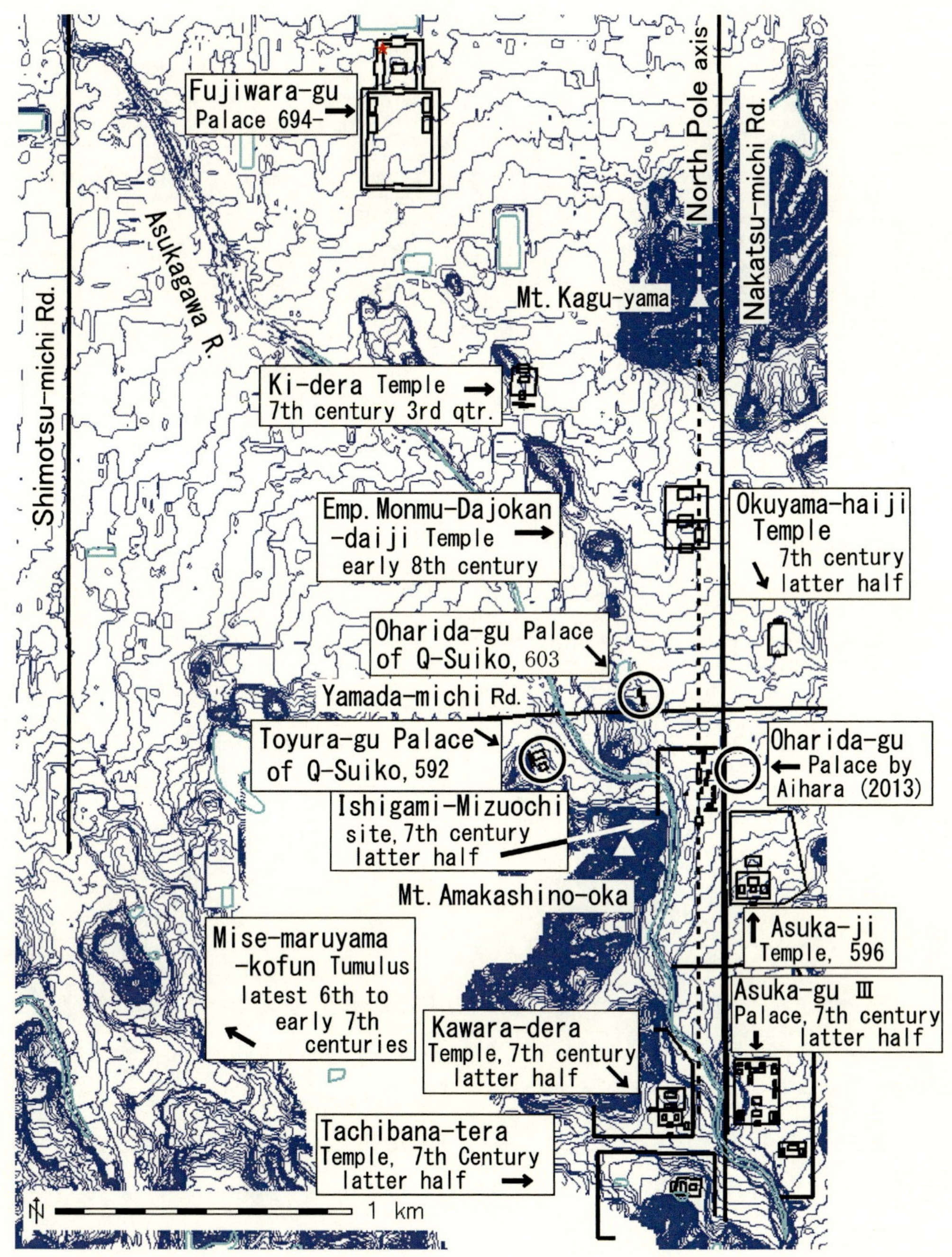

図5　飛鳥宮都の谷

国土地理院の基盤地図情報（数値標高モデル）5m メッシュ（標高）データから GrassGIS を使って2m 等高線を作成し，その上に施設の分布とその成立年代を示している。相原（2007）などを参照した。

本書での追記：

奥山－廃寺と大官－大寺とは違って単独の寺は「てら」と訓読するので，飛鳥寺の読みは「あすかでら」，宮はここでは王宮にあたるので「ぐう」よりも，「きゅう」と音読するのがいいだろう。

この図の更新版が第Ⅵ章第２節図４にあたる。

る。図5東縁に示した南北の太い実線は，この三道のうちの中ツ道にあたる。この両脇には王宮や寺院が建ち並び，この中ツ道が基準軸になっているのがわかる。

法興寺の伽藍の中軸線は大陸由来の天の北極軸に則ったものである。六世紀末に成立したこの法興寺の西縁部は全体の敷地の形から見ると，切断されたように見える。この切断前の想定され得る元の法興寺敷地西縁を通る南北線は，天香具山の山頂を通過している。この南北線を図では破線で示している。飛鳥で最も輝く天香具山を通過する天の北極軸を採用して推古四年に建造された法興寺ではあるが，新たに出現したより高い価値世界に基づく中ツ道に基づいて推古二十一年頃，法興寺の西縁は断ち切られる。文書でも考古学的遺跡でも，天の北極軸は，法興寺で実現し，さらに新たに高い観点からその西縁が切断されたのであるが，強い天の北極信仰は推古期に始まったと言えるのである。

なお，ここでいう「新たに出現したより高い価値世界」については，投稿予定の「推古朝によって獲得された藤原宮と大和三古道の立地選定根拠となる大和三山の太極」[22]に示している。

本書での追記：

上記下線部該当部分は第Ⅵ章に相当する。なお，次に，「コラム：飛鳥の谷から天の北極の随時把握」を補足している。

参考文献

相原嘉之，2007．飛鳥古京から明日香へ―飛鳥地域における歴史的風土の形成過程―．明日香村文化財調査研究紀要，No. 6，pp. 1-49.

赤城毅彦，2006．『古事記』『日本書紀』の解明―作成の動機と作成の方法．文芸社.

宇治谷孟訳，1988．『日本書紀』（下）．講談社.

内田正男，1972．元嘉暦法による暦日の推算について．朝鮮学報（朝鮮学会），No. 65，pp. 284-257.

小川清彦，1946aMS（自家謄写版印刷，大谷光男筆写部分）．『日本書紀の暦日について』 小川清彦著作集『古天文・暦日の研究―天文学で解く歴史の謎―』（1997年発行，斉藤国治編著），pp. 246-281. 皓星社.

小川清彦，1946bMS（自家謄写版印刷，大谷光男筆写部分）．『日本書紀の暦日の正体』 小川清彦著作集『古天文・暦日の研究―天文学で解く歴史の謎―』（1997年発行，斉藤国治編著），pp. 285-306．皓星社.

小澤毅，2003．『日本古代宮都構造の研究』青木書店.

22）Koba, M., 2016MS. Taiji of Yamato-sanzan mountains, authorizing locations of Fujiwara-kyu Palace and Yamato-no-kodo ancient three cardinal roads, acquired during the period of Empress Suiko.

落合敦子，渡辺瑞穂子，相馬充，上田暁俊，谷川清隆，2012.『日本書紀』皇極天皇二年五月十六日の月食記事と元嘉暦．国立天文台報，Vol. 15，pp. 13-28.
http://www.nao.ac.jp/contents/about-naoj/reports/report-naoj/15-12-2.pdf

河鰭公昭（かわばた），谷川清隆，相馬充，2002．日本書紀天文言己録の信頼性，国立天文台報，Vol. 5，pp. 145-159.

川本芳昭，2004．隋書倭国伝と日本書紀推古紀の記述をめぐって：遣隋使覚書．史淵（九州大学史学会），No. 141，pp. 53-77.

岸俊男，1993.『日本の古代宮都』岩波書店 .

黒板勝美編，1935.『政事要略』國史大系，第 28 巻，國史大系刊行会.

坂本太郎・家永三郎・井上光貞・大野晋校注，1965.『日本書紀』（四）．岩波文庫.

坂本太郎・家永三郎・井上光貞・大野晋校注，1995a.『日本書紀』（四）．岩波文庫.

坂本太郎・家永三郎・井上光貞・大野晋校注，1995b.『日本書紀』（五）．岩波文庫.

十三經注疏整理本編纂委員會，2007.（漢）孔安國傳（唐）孔穎正義 黄懐信整理『尚書正義』．上海古籍出版社 .

武田祐吉，佐藤謙三訓読，1986.『訓読日本三代実録』.

谷川清隆・相馬充，2008a．7 世紀の日本天文学．Spaceguard Research, Vol. 1, pp. 70-75.

谷川清隆・相馬充，2008b．七世紀の日本天文学．国立天文台報，Vol. 11，pp. 31-55.

能田忠亮，1943.『東洋天文学史論叢』恒星社 .

橋本敬造訳，1980.『周髀算経（張衡註記）』藪内清編著：中国天文学・数学集.科学の名著2，pp. 289-350.

福永光司，1987.『道教と古代日本』人文書院.

細井浩志，2007．古代の天文異変と史書．吉川弘文館.

細井浩志，2008．中国天文思想導入以前の倭国の天体観に関する覚書：天体信仰と暦．桃山学院大学総合研究所紀要，Vol. 34，No. 2，pp. 45-62.

三浦佑之（訳・注釈），2006.『口語訳　古事記　神代篇』 文芸春秋（文春文庫）.

森博達，1991．古代の音韻と日本書紀の成立．大修館書店.

COLUMN

飛鳥の谷から天の北極の随時把握

この第Ⅱ章作成過程で種々の試行錯誤をしてきた。その一端をお見せしたいと思う。図1は飛鳥の谷の出口付近の山田道が東西方向を取るルートと中ツ道の小墾田(おはりだ)の交差点からの北天の視界を示したものである。飛鳥の北に位置する天香具山が北天の眺望を遮るのではないかという危惧から作成したものである。幾つかの観測時期を想定し

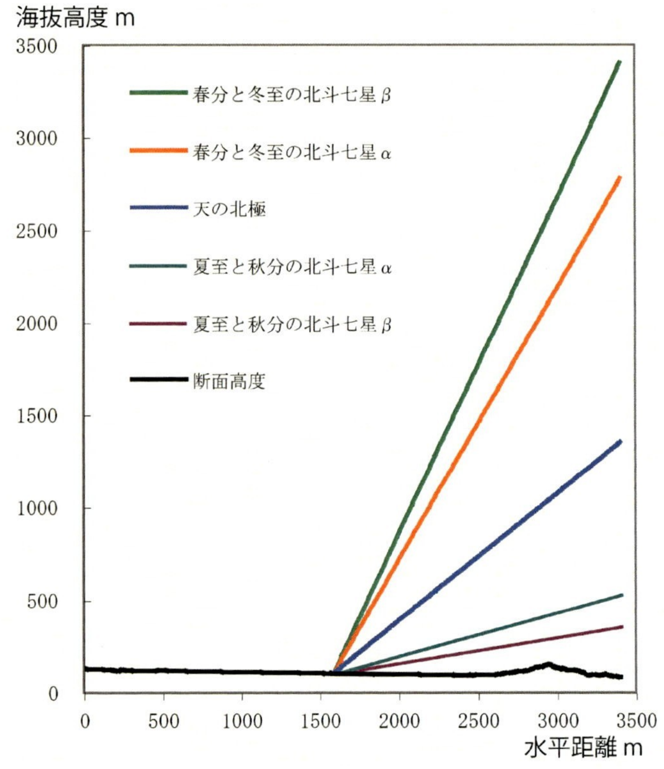

図1　小墾田からの北天観測の可能性

小墾田から天香具山上の北天を望む。図2では，おおくま座αとδを使っているが，βはδよりも赤緯が小さい，つまり天の赤道に近いので，おおくま座がスカイラインに近い場合にも代替が可能で，観察には問題ない。

天球は天の北極を日に360度回転する。観測できるのは日没後から夜明けまでである。推古期には，北斗七星は春分と冬至は天の北極よりも高い位置に観察することができて，夏至と秋分には天の北極よりも低い位置に観察される。その現象がこの図に現れているのである。

た。結果としては北天の観測に問題はなかった。

第Ⅱ章の表2に見られるように，北極璿璣四游の手法では，一晩で帝星を東西軸上または南北軸上に見ることは不可能に近い。いずれも十二時間を隔てる必要があるからである。遅くとも中国の漢代には確定した『周髀算経』を見れば確かに，天の北極，つまり天の太極を見つける手法は北極璿璣四游の手法しか掲載されていない。

紫微垣を構成する北斗七星は中国などでは古来，重視されてきた。その柄杓のような形態から誰もが容易に認知できる星座で，天の北極を時々刻々周回してゆく様子をも観察することができる。天の北極に近い帝星を使うよりも，より大きく回転する北斗七星を使った方が天の北極を簡単に捉えることができるし，その誤差も小さい。図2は筆者が考えた探索法である。

この図は西暦607（推古十五）年3月22日1時14分の北天に，3月21日21時30分の北斗七星を赤色で投影している。この時角差は4時44分である。この差に拘る必要はないが一般により大きい方が天の北極の位置誤差は小さくなる。図2では北斗七星のおおくま座α（中国名は天枢）とδ（天権）を使っている。この星の選定に拘る必

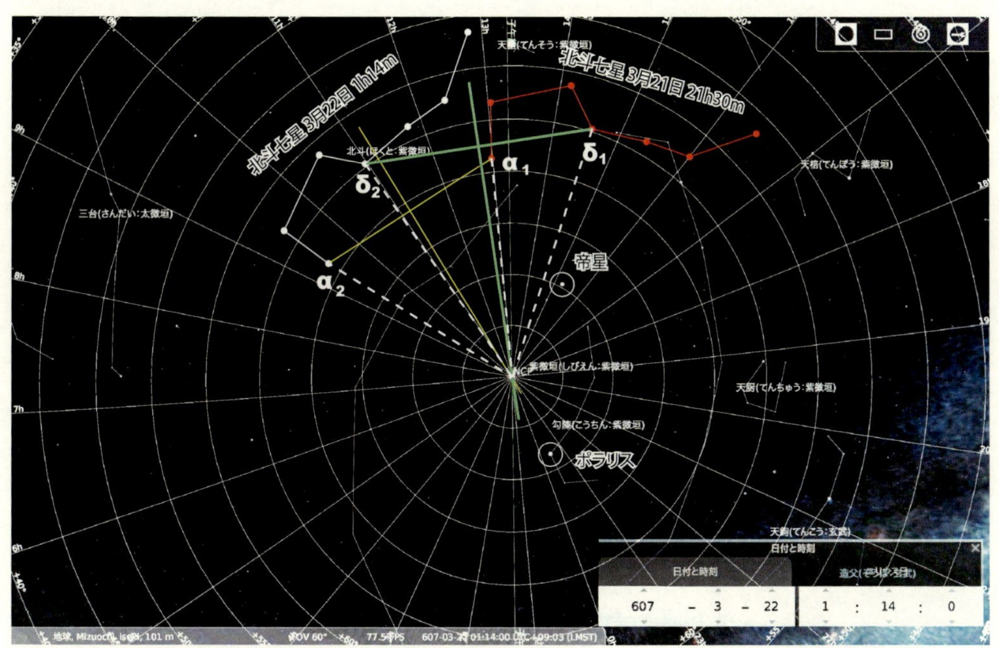

図2　西暦607（推古十五）年春分時の北斗七星を使った天の北極探索法

遣隋使が派遣された推古十五年の春分時の北天を例にしている。北天の3月22日午前1時14分の空に，前日の3月21日21時30分の北斗七星（赤色）を投影している。天の北極に近い赤緯80度付近に位置するこぐま座の帝星（β UMi）とポラリス（α UMi）を○で囲む。北極探査例としておおぐま座のα UMaとδ UMaを使った図を例示している。観測点は飛鳥水落遺跡である。

要もないが離れた二星を選ぶと誤差は小さくなる。二つの観測時刻でαとδの周回角度はもちろん同じである。αとδそれぞれで，二観測時刻の位置を線分で結ぶ。そしてその二等分線を描いて，両星の二等分線の交点を求める。これが天の北極である。作業線の色は，αには細い黄色，δには太い黄緑色を使用している。

図2には，αとδについて，天の北極から両時刻の位置に白い破線を追加しているので，二等辺三角形2個が識別できる。さて，図3には『劉徽注九章算術』（川原，1980: p. 93）中に掲載されている弦乗矢図を再掲している。「『九章算術』は先秦以来の数学的知識を集大成したもので，著者は不明である。その成立年代については，（中略）一，二世紀の後漢時代にはかなり多くの学者によって読まれており，その註解が書かれた三世紀半ばの劉徽（りゅうき）のころまでには現存のものが確立していた」（藪内，1980：p. 9）。『九章算術』では円の面積を求める際に円に内接する正六角形の面積で代用していた。つまり，正六角形は六個の正三角形からなるが円の半径を1とすると，各辺長=1の正三角形の面積は底辺1/2で高さ1の直角三角形が2個からなるので，円の面積の代用である正六角形の面積は，(1/2)＊1/2＊2＊6=3となる。π =3.14では円の面積の公式πr^2を使って計算すると，$3.14 * 1^2$であるが，『九章算術』では$3 * 1^2$となる。劉徽は図3のように，正六角形の各三角形を二分割して正12角形を作る手法

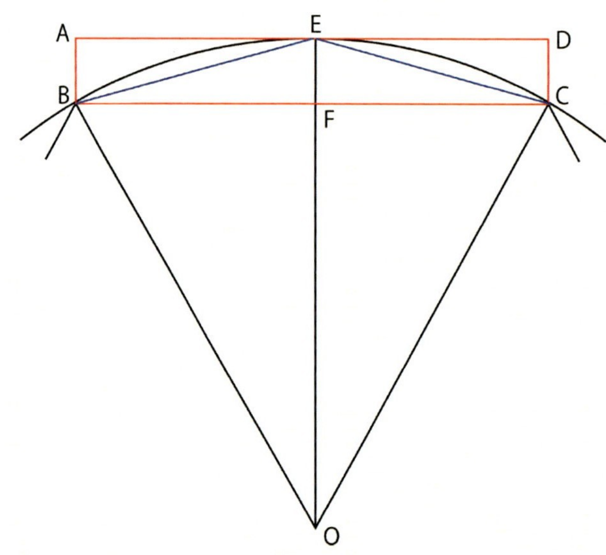

図3 『劉徽注九章算術』の弦乗矢図

この図は円周率を求める一つの過程の概念図である。この図は，扇形OBCの面積を次のように表すことができる。正六角形だから，各辺を6倍すれば円Oの面積の式になる。6, 12, 24, 48, ……と分割数を高めて行けば，△BEFはゼロに近づく。なお，分割操作の出発点となるこの図には，正六角形を垂直に二分割することで正12角形が表れている。

△OBC＋2△BEF＜扇形OBC＜△OBC＋4△BEF

（図3にはすでに正12角形が表示されている）で正192角形までを作成し以降，無限等比級数の算法を経て3.1416を求めている（藪内，1980：pp. 16–18）。三世紀にすでにこの図学的手法が知られているとすると，筆者の図2の観測手法は容易に使用され得たと思われるのである。というのは，何れも弦の二等分線は必ず円の中心を通るということで実現するからである。

最後に，『周髀算経』に示された天の観測法を参考のために図4に紹介する。記録と保管が可能な水平の土俵に天球の天体位置が記録されたものと推定し，その土俵では作図も可能と考えている。『周髀算経』を読み込んだが，北極璿璣四游の観測する際の北天の他の星座との位置関係は記されていないが，図2に見えるように，北斗七星の傾き具合などから四游の時期を予測していたことであろう。

たとえば推古期には，魁（かい）を構成する天璇（おおくま座β UMa）から天枢（同α UMa）の方向に$\beta-\alpha$間距離の4つ分先がほぼ天の北極にあたることは知られていたであろ

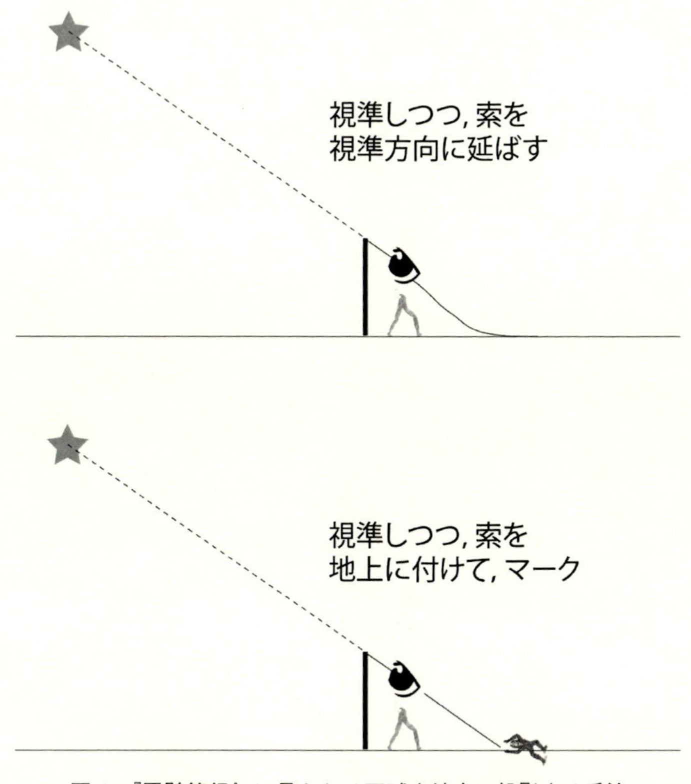

図4　『周髀算経』に見られる天球を地表に投影する手法

八尺（やさか）のノーモン（周髀または表）を水平の土俵に垂直に設置して，その最上部に索を繋いで，天球の天体の座標系を水平の土俵に投影する手法である。上図では天体方向に索を延ばして視準しており，下図では補助者がその視準方向を維持しつつ，土俵上に索をまっすぐに伸ばしてマークしている。木庭（2016：プレゼン pp. 15–16）による。

う。そしてその想定される天の北極に天権（同 δ UMa）から延ばした線が帝星の近くを通ることも知られていたであろう。帝星を観測しようにも赤い帝星を視認する必要があり，北斗七星が目安になったことは言うまでもないことである。四游観測には同時に北斗七星も観測されていた。そして随時，土俵に記録されていた。まさに四游の座標位置を捉えることができなくても，土俵の軌跡から円弧を描くことができたし，その弦を描き，その垂直二等分線から天の北極方向を知ることができたのである。その観測の高い合理性を得るためには，第三章に述べる中大兄皇子による水時計設置を待たねばならなかった。

天の北極軸の方向が決まると，土俵にその軸を描くことができる。後は季節変化でその高度が変化する中で，恒星からなる二十八宿と五惑星を観察することになる。つまり北極璿璣四游は土俵を設置するために一度で済む手続きである。地軸が回転する歳差運動は数十年の短期では観測し得ないから問題とはならなかった。

参考文献

川原秀城，1980.『劉徽注九章算術』. 藪内清編著『中国天文学・数学集』（科学の名著 2）朝日出版社，pp. 75-264.

木庭元晴，2016. 句股定理による地図作成法の復元：大和三山を例として．日本地理学会 2016 年春季学術大会（早稲田大学，東京）.

藪内清，1980. 中国の数学と天文学．藪内清編著『中国天文学・数学集』（科学の名著 2）朝日出版社，pp. 5-44.

第Ⅲ章

天香具山山頂を通過する
天の北極軸を基軸とする
古代飛鳥寺域と水落遺跡の
飛鳥川争奪前後の占地

はじめに

明日香村の要請による1981年以降の奈良国立文化財研究所の発掘によって，飛鳥水落遺跡から強固な基壇とその内部の精巧な配水系が見いだされた（木下ほか，1995）。『日本書紀』斉明六（660）年夏５月の条には，「皇太子初造漏剋　使民知時。（中略）又　於石上池邊作須彌山　高如廟塔　以饗肅愼卅七人」などの記述があり，この前段の「皇太子初造漏剋　使民知時」に記された漏刻がこの水落遺跡に設置され太鼓などで民に時刻が知らされたと推定された（明日香村・関西大学文学部考古学研究室，2015など）。

漏刻の構造は本来，極めて簡易なもので，時報用の太鼓を設置するにしても，筆者には，図１のような強固な基壇が到底必要とは思えなかった。漏刻の時刻設定には天の北極を中心とする天球の観察が必要で，『周髀算経』に記述されている天体観測とその記録のためのいわば水平の土俵設置の施設であったと考えた。天球観測には甘樫丘が障碍になるという通説があることを知り（関西大学米田文孝氏の教示），この水落遺跡からの天球観測環境を復元し，必須の天体観測には数メートルまたはそれ以上の嵩上げが必要となることを提示するつもりであった。

しかしながら，はじめに水落遺跡の立地場所を評価すべく，空間情報を整理し地形判読する過程で，地形環境について新たな見解を得ることができた。当初の目的を棚上げにして，ここに報告する。まずは水落遺跡への水の新たな供給地を提示する。従来（木下ほか，1995など），飛鳥川本流からの導水が想定されてきた。これは現在の水田灌漑システムからヒントを得たものであろうが，地形配置からするとより可能性の高い供給地があった。

さらに，飛鳥川扇状地の地形から雷丘付近での飛鳥川争奪のメカニズムを提示する。この争奪の時期を示す地球科学的根拠は現在のところ得られていないが，古代飛鳥寺域と水落遺跡の占地を，天香具山々頂を通過する天の北極軸に実現する観点から，その時期を両遺跡成立の間に置くことができた。

---

* Koba, M., 2017. Artificial capturing of Asuka-gawa River revolutionizing the site sellections of ancient Asuka-dera Temple and Asuka-Mizuochi Ruins based on the north celestial pole axis on Mt. Amanokagu-yama. Bulletin of Kansai University Museum, No. 23, pp. 1-17.

1. 水落遺跡区画の GrassGIS への取り込み

1.1 新旧座標系と方位の変換

木下ほか（1995）の遺構実測図 Plan2 には水落遺跡をほぼカバーするほぼ東西 30m，南北 50m の範囲が表現されている（図 1）。この図の解像度は低いが，元図でもこれに続く部分図の位置を示す役目もあり，縮小に由来して，比較的解像度の低いものとなっている。本研究の目的からすると，基壇上面の境界と礎石建物 SB200 の基礎をなす花崗岩に穿たれた 24 本の柱跡と，これを GrassGIS に取り込むための平面直角座標系の座標情報が得られればいい。

測量法のいわゆる「測量の基準」は，2001 年日本測地系から世界標準である世界測地系に改正され，2002 年 4 月 1 日から施行された。それを日本測地系 2000（The Japanese Geodetic Datum 2000, JGD2000）というが，一般には，従来の測地系は旧測地系（Tokyo Datum, TKY），新たな測地系を新測地系と言ったりしている[1)]。この報告書は 1995 年に発行されており，もちろん旧測地系平面直角座標系 VI を利用しており，筆者の GrassGIS 上の Location JGD2000 平面直角座標系 VI（EPSG: 2448）に変換する必要がある。

報告書の図では，真北を上方に取っている。方位記号は右上に配されている。平面直角座標系 VI の場合，原点は北東隅（36° N，136° E，福井県南部）にあるのでこの座標系での真北方向は多少東より（＋値）になる。GrassGIS の遺跡遺構取り込みに使用した矩形領域の東辺は＋0° 06'10.09"，西辺は＋0° 06'10.64" となっており（表 2），元図の上方が真北であったのに対して，方眼北を図の上方にすべく，反時計回りに，0° 06'10" ほど回転した。

1.2 Adobe Illusrator での作業

Adobe Illustrator イラストレーターに図 1 のイメージファイルを取り込み，図中の真北方位方向と旧平面直角座標系 VI の方眼情報を使って，図 1 でのより明確な easting 軸（横軸，y 軸）を基本にしてその直角方向を northing 軸（縦軸，x 軸）[2)] とし，前述のように反時計回りに回転し，方眼北（northing 軸）を図上方とした。

図 2 に複数の正方形を描いているが，最も外側の細線で描いた正方形の四隅に PlugX-

1）国土地理院ウェブサイト　世界測地系の導入に関して　http://www.gsi.go.jp/LAW/jgd2000-AboutJGD2000.htm

2）蛇足だが，測地系では，（北方眼方向，東方眼方向）を（x 軸，y 軸）としている。

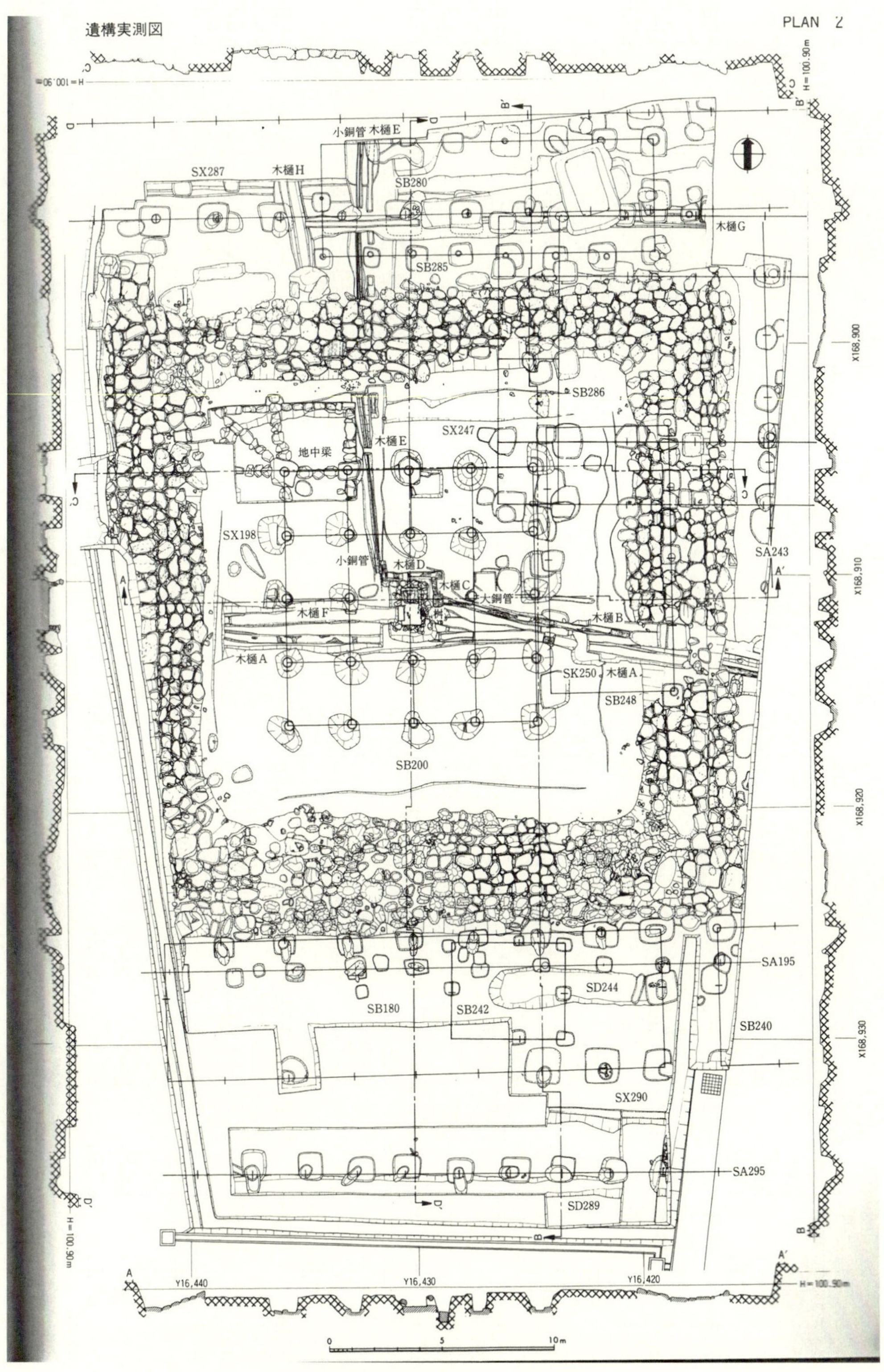

図１　水落遺跡遺構実測図 Plan2 （木下ほか，1995）

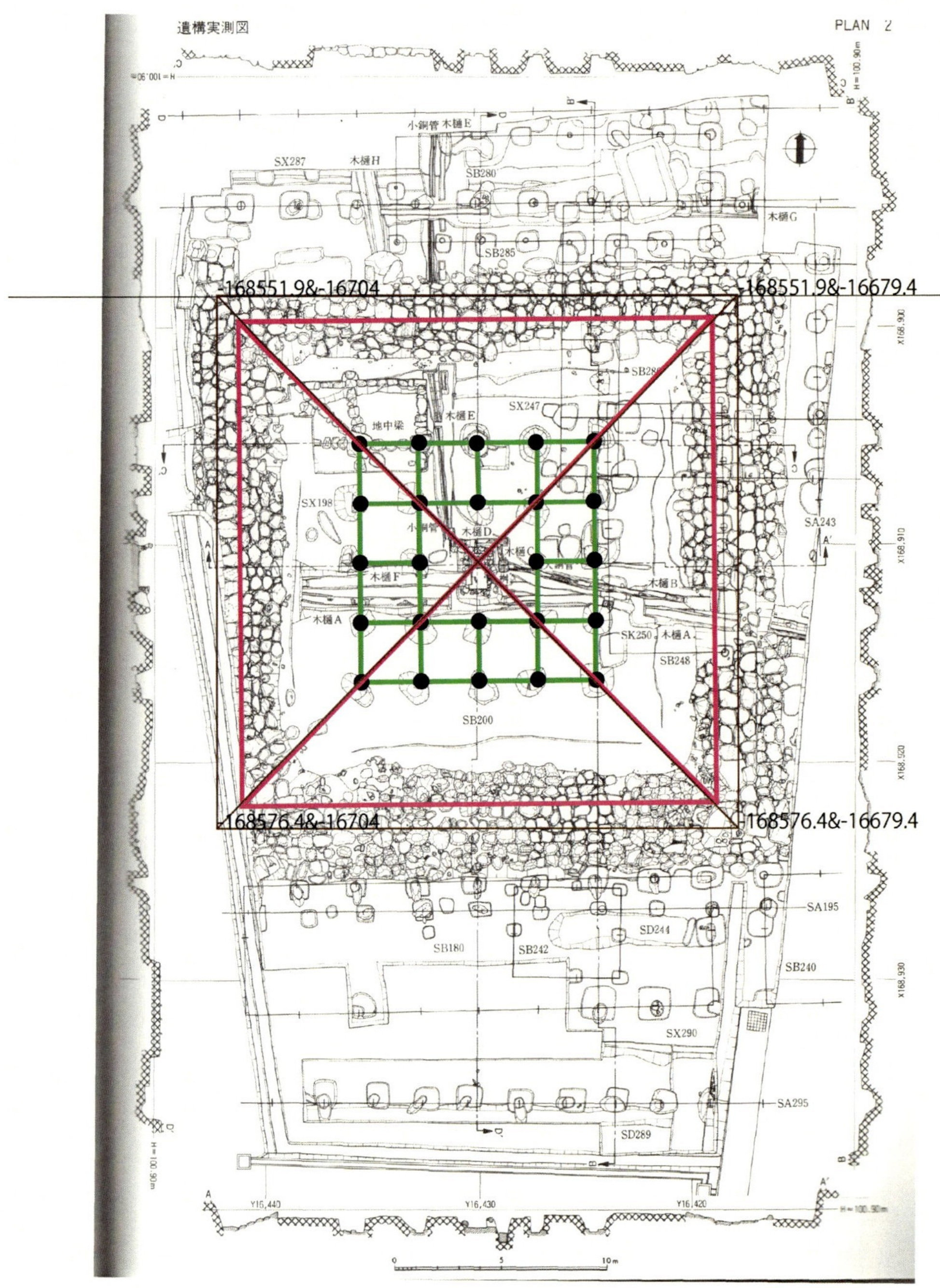

図２　水落遺跡の格子構造（測量図配置）

Shapeのための座標値を示している。これは次のような過程で得た。表1には，PlugX-Shapeによるシェープ出力のための矩形四隅に関わって，図1に記された平面直角座標情報からの内挿および外挿過程を記している。表2には，旧測地系から新測地系へ

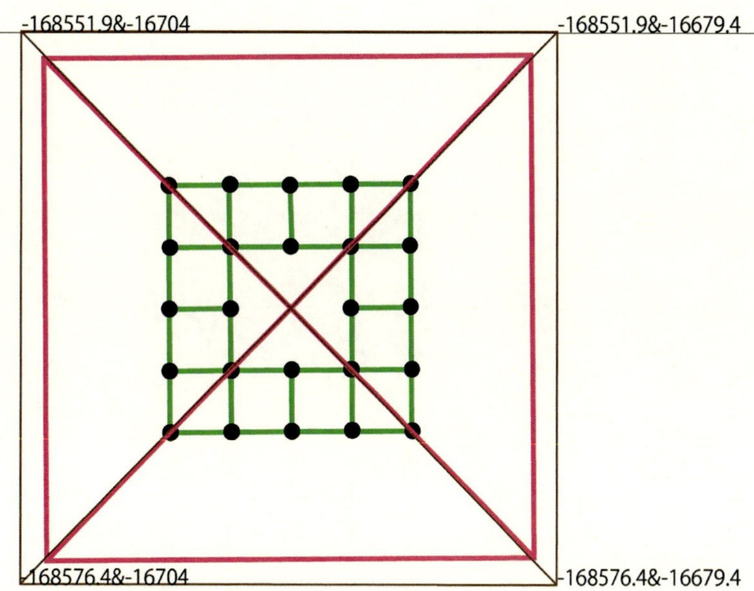

図３　水落遺跡の格子構造（測量図非表示）

表１　矩形四隅座標

矩形位置	使用隣接座標値軸 m	イラレ上軸間距離 mm	イラレ上内外挿距離 mm	矩形端座標値 m	上下端または左右端距離 m
上端　x1	168900	44.947	6.559	168898.54	24.50
	168910				
下端　x2	168920	45.010	13.704	168923.04	
	168930				
右端　y1	16420	45.233	10.037	16417.78	24.59
	16430				
左端　y2	16440	44.755	10.591	16442.37	
	16430				

第２，５列の座標値はすべてマイナス値であるが，マイナス符号を省略している。

表２　CS Ⅵ旧測地系から新測地系への変換

矩形隅位置	旧測地系		新測地系		PlugX-Shape 用	真北方向角
	northing	easting	northing	easting		方眼北 GN
右上	−168898.54	−16417.78	−168551.9	−16679.4	−168551.9&−16679.4	+0° 06'10.09"
左上	−168898.54	−16442.37	−168551.0	−16704.0	−168551&−16704	+0° 06'10.64"
右下	−168923.04	−16417.78	−168576.4	−16679.4	−168576.4&−16679.4	+0° 06'10.09"
左下	−168923.04	−16442.37	−168576.4	−16704.0	−168576.4&−16704	+0° 06'10.63"

変換利用サイト：http://vldb.gsi.go.jp/sokuchi/surveycalc/tky2jgd/main.html

の変換結果を示している。その値を図 2 の最も外側の細線で描いた正方形の四隅に示しているのである。図 3 では測量図を非表示にしている。

図 2 には太い実線でたすき掛けした正方形を示す。これは石組みの不連続性から筆者が基壇上面の範囲を復元したものである。このたすき掛けの中央の交点は，より内側の木下ほか（1995）が調査し復元した 24 本柱跡のグリッドの中央と一致した。

1.3 シェープ出力

イラストレーターのベクトルデータをシェープ出力した。ベクトルであっても点 point，線 polyline，多角形 polygon 別に出力しなければならない。ここでは点ベクトルは 24 本柱穴の中心点，線ベクトルは基壇上面を示す正方形とたすき掛け，および 24 本柱跡から構成される方格で，多角形は 24 本柱跡が該当する。イラストレーター

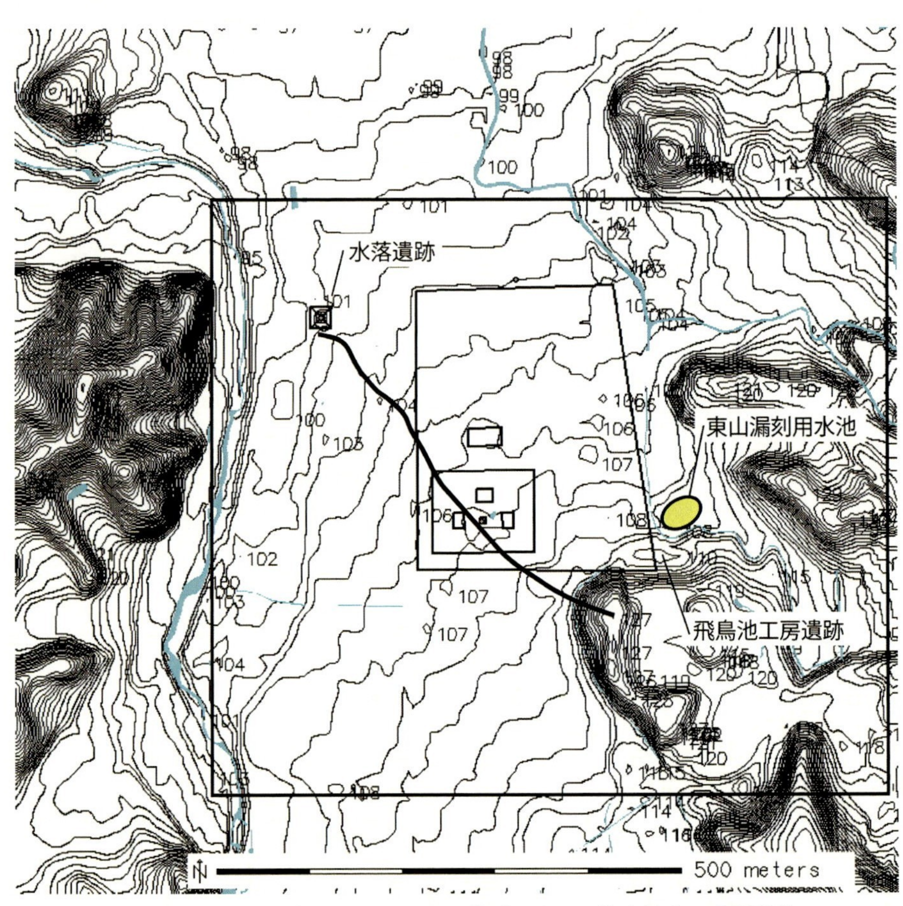

図 4　Grass GIS 内で 5mDEM から作成した 1m 等高線上の水落遺跡

のプラグイン PlugX-Shape の利用法については購入後にユーザーマニュアルを見てほしい[3)]。エクスポートされたシェープファイルは，基本の 3 ファイルである。

これを GrassGIS の JGD2000 平面直角座標系 VI に v.in.ogr コマンドを使って取り込む。もちろん，その前に，5mDEM（5m メッシュデジタルエリベーションモデル）を構築しておく必要がある。この水落遺跡の遺構は小規模のために，等高線は 1m 間隔のものが適当であろう。奈良盆地の全域をカバーする図郭の 5mDEM を r. patch した上で，海抜 30m～200m の範囲について 1m 間隔の等高線を作成した[4)]。

水落遺跡の 24 本柱で構成される格子の周囲の基壇上面境界と対角線は，前述のように筆者作成によるものである。格子部分周辺は 101m の等高線が西もしくは北西に突出し，101m 等高線に隣接する 100m と 102m が示す谷地形と不調和な景観を呈する（図 4）。それゆえ，この 101m 等高線の北西への突出は，水落遺跡の構造物を建設するために造成されたものと言え，実際の発掘結果もそれを示す。

2． 水落遺跡の位置選定

2.1　基盤地図情報基本項目の利用

GIS 上での種々の位置決めをするには，国土地理院の基盤地図情報ダウンロードサービス[5)] で提供されている基盤地図情報基本項目が有効である。この地の研究で必要な 2 次メッシュ図廓は，1 次メッシュ和歌山に属する畝傍山と桜井が該当する[6)]。このサイトからダウンロードしたファイルを同サイトで提供されている基盤地図情報ビューア[7)] に追加して表示する。その上で平面直角座標系 VI 対応のシェープ 4 ファイルの形で出力をする。長く明日香村の情報は欠落していたが，2017Jan. 01 付けで更新ファ

3）PlugX-Shape 4.5 は，地理情報開発 http://www.chiri.com/plugx_shape.htm のもので，Windows または Mac 上のイラストレーター CS6 以上に対応しており，アカデミック版で 2 万円程度である。

4）r.contour input=NaraBasin5mDEMpatched@Asuka output=NaraBasin5mDEMpatched_1mContours_30to200m minlevel=30 maxlevel=200 step=1 cut=0ーoverwrite
Number of nodes：170386
Number of primitives：170353
Number of lines：170353

5）http://fgd.gsi.go.jp/download/menu.php

6）5 万分の 1，2.5 万分の 1 地形図の新旧緯度・経度対照表（索引図）
http://www.gsi.go.jp/MAP/NEWOLDBL/25000-50000/index25000-50000.html

7）2017 年 1 月 31 日に更新されている。Windows（XP 以降）対応のみである。処理量は搭載メモリに依存する。

イルが公開され，この中味を見ると充足していた。

基本項目のうち，海岸線，道路縁，軌道の中心線，水涯線，建築物，市町村の町若しくは字の境界線などが有効である。基本項目には，点ベクトル，線ベクトル，面ベクトルの区分がある。たとえば，軌道の中心線は線ベクトル polyline であるが，道路の場合には軸線（道路構成線）と道路縁があり，位置決めを目的とする場合，道路縁が有効である。建築物は外周線 polyline と領域面 polygon データがある。領域面があれば十分かと思われるが，GIS に取り込む際には概して polyline のエラー出現率が低い傾向がある。

この基本項目のファイル名は2バイト文字が使われている。GrassGIS などでは受け付けないので 1byte 文字に変更する必要がある。行政区画界は，UnebiSakurai_AdmBdry とする。水域は，UnebiSakurai_WA，水涯線は，UnebiSakurai_WL である。ここで水域は河川の場合，水涯線に囲まれた領域を指し，位置決めが目的の場合，水涯線よりも水域の方が重宝する。水部構造物面は，UnebiSakurai_WStrtA，建築物は，UnebiSakurai_BldA，軌道の中心線は，UnebiSakurai_RailCL，道路縁は，UnebiSakurai_RdEdg などである。GIS のデータベース内には種々のベクトルファイルがあるので，ファイル名には図廓名を付加すべきである。上記の UnebiSakurai_BldA は建築物面を表す。建築物外周線なら，UnebiSakurai_BldL となる。A(rea)は面，L(ine)は線である。

各ベクトルファイルは，.shp，.shx，prj，.dbf の 4 ファイルからなるが，.dbf は dBaseIV ファイルでここには2バイト文字が使われているため，GrassGIS に取り込むことができない。dBASE ファイルは表形式のデータから構成され，この見出しに2バイト文字があると GrassGIS には取り込めない。表中のデータが2バイト文字の場合，GrassGIS での表示では文字化けするが，GrassGIS への取り込みや解析には問題がない。dBase ファイルの編集ソフトの選択肢は複数あろうが，筆者は，DBF Viewer 2000[8] を使用している。見出しのうち，幾つかで2バイト文字が使われており，整備データは Equip_Dat1，整備デー A は Equip_Dat2，整備完了日は，Full_Equip，表示区分は ExpresClas，更新フラグは Renewal，種別は Kinds，名称は Name，行政コードは Admin_code などとしている。なお，dBaseIV では見出しは 1byte10 文字以内としなければならない。

GrassGIS への取り込みは GUI を使っては成功率が低く，コマンドベースで実施する。筆者は，grassdata フォルダを，MacOSX 上の Parallels Desktop 内の Windows

---

8）http://www.dbfviewer2000.com/?gclid=CIfs45-c56cCFQSYpAodb2pIbw

XPと共用しており，共有フォルダ内にGrassGIS取り込み前のファイル群を保管している。そのパス指定を含めて，UnebiSakurai_AdmBdry.shpを例とすると，次のようなコマンドを実行している。

v.in.ogr dsn=/Users/moto/Desktop/Mac_Win_Shared/基盤地図基本項目畝傍山と櫻井Jan01_2017/使用/UnebiSakurai_AdmBdry.shp output=UnebiSakurai_AdmBdry min_area=0.0001 snap=1e-10[9)]

2.2　DEMの高度段彩表現

前述のように5mDEMから1m間隔の等高線を作成した。等高線の属性情報（level列）を表示しても地盤高度分布を直感的に知ることはできない。段彩化が必要である。

そこで，5mDEMラスターファイルをカラーテーブルを使って染色することになる。もちろん，用意されたカラーテーブルは使えない。この水落遺跡周辺の地形を知るには84m～130mの段彩図を作成する必要がある。ここでは，次のようなタブ区切りテキストデータを作成した。

84 yellowリターン86 cyanリターン88 whiteリターン90 indigoリターン92 greenリターン94 whiteリターン96 purpleリターン98 redリターン100 whiteリターン102 magentaリターン104 blueリターン106 whiteリターン108 orangeリターン110 aquaリターン112 whiteリターン114 yellowリターン116 purpleリターン118 whiteリターン120 indigoリターン122 purpleリターン124 whiteリターン126 magentaリターン128 orangeリターン130 whiteリターンnv white

海抜高度と対応色の間にタブ区切り，各ペアの後に改行が入る。下のr.colorコマンドで使用するrules.fileでの段彩効果は，例えば，101m等高線が張り出す水落遺跡付近を見ると，マゼンタに染まっている。102m～100mがマゼンタに染まっている。これは，100 whiteリターン102 magentaリターンの2行の指示で実現している。

色設定はもちろん2^(8＊3)＝1677万色が可能であるが，ここでの目的のためには，多少けばけばしくても一目瞭然がいい。この作業法についても，木庭のウェブサイト

9）このコマンドでsnap＝1e-10としているが，元々はsnap＝-1としていた。これはsnapしないということであるが，エラーとともにsnapを1e-10以上にせよということで従った結果である。GrassはトポロジーをGIS構成するGISである。Grassのv.in.ogrは，まずはシェープファイルにv.cleanを実行し，その後，v.buildする。その過程はnot guaranteedである。そういった過程が報告されてゆく。多角形などの頂点間のsnap最小値のアドバイスを提案された場合にはそれに従って，再実行するのがいい。提供されている行政区画線は，現状に従って単に一つではなく複数の線が混線している。

に掲載している[10)]。

2.3　水落遺跡の位置選定

水落遺跡は図5の中央北西寄りに小さく見ることができる。西縁の丘は甘樫丘で，中央の寺域区画は飛鳥寺域である（南東辺の山地によるスナップをここでは敢えて考慮していない）。木庭（2016）は水落遺跡基壇中央が天香具山々頂を通る天の北極軸に正しく載ることなどを示している。水落遺跡が飛鳥寺域西方に位置することは過去，注目されてはきたが，筆者は飛鳥寺だけでなく，甘樫丘に近接することも必然的であ

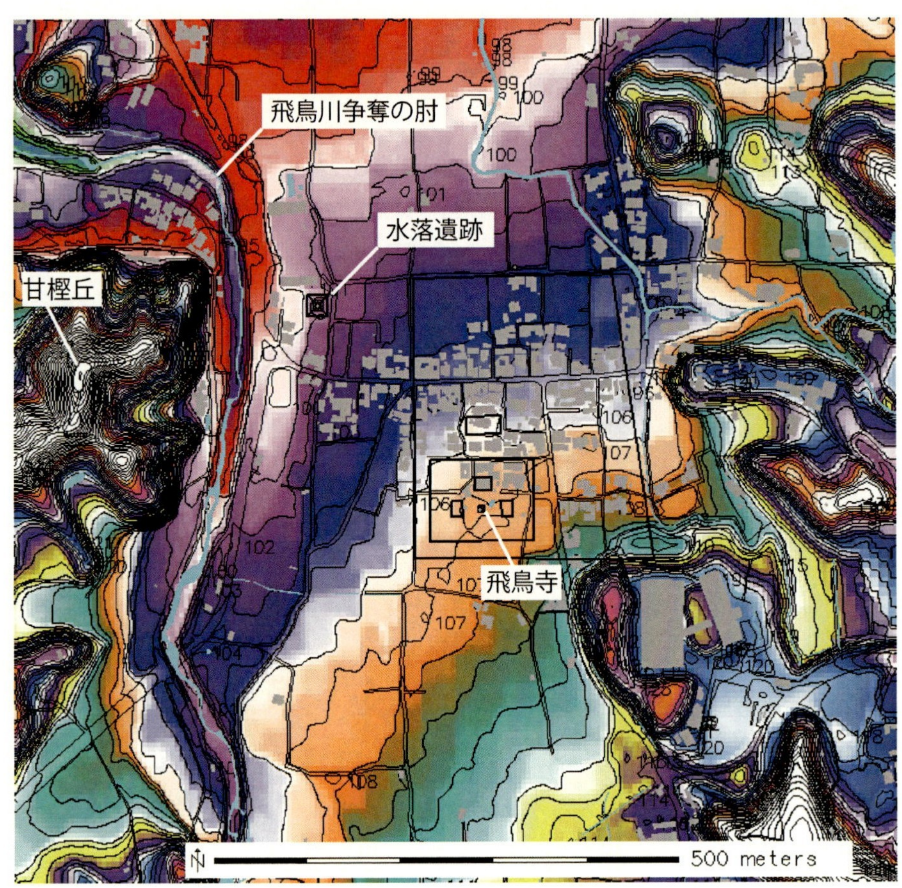

図5　水落遺跡周辺の高度段彩図

10）木庭のウェブサイト
http://motochan.sakura.ne.jp/public_html/index.html のトップページ上の検索ウィンドウで，カラーテーブル color table の意味と作成，と入力して，リンクページに入る。

ったと考える。甘樫丘は，香具山同様，あま，つまり天に通じる。

飛鳥寺は木庭（2016）に述べたように，天香具山々頂を通る天の北極軸に対応して建立されたことは間違いないが，天香具山軸は飛鳥寺の東西方向の位置を決定するものである。本論で言及する余裕はないが，飛鳥寺域の東西縁辺は天香具山々頂と明瞭な関係を持っている。

飛鳥寺の南北方向の位置を決定したランドマークは何であろうか。飛鳥寺周辺を見ると，甘樫丘が注目される。甘樫丘頂上付近を通る東西線が阿倍山田道の南方１町ほどに東西に走る想定古道があり，飛鳥寺伽藍の配置からすると北辺を構成してもいい東西軸である。水落遺跡の北辺は阿倍山田道に面しており，前述のように基壇中央が天香具山を通る天の北極軸に載っていることからすると，水落遺跡も飛鳥寺と同様，南北軸だけでなく東西軸と関連を持って占地されたものと考えられる。

本書での追記：

上の下線部について補足する。この報告著述の際にはすでに気付いていたが論理の一貫性の観点から記述しなかった。飛鳥寺西縁については第Ⅵ章第２節でその詳細を述べる。東縁については第Ⅵ章に続く「コラム：飛鳥寺東斜辺と天香具山および甘樫丘軸」で述べる。

３．東山漏刻用水池の提案

さて，水落遺跡の実測図である図１を見ると，漏刻用と考えられている用水が東側から供給されている。用水はどこから得られたものであろうか。図６中央を占める飛鳥川扇状地の等高線図を見ると，太い実線で示す小分水嶺を知ることができる。これを境に，西よりの斜面と北寄りの斜面に分けることができるのである。水落遺跡は，天香具山の天の北極軸上に載る必要があったが，南北方向の位置決めは水の入手ルートと関連し，水落遺跡を北寄りの斜面が属する小流域に位置づけることで，入手ルートが飛鳥寺の境内を通過することが可能となる。

この場合，水源をどこに求めることができるのか。それは飛鳥池工房遺跡の50m北東方の仮称「東山漏刻用水池」である。この楕円形の凹地は図６では1m間隔の等高線の108mに対応する。この北西方（下流側）に隣接する等高線は別の108mで，南東方（上流側）に隣接する等高線は109mである。この凹地は，後に述べる空中写真の実体視によって見出すことができた。この「用水池」は飛鳥寺域外に位置している。

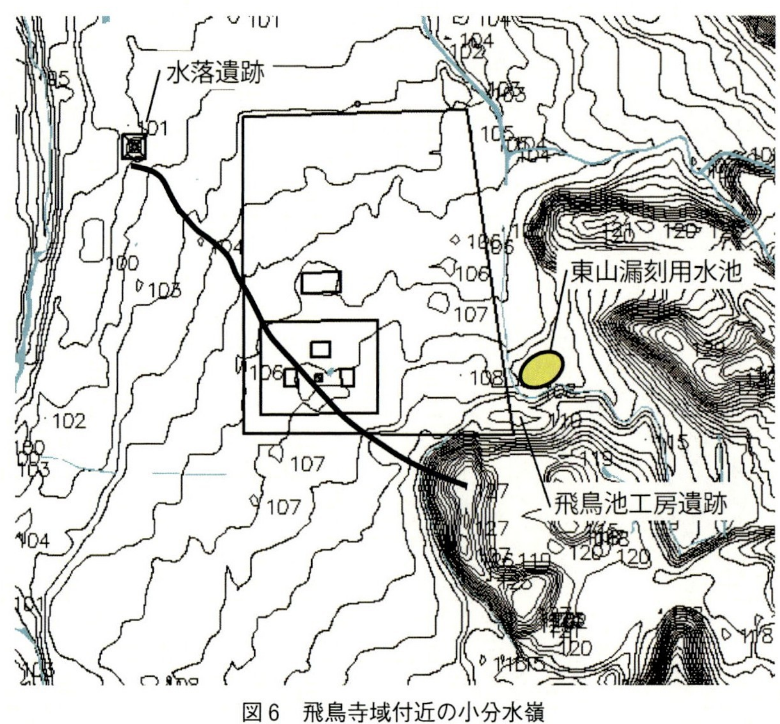

図6　飛鳥寺域付近の小分水嶺

この「用水池」から水落遺跡までのルートはもちろん発掘資料にはない。

従来の研究では飛鳥川本流からの取水が想定されている。水落遺跡は，飛鳥川の河岸段丘崖に位置しており，河岸段丘面に沿って，飛鳥川のかなり上流から取水して水落遺跡に導くことは可能ではある。この場合，飛鳥川の水位変動は激しく通年での取水には種々の工夫が必要ではあろう。この「東山漏刻用水池」からの取水説が飛鳥川からの取水の可能性をもちろん否定するものではないが，前者の方が後者に比べて圧倒的に簡便なことは確かなことである。

4．飛鳥川河岸段丘からの争奪過程の復元

4.1　筆者の過去の報告の確認

飛鳥川の争奪については，木庭（2013, 2014）で報告している。図7は木庭（2013）の図8にあたるもので，ここに再掲する。図7で元飛鳥川（大官大寺谷筋）は争奪前の飛鳥川の河道であった。この時代には飛鳥川扇状地堆積層が飛鳥川流域から供給される地下水を賦存して耳成山と畝傍山をつなぐ扇端部は湧水域にあり，何年かに1度は扇央部をも覆う形の洪水も生じたことであろう。

図7　飛鳥川の河川争奪

基図は2013年当時，国土地理院から提供されていた5mメッシュDEMで，これは平野部や谷底部に限られており，山地部の情報が無かった。この高度情報からGrass GISを使って作成した1m等高線と段彩図をここに示している。河川名を川の左手に配置している。点Pが争奪点で，元飛鳥川（大官大寺谷筋）としているのが争奪前の河道である。木庭（2014）の図8に該当する。

図7の争奪点Pは，白い弧状線で示した花崗岩列の南末端付近に位置している。元飛鳥川はこの花崗岩列の東側にあった。図5では争奪点Pに対応するところに「飛鳥川争奪の肘」と記す。争奪の肘は，elbow of captureの訳語である。

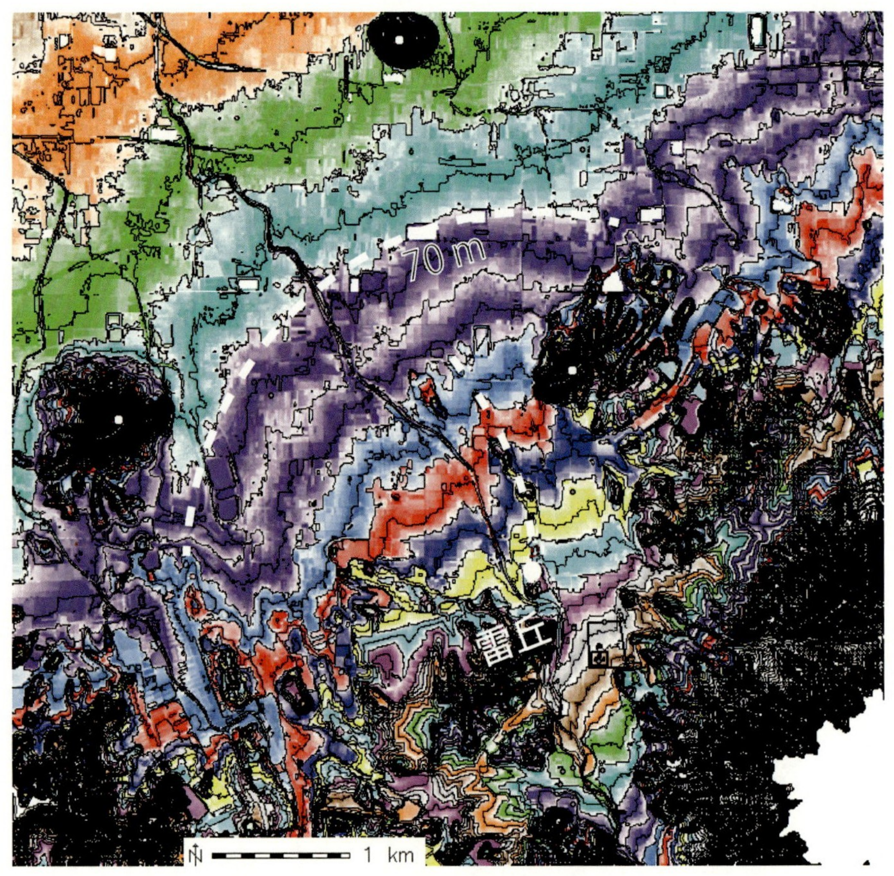

図 8　飛鳥川扇状地全域の段彩図
太い白破線で示した円弧がほぼ海抜 70m の等高線に該当する。この円弧の中心は白つぶしの〇で示している。海抜 100m 余の雷丘にあたる。

4.2　飛鳥川扇状地の形成

図 8 には飛鳥川扇状地の全貌を示している。段彩図は Grass の r.color を使用して作成した[11]。等高線間隔は 2m である。飛鳥川扇状地は図 7 の P 点，この図 8 では白つぶ

11）Microsoft Excel を使って海抜 30m～150m の区間について 2m 間隔でカラー設定し，タブ区切りのテキスト出力をして，rules ファイルを作成し，gui で表示した。次のテキスト配列を 150m まで続けた。
30 white リターン 32 red リターン 34 white リターン 36 blue リターン 38 white リターン 40 yellow リターン 42 white リターン 44 cyan リターン 46 white リターン 48 magenta リターン 50 white リターン 52 grey リターン 54 white リターン 56 brown リターン 58 white リターン 60 orange リターン 62 white リターン 64 green リターン 66 white リターン 68 aqua リターン 70 white リターン 72 purple リターン 74 white リターン 76 violet リターン 78 white リターン 80 indigo リターン以下省略。

しの〇で示した雷丘付近を中心に描いた円の一部（白い太破線）を扇端海抜70m付近に示している。飛鳥川扇状地の完成形がここにある。この円弧から上流方向に向かって円弧は崩れ，ほぼ北東一南西方向の弦形となっている。このことからすると，雷丘から弧状に伸びる花崗岩列は飛鳥川扇状地生成の円熟期においては障碍にならなかったことが理解できる。なお，本章に続くコラムでは，本章での飛鳥川扇状地は元飛鳥川扇状地とし，この形成期を後氷期初めとしている。

4.3　飛鳥川扇状地の破壊過程

図9に見られるように，飛鳥川の河道が雷丘の東西の何れにも通じていたことは明らかであるが，東西では堆積速度に違いがあった。図に示すように花崗岩列の東西で隣接地の弦の高度に差がある。86mの弦ではほぼ500mのズレ，90～98mの弦ではほ

図9　飛鳥川扇状地の花崗岩列を境界とする地形横断面の違い

図中の天香具山々頂から南方に伸びる白線は，天香具山々頂を通る天の北極軸を表している。この白線は水落遺跡上を通り，水落遺跡を隠してしまうので，この付近を除去して示している。

ぼ300mほどのズレが生じている。つまり，扇状地形成過程で，花崗岩列東方の大官大寺の谷筋（図7）での堆積速度が大きかった。飛鳥川の本流はこの谷を流れ，堆積物をより多く供給してきた。なお，地形学からすると常識ではあるが，例えばBlair and McPherson（1994）などが指摘するように，等高線が弦傾向を示すのは侵食の結果である。

争奪前の元飛鳥川の主要河道は大官大寺の谷筋であったので，花崗岩列の東西それぞれ4本の弦の位置のズレが示すように，結果として花崗岩列西方のポテンシャルが大きくなった。

4.4 河岸段丘から得られた争奪過程

4.4.1 空中写真のダウンロード

争奪プロセスは河岸段丘の形で記録されている筈と考えて空中写真判読を実施した。使用した空中写真は，国土地理院から提供されているものである[12]。このサイトでは，分類項目の欄で空中写真に限定し，住所検索欄で明日香村を入力した。本研究の目的は平地地形の判読であるから，およそ1万分の1の縮尺で写真精度が高くて高度成長期にできるだけ掛からないシリーズを求め，次のシリーズをダウンロードした[13]。

整理番号：MKK713　コース番号 C4；　写真番号：西側から10, 11, 12, 13；　撮影年月日：1971/05/09（昭46）；　撮影地域：吉野山；　撮影高度（m）：1900；　撮影縮尺：10000；カメラ名称：RC8；　焦点距離（mm）：152.690；　カラー種別：モノクロ；　写真種別：アナログ；　撮影計画機関：国土地理院；　市区町村名：高市郡明日香村。

4.4.2 判読結果

図10に判読結果を示している。すでに構築したGrassのLocation上に空中写真も含めて取り込んで他の情報と併せて表示できれば良かったのであるが，この空中写真

12）地図 空中写真 閲覧サービス
http://mapps.gsi.go.jp/maplibSearch.do#1

13）空中写真画像の表示画面でダウンロードを選ぶこと。その後，Adobe Photoshopなどの画像処理アプリを使って，レベル補正をマニュアルで実施すること。それでもコントラストなど表示画質が十分でない場合は，コントラストと明度機能を使ってコントラストを高める。印刷は空中写真判読の際の記録の便から光沢紙は使わないで，インクジェットまたはレーザープリンターのための専用用紙を使う。

と判読結果のオルソ化の実行時間を確保できなかった[14)]。空中写真は中心投影のため比較的平坦な場所であっても地図ベースとは多少のズレが生じている。

この写真の範囲では明瞭な河岸段丘が見られるのはここに記したものだけである。他の平地面はおよそすべて扇状地面と見做してよい。既存研究はあるが基礎的知見に欠けており引用しない。

高位からa面〜d面の4段丘面に区分できる。高位二面はここではF2とした争奪点より上流部にのみ分布しており，低位二面は争奪点の上流と下流いずれにも分布する。高位二面は，争奪過程の二つの段階を表している。この段階では争奪点下流部は下刻されるのみであったと考えている。次章に述べる仮説では，争奪契機を土木工事によるものとしている。その観点に立てば，工事が大きく二期あったことになる。工事のリスクを考慮すると適切であった。

争奪後，自然の補償作用が働き，争奪点の下流部から上流部へ新たな氾濫原c面が形成されて安定化した。c面はa面とb面の形成後に争奪点よりも下流川から更なる下刻が生じて上流側に展開して安定化したものである。d面はc面を作った環境下での氾濫原であり，近代的な土木工事による安定した水路設置によるものであり，現在の氾濫原とも言える。

d面を慣習から河岸段丘面とすると，以上の4面の河岸段丘以外の平地部分には，条里地割が形成されている。F2の面はF1やFとした場所と同様，扇状地面に属している。F1とF2は前述の花崗岩列の切れ目にあたる部分で，これらも扇状地面に属する事を示すためにラベルを付している。なお，a面〜d面上には条里は施されていない。d面に近接する下流川のF3付近では条里面は洪水によって破壊が進んでいる。

争奪点より下流側では洪水流によって条里面を修飾する形で形成された弧状の崖や幅をもった南北方向の浅谷が分布する（図10)。これは，争奪後であってもc面上を水流が滑走して花崗岩列東方の元飛鳥川の氾濫原に至ることを示している。特にこの図10の北縁のうすく黄色で着色した2本の南北方向の浅谷は，争奪後の扇端部からの谷頭侵食によって形成されたものである。

なお，図中の「推定水路」とした白線は，かつての仮称「東山漏刻用水池」から，

14）電子国土基本図（オルソ画像）については次のウェブページに示されている。
http://www.gsi.go.jp/gazochosa/gazochosa40001.html
　このページに掲載されている下記のリンクでほぼ日本全域のオルソ写真を見る事ができるが，カラー写真で撮影時期不明で解像度も悪くGISでは使えず，購入する必要がある。
http://maps.gsi.go.jp/?ll=35.680934,139.767364&z=15&base=ort&vs=c1j0l0u0#15/35.680934/139.767364

図10　空中写真判読による飛鳥川河岸段丘区分

国土地理院 KK-71-3　C4-12 上に直接，判読結果を示している。図中の赤線は筆者による判読時の作業線である。

飛鳥寺域を抜けて水落遺跡に水を供給したと想定される水路である。

5．飛鳥川争奪による古代飛鳥寺と水落遺跡の占地

前述のように，木庭（2016）では水落遺跡が天香具山々頂を通る天の北極軸に正しく載ることを示した。この報告では，中ツ道が新たな都市計画軸に採用される以前は，飛鳥寺域の西縁が天の北極軸に一致することを示している。では何ゆえに飛鳥寺の伽

藍は天の北極軸に立地しなかったのか。これは木庭（2016）が学会で発表した時にも質問が出た。この時の筆者の回答は，水落遺跡の成立は660年，飛鳥寺の成立は596年であり，天の北極軸の実現方法が半世紀余りの間に変わったのではないか，ということだった。

この問題は飛鳥寺と天香具山との関係を考える上で，質問前から気にかかるところであった。飛鳥川の流路が争奪前なら，図10に示すように，飛鳥寺西縁付近，つまり水落遺跡付近，には元飛鳥川が流れていた。図9を参照していただくと元飛鳥川が,「飛鳥寺の天香具山の天の北極軸」への立地を排除したことが理解できるであろう。図10をその観点から見ると，飛鳥寺の西縁は元飛鳥川の流路縁であった可能性が高いのである。

元飛鳥川の流路に対して受動的だった飛鳥寺の建立ではあったが，土木工事を積極的に実施した斉明朝の時期に，飛鳥川の流路変更が計画されたのではないだろうか。そして，実行され，飛鳥の谷は元飛鳥川の洪水からほぼ解放される。単に大官大寺谷筋の元飛鳥川流路の移転だけでなく，ポテンシャルの高い花崗岩列西方に流路を移動することで，飛鳥川は回春して下刻が進み，争奪点より上流側の飛鳥の谷の洪水リスクも大幅の軽減に繋がったのではないか。その結果，水落遺跡や,「はじめに」で引用した『日本書紀』の「於石上池邊作須彌山　高如廟塔　以饗肅愼卅七人」に記されているように，この水落遺跡の北側に隣接する噴水施設等をもつ石神遺跡の立地も可能になったのではないだろうか。

おわりに

古代飛鳥寺域と水落遺跡の占地を飛鳥川扇状地域の河川争奪から推定した。空中写真やその判読結果のオルソ化とGrassへの取り込みを経て，より明確な表示も提示する予定である。今後，筆者自ら地球科学的な証拠を提示する必要がある。地形発達史の観点から言えば，飛鳥川の河岸段丘4面のうち，最も古いa面の礫層に接する土壌最下部の年代にほぼ対応する。とはいえ，すでに得られている考古学的資料から争奪時期を求めることが可能かもしれない。そして，はじめに触れたように，水落遺跡の天文台の機能を復元したいと思っている。飛鳥寺域の天香具山の天の北極軸に関わって木庭（2015）に述べたが，より新たな根拠をも示す予定である。

本書での追記：

おわりに，に施した下線部のうち，「空中写真やその判読結果のオルソ化とGrassへの取り込みを経てより明確な表示も提示する予定」については，この第Ⅲ章に続いて，「コラム：争奪課程で生まれた飛鳥川線状谷の河岸段丘形成年代」を用意している。次の下線部の「飛鳥寺域の天香具山の天の北極軸に関わって新たな根拠」については，第Ⅵ章第2節「飛鳥の谷の天香具山軸から中ツ道軸への転換」に提示している。

参考文献

明日香村・関西大学文学部考古学研究室（米田文孝監修），2015. 水落遺跡と水時計解説書. 奈良県明日香村. https://www.asukamura.jp/youtube/mizuochi.pdf

木下正史，川越俊一，西口壽夫，上原真人，狩野久，橋本義則，今泉隆雄，馬淵久夫，平尾良光，泉谷明人，木村幹，植村知正，沢田正昭，肥塚隆保，村上隆，光谷拓実，1995. 飛鳥・藤原宮発掘調査報告Ⅳ ―飛鳥水落遺跡の調査―. 奈良国立文化財研究所学報，第55冊.

木庭元晴，2013. 侵食地形から得られた奈良盆地南部の低位段丘構成層の堆積面レベルの復元. 日本地理学会2013年春季学術大会（立正大学にて開催），セッションID 535，演題番号100244.

木庭元晴，2014. 最近公開されたGISデータベース情報を使って得られた飛鳥及びその周辺の古代～更新世末期の自然環境. 史泉，No. 119, pp. 23-36.

木庭元晴，2015. 飛鳥時代の中軸古道と藤原宮の位置選定に係わる新たな視点. 日本地理学会2015年秋季学術大会（愛媛大学，松山市）.

木庭元晴，2016. 飛鳥京の寺院等遺跡から得られた天香具山軸. 2016年人文地理学会大会（京都大学，Nov. 11-13, 2016），研究発表要旨，pp. 94-95.

Blair, T.C., and McPherson, J.G., 1994. Alluvial fan processes and forms. A.J. Parsons, A.D. Abrahams（eds.）, Geomorphology of Desert Environments, 2nd ed., Springer, pp. 413-467.

COLUMN

争奪過程で生まれた飛鳥川線状谷の河岸段丘形成年代

はじめに

第Ⅲ章の図10にはすでに争奪を契機とする飛鳥川の下刻で生じた河岸段丘の分布図を示している。これは空中写真に直接描いたものであり歪みがあった。このコラムでは図10よりも広く争奪に基づく段丘全域を対象として，判読結果を歪みの無い平面直角座標系にプロットすることができた。評価は第Ⅲ章の 4.4.2 判読結果，に示したものと変わらない。参照いただきたい。図1は図2に示したGrassGIS上のベクトルマップをkml出力してGoogle Earthでライン情報を表示したものである。この手法については，このコラムの末尾に資料として示す。

図1には飛鳥川と高取川の河川付け替えを描いている。高取川については第Ⅴ章で述べる。何れも斉明期の施行であったことを遺跡の地形学的産状から論述している。このコラムでは飛鳥川の付け替え時期をこの手法を使って明らかにする。

1．飛鳥京跡苑池と河岸段丘 terr_b 面

図3には実体視用に配置した空中写真の上に段丘地形，小字区分，苑池をプロットしている。右の写真には苑池の北池（図中の出水と表記している区画）とこれに隣接する南池が見える。橿考研（2012：p. 198）によれば，「南池SG9801の平面形態は，南岸から東岸を段丘面の形状に合わせた不整四角形であったと考えられる。（中略）平面規模は，不整四角形に復元した場合，最大値を得られる対角線で計測すれば，南北約60m，東西長約65mとなる」。この値を図3のスケールの参考としていただきたい。南池に接して北池が見られ排水路がさらに北に延びている。苑池への給水源については，

＊ 本コラムの内容は次の報告と主要テーマが重なっている。木庭元晴，2018．飛鳥川争奪の発見から斉明期の付け替えの確認へ～飛鳥川の河岸段丘区分と遺跡配置の上限年代と下限年代を得て．月刊「地理」（古今書院），2018年4月号（Vol. 63，No. 4）．

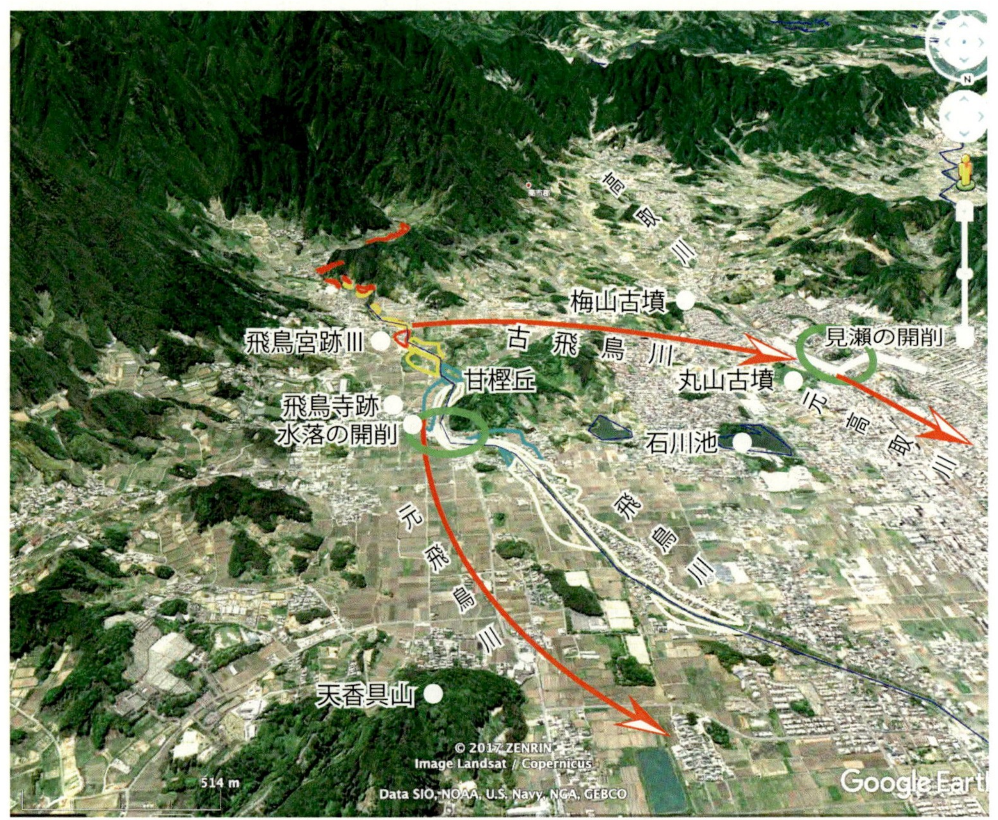

図１　飛鳥川線状谷の河岸段丘およびその周辺の南方向鳥瞰図

図２の河岸段丘の分布図を kml 出力して Google Earth 上に表示している。上位から，赤色枠 terr_a 面，オレンジ色枠 terr_b 面，水色枠 terr_c 面，白色枠 terr_d 面。terr_a 面は最上流部から飛鳥宮跡 III 付近まで分布し，terr_b 面は飛鳥宮都の谷の出口付近から苑池付近まで続く。この上位２面は付け替え工事が２期に跨がることを示す。下位２面は争奪後の自然の補償作用によるものである。詳細は第Ⅲ章 4.4.2 判読結果を参照いただきたい。

図中には，飛鳥川と高取川の開削（付け替え）部位置（緑色の楕円域）と元の流路（赤色の長い矢印）を示している。高取川については第Ｖ章で論じている。高取川の開削部付近の流路については白色の太線で強調している。

「清水を好む珪藻が検出されていることからも外部から大きな基幹水路が取り付いていたとは考えにくい。（中略）むしろ漏水よりも透水に留意し，湧水を主要な給水源としていたことが窺われる。実際，北池 SG0001 の最深部から湧き出でる極めて良質な水は，発掘調査中においても」などとし，「水位は標高 108m 前後，南池 SG9801 の水深は約 50cm，北池 SG0001 の水深は約 265cm に復元できる」（以上，p. 199）。両池はほとんど小字「出水」に分布しており，豊かな湧水地という前記に対応している。

図３左の写真には，苑池が載る飛鳥川線状谷中の河岸段丘ｂ面（terr_b）とその周辺の段丘崖やその小崖を示す。扇状地面と河岸段丘ｂ面のおよその境界を右の写真の

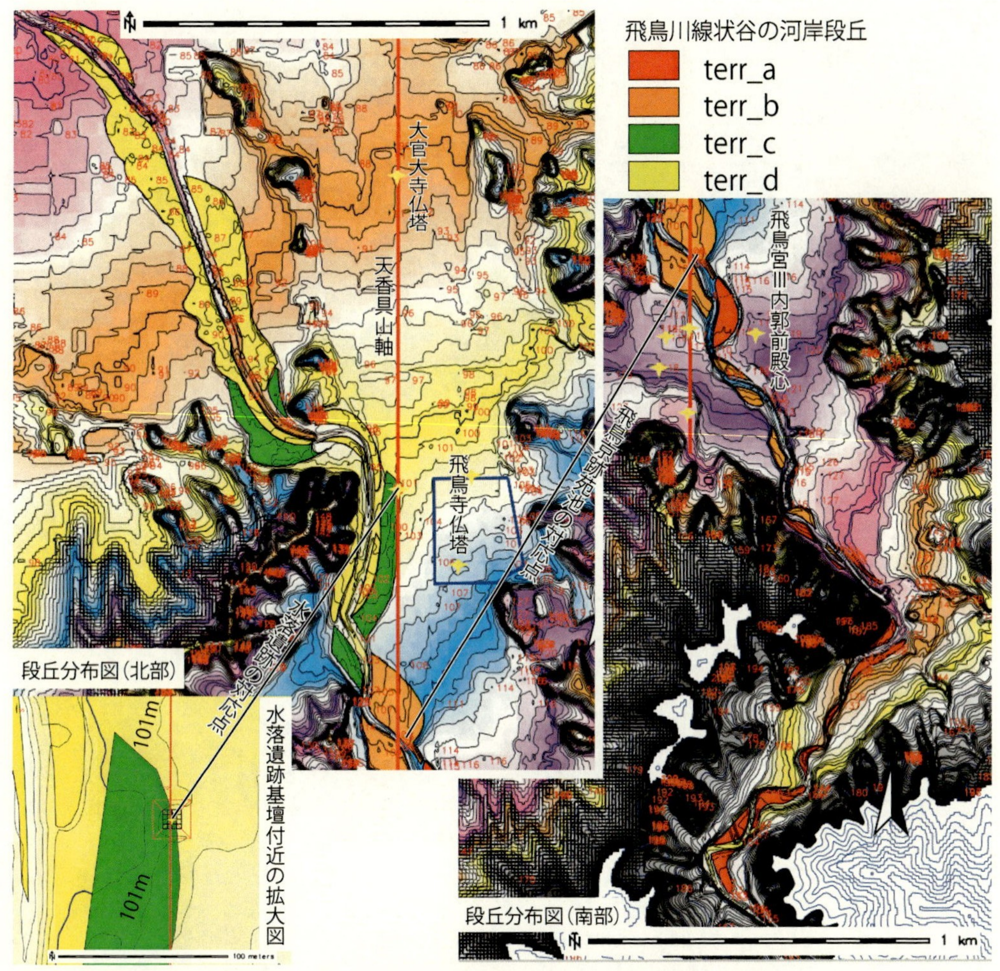

図2　飛鳥川線状谷河岸段丘と遺跡分布

空中写真などを使用して段丘区分を実施し，それをシェープ出力して，GrassGIS に取り込んだ。分布域が南北に細長いため二分割している。左図が北部，右図が南部で，両図は飛鳥京跡苑池位置で繋ぐことができる。左下には水落遺跡付近の拡大図を掲載している。左図の同位置を線分で繋いでいる。等高線間隔は海抜 200m までが 1m で，以高は 10m に設定している。

黄色の星印は黒崎（2011：表 2）から得たもので，天香具山軸や中ツ道軸との対応関係を示している（第Ⅵ章参照）。

白い弧状破線で示す。両写真の対照でわかるが，苑池の造成に関連してであろう，図3右の写真の小字「林」の段丘崖は消失している。つまり，苑池の主部は河岸段丘b面上を利用し，北池から北に延びる排水溝関係の施設建設のために扇状地面域をも利用する必要があり，結果として段丘崖が破壊されたのである。

この小字「林」に接して小字「井手ノ上」がある。楠原（1981）は，「吉田東伍は『井手』とは『溝洫（みぞ）の義なり』」としており，「溝の上手」の意義に合う。北池

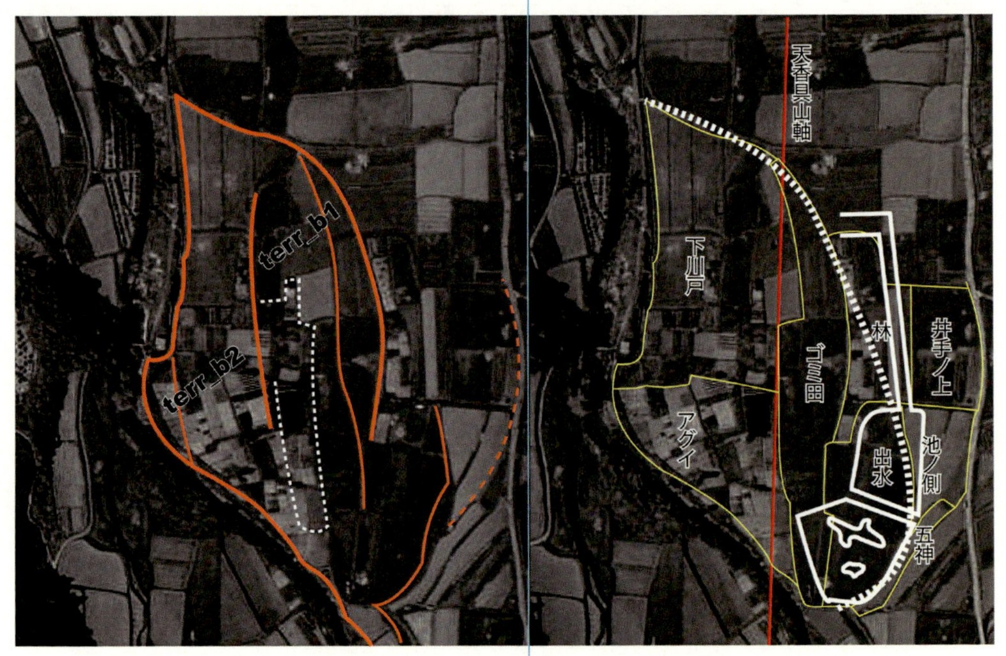

図3　飛鳥川線状谷河岸段丘と飛鳥京跡苑池

上方がほぼ真北方向にあたる。実体視に使用した空中写真はMKK71-3-C4-11（左の写真），-12（右）（撮影日1971年5月9日，撮影高度1900m，縮尺1/10,000）である。田植えの水張りが完了した圃場は黒っぽい。両写真の境界に水色線を引く。空中写真は多少真北に比べて反時計回りに回転している。真北は右の写真に赤線で示した天香具山々頂を通過する天の北極軸方向になる。

図1のこの段丘表現は単純に一つの輪ゴム的な縁取りで表現しており，この段丘崖が右写真の白い破線に対応する。左の写真にはこの段丘上の小段丘崖を追加している。右の写真には，段丘b面及びその周辺での小字境界を示している。これは，橿考研編（2002：p. 35）の「図5　調査地付近の小字名」を上の空中写真の実体視から地形と圃場境界に対応させて得られたものである。

苑池遺構は，明日香村（2014：p. 19）の「発掘調査箇所と検出遺構」図中の分布図から抽出し，右の写真に転載した。空中写真には歪みがあるので，元図を反時計回りに回転しつつ矩形域を等倍率で縮小した。

に接する「池ノ側」とともに当時の苑池に関わる小字名となっている。小字「五神」についても南池に接して五神に関わる石像があったのであろう。五神といえば，古事記の「天地初めて発けし時」で始まる天地開闢時の「別天つ神」である天之御中主神以下の五柱の神であろう（倉野・武田校注，1958：pp. 50-51）。なお，小字「林」の一部，「井手ノ上」，「池ノ側」そして「五神」は元飛鳥川の扇状地面上に位置している。左の写真右端のオレンジ色の破線は，扇状地面上の侵食崖にあたる。

図3の耕地の土地利用を見ると，右の写真の小字「アグイ」とされる地区は他と異

なり広く畑地となっている[1)]。図2にはこの段丘面上の等高線が見えるが，天香具山軸の西側に北北西方向の高まりを見る事ができる。人工的に切り取られているので不自然ではあるが，この主要部は図3の左の写真で白い破線を使って示した部分にあたる。アグイはこの北隣の下川戸と比べるとより高い。下川戸は不自然に平坦で整地の結果と考えて良い。

図3の右の写真の小字「ゴミ田」[2)]について，左の写真に示すように北東に接する崖は扇状地との境界をなす段丘崖で，西の小崖は白い破線で示した北北西方向の不整多角形の高まりとの境界である。

以上の説明を前提に，苑池が立地するこの河岸段丘面の地形発達史を次に示す。

① 元飛鳥川が古飛鳥川を争奪し（第Ⅴ章第1節），後氷期の初めに多量の礫層が供給され，元飛鳥川扇状地が形成された。

② 斉明期には，水落遺跡付近の飛鳥川の付け替えが実施された（第Ⅲ章）。

③ 水落遺跡付近の付け替え部より上流側では，飛鳥川は回春し，下刻が開始した（第Ⅲ章第4節「飛鳥川河岸段丘からの争奪過程の復元」）。

④ 下刻傾向のなか，飛鳥川の流路はほぼ線状谷の範囲に限定されるも，蛇行して，線状谷内に河岸段丘面が形成された。

⑤ 付け替え，すなわち開削は段階的に実施されて，第一回目には terr_a 面が，第二回目にはこの terr_b 面が形成されることになる。

蛇行過程で扇状地堆積物の側方侵食が進み，参考図の terr_b1 の東側（右手方向）縁辺に達する。その間，ポイントバー堆積物が扇状地堆積物の削剥面の上に積み上がって行く。蛇行の外側斜面は侵食の場で，内側斜面は堆積の場になる。これは参考図の terr_b1 に該当する。ゴミ田はこの段丘面の最東端の旧流路に該当している。一般には凹部にあたるので有機物の堆積場になる。図2当該位置の等高線を見ると，北西方向の谷底にあたり、有機物の堆積量は多くはない。

⑥ その後，付け替え部での開削プロセスが進み，侵食基準面が低下し，流路の変更もあって，terr_b2 の侵食プロセスに入る。terr_b2 の東側縁辺の列状凹地はこの時に形成されたもので，より低位の terr_b2 に位置するので，terr_b1 の際の蛇行流路

1）インデックス編集部，2010．名字の世界　あなたのルーツがわかる！
イースト・プレス．この文献によれば，アグイの「あぐ」は低い土地で「い」はわき水を意味し，水の豊かな場所に由来するという。

2）梅棹忠夫，金田一春彦，坂倉篤義，日野原重明監修，1989．日本語大辞典カラー版．講談社，p. 724．これによれば，ゴミはおそらく和製漢字の埖に対応するものであり，湿地帯や砂地，砂礫地を表す。

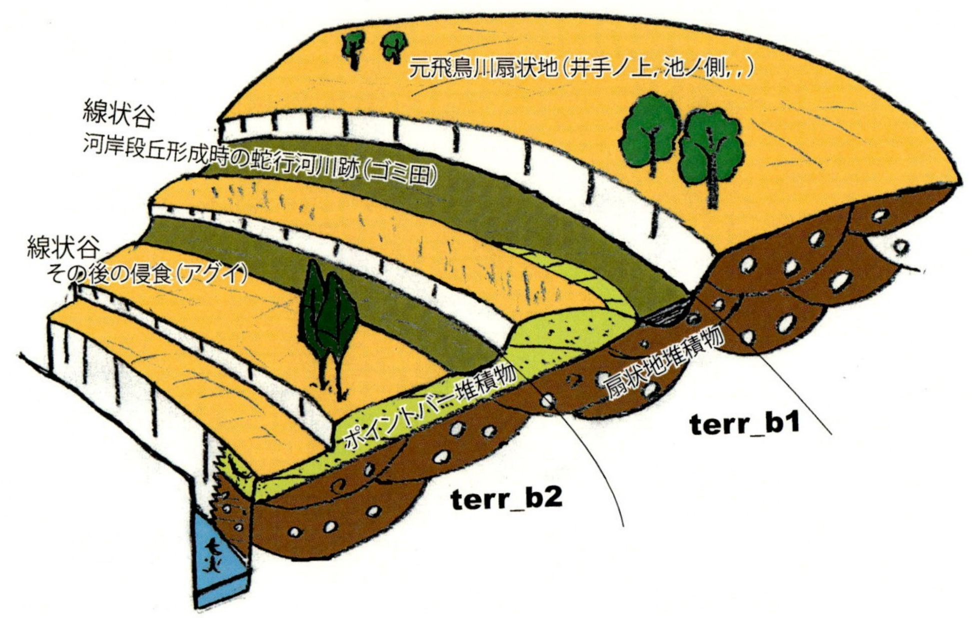

参考図　苑池が立地する河岸段丘の地形発達

元飛鳥川扇状地堆積物が切られてポイントバー堆積物が載る。この時期が terr_b1 である。さらに付け替え部での開削が進み，より侵食基準面が低下して，流路が変更してポイントバー堆積物が侵食される。この時期が terr_b2 にあたる。

の短絡 chute cutoff の可能性はない。

⑦　現河谷に接して，狭い段丘面も観察されるがこれもここでは terr_b2 に含めている。

2．飛鳥京跡苑池造成期と飛鳥川線状谷河岸段丘形成期

飛鳥京苑池は争奪の結果生じた飛鳥川の河岸段丘上に立地している（図2，3）。それゆえ，河岸段丘形成の上限年代を示すことになる。橿考研（2012）の第Ⅶ章総括「(3) 飛鳥京跡苑池の造営時期と変遷」（pp. 201-202）から引用する。

「苑池の造営時期については，良好な資料を得ていないため決め手に欠く。苑池造営前の段丘面上はまだ開発されなかったとみえて，護岸裏込めや敷石設置前の整地土には土器はほとんど包含されていなかった。したがって苑池築造時期の上限を示す資料は得られていない。一方，南池 SG9801 と北池 SG0001 の池底からは苑池造営直後から埋没にかけての時期の土器が出土している。その中で最も古い時期の土器は，苑池造営の下限を示す筈であるが，混入の可能性があるため，資料としては扱えない」と，

はじめに示している。最初の下線を付した部分は，筆者の争奪説を支持するものと言えるだろう。飛鳥川の争奪は付け替えによるもので段丘形成期と苑池造成期の間の時間差が小さいということである。なお，二番目の下線部の意義は苑池造成前の地形面の時期を指していると考えてよいだろう。

「（中略）したがって苑池の造営時期については依然として不明ながら，出土土器群と敷石とのあり方を組み合わせて考えるならば，苑池は7世紀第4四半期以前に完成していた可能性が高い」。この節の「苑池の改修」の項では，「発掘の結果，池と水路には造営以後，数回の改修による造作が加わっていることが判明した。（中略）これらの造作の時期は出土土器より下限を飛鳥Ⅳにおくことができ，天武朝期ないしは持統朝期によるものと考えられる」としている。

この第Ⅶ章（筆者注：第Ⅷ章の誤り）結語には編年をより推し進めている（p. 206）。飛鳥苑池から出土している紀年木簡は4件あり，最古が天智五（666）年でこの翌年には，天智は後岡本宮から近江宮に遷っている。最新は持統二（688）年である。「池護岸石垣の裏込めと，池底の敷石下層から出土した（筆者注：土器の）小量かつ小破片からみると，池は天武朝以前に設置されていたことは，ほぼ確実である。木簡の年紀と，裏込石裏側と，池底の敷石の下層から出土した小量かつ細片となった土器片との年代観と年代的誤差はほとんどないので，斉明朝には，この苑池の池と水路は開設されていたことは，事実として良い」とする。

斉明期は西暦655～661年で即位後一年の656年には後飛鳥岡本宮（のちのあすかのおかもとのみや）に遷っている。661年には斉明天皇は没して中大兄皇子が称制し，667年の近江大津遷都までは飛鳥京跡Ⅲ-A期とされる。この期間中に苑池が完成し利用されていたことは間違いがないということであろう。

つまり，飛鳥川の水落遺跡付近での付け替えは，もちろんこの苑池に先んじるので，飛鳥京跡Ⅲ-A期が上限年代となる。

3．飛鳥宮Ⅲ造営と飛鳥川線状谷河岸段丘形成期

付け替えの時期については，本書第Ⅲ章で論じており，飛鳥寺造営の後，水落遺跡立地の前としている。水落遺跡は図2に見られるように海抜101mの等高線がterr_c面方向に突出しており，争奪後の段丘面形成後に立地したものであることは確実である。その意味では，成立時期は飛鳥京跡苑池と並ぶものである。周知のように，水落遺跡は『日本書紀』斉明六（660）年の漏刻に対比されている。

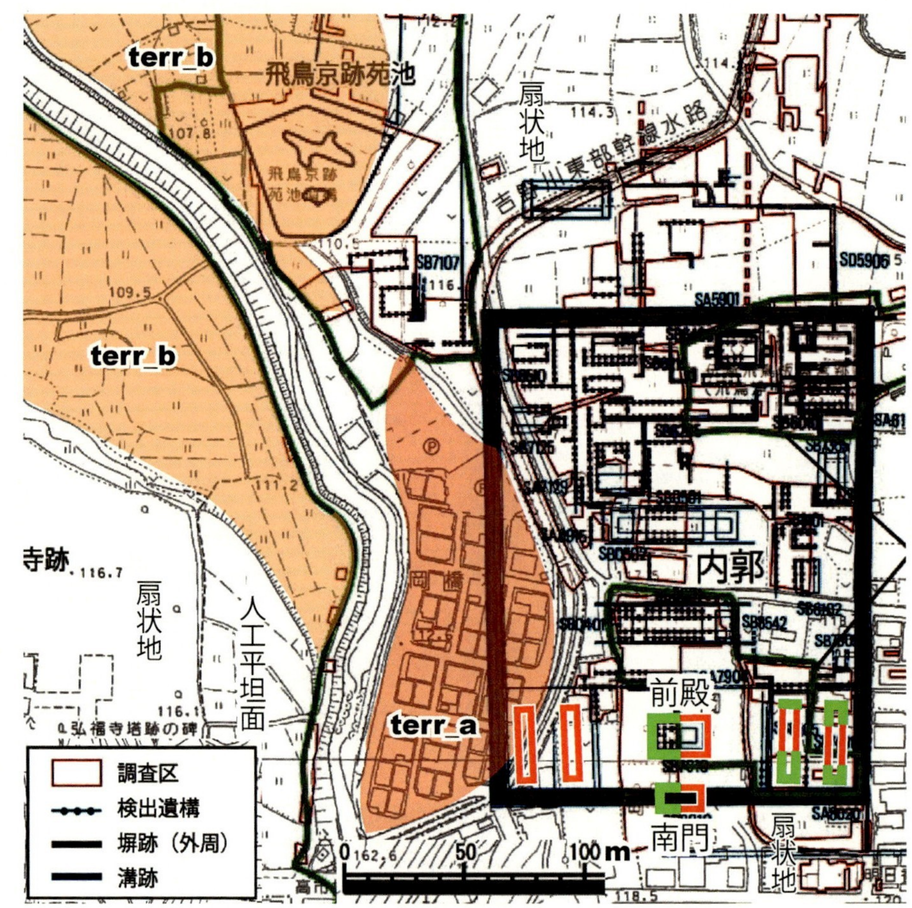

図４　飛鳥宮Ⅲ遺構と飛鳥川線状谷内の段丘との関係

飛鳥宮Ⅲ遺構などの図（明日香村，2014：p. 19，「発掘調査箇所と検出遺構」図）を基図に筆者の段丘区分を載せている。

前殿，南門，そして前殿の東西それぞれの「南北に長い掘立柱建物」２棟を示している。白縁の赤枠は想定される建物を，発掘された部分を緑色の枠で示している。

前述の飛鳥京跡苑池の南東に接して，飛鳥宮Ⅲ期遺構がある。これには，飛鳥後岡本宮と飛鳥浄御原宮が立地していた。図４を見ると，飛鳥宮Ⅲ期遺構の南西部が大きく飛鳥川によって抉られている。大王の宮がこのような場所に造営される筈はない。この点について未だ誰からも言挙げされていない。それは，地形を所与のものと受け入れる古代史研究の方法論に由来するものだろう。水落遺跡に関連した『日本書紀』の記述は繰り返すが斉明六（660）年である。それゆえ，飛鳥宮Ⅲ期遺構の内郭が造営されたのはこれより前になる。

新たに造営された飛鳥後岡本宮（飛鳥宮跡Ⅲ-A）の稼働期間は斉明二（656）年～天智六（667）年にあたる。それゆえ，斉明天皇が後岡本宮に入って４年後の660年までには抉られてしまったということになる。

抉られてしまった，という表現の妥当性は，地形発達史の観点から断定できる。飛鳥川線状谷内には4段丘あり，水落遺跡が立地するのは段丘terr_c面で，後岡本宮を抉ったのは段丘terr_a面である。前述の苑池はterr_b面に立地している。前述のように，上位から下位にterr_a面，terr_b面，terr_c面，terr_d面が分布しており，この順に形成された（図2）。付け替え工事はかなり短期に実施された筈である。付け替えのための開削が段階的に進んだことと，自然的補償作用もあって，4段丘が形成されたのである。元飛鳥川扇状地は砂礫層で構成されているために，人工的要因による下刻の回春は容易に進んだのである。後岡本宮を抉った飛鳥川はterr_a面から離脱し，terr_b面に急激に移ったので，抉られた後の後岡本宮の敷地は維持されることになった。維持されることになった，というのは，たとえば図4に示した河岸段丘崖の上下とその周辺を見ても，現在も崩壊地形などは見られず，維持されているからである。1947年米軍撮影，1971年国土地理院撮影のいずれの空中写真も同様であった。特に戦後すぐに撮影された米軍写真では山林の植生などはかなり破壊されており，そういった環境であっても崖崩れなどが生じていないということである。

斉明天皇前任の孝徳天皇は白雉（はくち）五（孝徳十，654）年に難波宮で病死して，翌年，斉明天皇はかつて自ら（皇極天皇）が造営した飛鳥板蓋宮で重祚（ちょうそ）したのだが，火災に遭い，飛鳥川原宮に遷っている。さらに翌年の斉明二（656）年に後飛鳥岡本宮に遷っている。『日本書紀』斉明紀には，「この年（656年），飛鳥の岡本にさらに宮地を定めた。おりから高麗，百済，新羅が揃って使いを遣わし調をたてまつったので，紺色（つゆくさ色）の幕をこの宮地に張って，饗応をされた。やがて宮殿が出来ると，天皇はお移りになった。名づけて後飛鳥岡本宮という」とある（宇治谷，1988：p. 199　ルビなどの表現を一部変更している）。そのまま読めば，後飛鳥岡本宮の造営開始は斉明元（655）年と言えるだろう。

以上から，付け替えによる飛鳥川線状谷形成の下限年代は斉明元（655）年で，上限年代は斉明六（660）年となる。上限年代は動かないが，下限年代については多少遡る可能性はある。遡る限界としては，白雉四（653）年ではないかとは思う。『日本書紀』孝徳紀には，「この年（白雉四年），皇太子（中大兄皇子）は奏上して，『倭（やまと）の京（みやこ）に遷りたいと思っています』といわれた。しかし天皇は許されなかった。皇太子は皇極上皇，間人皇后（はしひとのきさき），大海人皇子らを率いて，倭の飛鳥河辺行宮（あすかのかわらのかりみや）におはいりになった。公卿大夫（まえつきみたち），百官の人々など，みなつき従って遷った。皇后すら含めた退去によって，天皇は恨んで位を去ろうと思われ，宮を山碕（やまさき）（京都府大山崎）に造らせられた」〔宇治谷，1988：

p. 194　表現を一部変更，(　)内の白雉四年と中大兄皇子は筆者追加〕などとあり，中大兄皇子の力からすると，後飛鳥岡本宮の造営開始を白雉四（653）年とすることも可能かも知れない。

明日香村（2014）にはこれまでの発掘経過とその成果が記されている。この後飛鳥岡本宮に関する記述を引用する。「斉明天皇が造営した宮跡である。さらに壬申の乱後に天武天皇がこの宮に入り，一部整備したものが飛鳥浄御原宮とされている。前者をⅢ-A 期，後者をⅢ-B 期と呼んでいる。（中略）南よりに位置する東西方向の掘立柱塀によって内郭は南北ふたつの区画に分けられており，南側はこぶし大の礫，北側は人頭大の石を敷き詰めている。南区の中軸線上には内郭の正門である南門と前殿がある。前殿の東側には２列の掘立柱塀を挟んで南北に長い掘立柱建物が２棟並んでおり，西側にも対称にあったとみられることから朝堂とみる説もある。（中略）南は公的空間，北は天皇の私的な空間であるとみられている。外郭を区画する施設は明瞭に確認されているのは東辺の一本柱塀のみで，内部は面的に調査された苑池以外はほとんど調査がされていないため，一部石組溝や掘立柱塀，建物跡が検出されるに留まっている」。

図４には，上記引用部の下線部について図化している。前殿東方の「南北に長い掘立柱建物」２棟は検出されているが，西方のそれは未だ検出されていないが，「西側にも対称にあったとみられる」としている。しかしながら，この期待は，西方２棟のうちの西側の場は段丘崖または段丘 terr_a 面にあたるので，すでに裏切られている。飛鳥宮内郭の正面にあたる南門そして前殿を中軸とする場では特に東西対象性が約束されていなければならず，造営開始当初には現状の段丘地形が存していなかったことはもちろんである。

参考文献

明日香村，2014．飛鳥宮跡保存活用構想検討報告書．明日香村，57p.

宇治谷孟，1988．『日本書紀』下 現代語訳，講談社学術文庫 834.

橿考研（奈良県立橿原考古学研究所）編，2002．飛鳥京跡苑池遺構調査概報．学生社，71p.

橿考研（奈良県立橿原考古学研究所）編，2012．史跡・名勝　飛鳥京跡苑池(1)．奈良県立橿原考古学研究所調査報告第 111 冊 .

楠原佑介，1981．古代地名語源辞典．東京堂出版.

倉野憲司・武田祐吉校注，1958．古事記 祝詞．日本古典文学大系 1，岩波書店.

黒崎直，2011．飛鳥の都市計画を解く．同成社.

資料：　GrassGIS による空中写真判読結果の kml 出力

この詳細は筆者の下記ウェブページに掲載している。

http://motochan.sakura.ne.jp/public_html/GISContents/46.htm

1. KML ファイルの作成の前に

KML チュートリアルが下記サイトに掲載されている。

https://developers.google.com/kml/documentation/?hl=ja

詳細情報は，下記の KML 2.2 リファレンスに掲載されている。

https://developers.google.com/kml/documentation/kmlreference?hl=ja#description

KML key markup language は，Earth ブラウザで，地理データの表示に使用するファイル形式である。ネストされた要素や属性を含むタグ構造を使用する。すべてのタグで，大文字と小文字は区別される。タグは KML レファランスの定義どおりに記述し，レファランスで記述されている順番で要素内に指定する必要がある。.kml または .kmz 拡張子を付けて保存したテキストファイルは，Earth ブラウザで表示できる。

Google Earth 内にあるアイテムの KML コードを見るには，Google Earth の 3D ビューアの左のペーンの各項目を右クリックしてコピーをクリックして，テキストエディタに貼り付けると，対応する KML テキストを参照することができる。

最も基本的な KML ドキュメントの例として目印 landmark がある。このような単純なタイプの KML ドキュメントは，Google Earth 上で直接作成できる。目印は Earth の地表上の特定の位置にマークを表示するもので，黄色いピンなどのアイコンで示される。目印の最も簡易のものは目印の場所を指定する <Point> 要素だけからなるが，名前やカスタムアイコンを指定し他のジオメトリ要素を追加したりできる。

Google Earth で KML Samples ファイル

https://developers.google.com/kml/documentation/KML_Samples.kml?hl=ja

を開いて，Placemarks サブフォルダを展開すると，simple，floating，extruded の 3 種類の目印が含まれるが，simple 目印の KML コードは次のようである。

```
<?xml version="1.0" encoding="UTF-8"?>
<kml xmlns="http://www.opengis.net/kml/2.2"> <Placemark>
<name>Simple placemark</name>
<description>Attached to the ground. Intelligently places itself at the height of the underlying terrain.</description>
<Point>
<coordinates>-122.0822035425683,37.42228990140251,0</coordinates>
</Point>
</Placemark> </kml>
```

このファイルの構造は次のとおりである：

XML ヘッダー。すべての KML ファイルの 1 行目。この行の前にスペースや他の文字を入力することはできない。KML 名前空間宣言。すべての KML 2.2 ファイルの 2 行目。次の要素をこの順番で含んでいる。

name: 目印のラベルとして使用される名前

description: 目印の「バルーン」に表示される説明

Point: 地表での目印の位置を指定する　(longitude，latitude，オプションの altitude)

地図画像の地面オーバーレイ例として，2001 年のエトナ山の噴火がある。地面オーバーレイを使うと，地表上に画像を貼り付けることができる。<Icon> 要素に，オーバーレイする画像の .jpg または .png ファイルへのリンクを指定する。前述の KML Samples を参照してほしい。

2. kml ファイルの操作法

下記のサイト

https://developers.google.com/kml/documentation/kmzarchives?hl=ja

に掲載されている buffetthawaiitour.kmz が好例である。

http://motochan.sakura.ne.jp/public_html/GISContents/GIS_dwnld/Google/buffetthawaiitour.kmz

kmz ファイルは zip 圧縮ファイルであり，mac の場合，StuffIt Expander を使って解凍する。Windows10 の場合，まず zip ファイルを右クリックし，プロパティを開く。次に全般タブのプログラム :～～と書かれた右の方に「変更」ボタンがあるのでクリック。「この .zip ファイルを今後どうやって開きますか？」と聞かれるので，WinZip ではなくエクスプローラーを選び，OK をクリックする。これで設定は完了。再度 zip ファイルを右クリックすると「すべて展開」が出てくる。

解凍すると，一つのフォルダが現れる。この中に，doc.kml ファイルと files というフォルダがある。doc.kml はエディターで開くことができる。3210 行にも及ぶファイルである。files フォルダには，4 画像 png ファイルと一つの mp3 ファイル（8.4MB）が入っている。計 8.7MB である。1 ファイル 10MB 以内のおよその目安以下なので問題ない。

第 565～568 行を見ると，

```
<gx:SoundCue>
<href>files/Margaritaville.mp3</href>
</gx:SoundCue>
```

第 142～144 行を見ると，

```
<Icon>
<href>files/jb_plane.png</href>
</Icon>
```

となっており，kml ファイルからの画像または音声ファイルへの参照は，相対パスで示されている。

レファランス

https://developers.google.com/kml/documentation/kmlreference?hl=ja#gxsoundcue

でみると，

```
<gx:SoundCue>
<gx:SoundCue id="ID">
<href>http://www.example.com/audio/trumpets.mp3</href> <!-- any URI -->
<gx:delayedStart>0</gx:delayedStart> <!-- double -->
</gx:SoundCue>
```

Contains an <href> element specifying a sound file to play, in MP3, M4A, or AAC format. It does not contain a duration. The sound file plays in parallel to the rest of the tour, meaning that the next tour primitive takes place immediately after the <gx:SoundCue> tour primitive is reached. If another sound file is cued before the first has finished playing, the files are mixed. The <gx:delayedStart> element specifies to delay the start of the sound for a given number of seconds before playing the file.

と示されている。

ここまでがKMLの基礎の紹介である。自らここで紹介したウェブページにアクセスして試して頂きたい。懇切なチュートリアルなので，他の書籍を参照する必要性は全くない。

3. 地図画像の具体例

GrassGISで衛星画像を表示して，矩形領域のイメージデータを保存する場合を想定する。

3.1 GrassGIS表示画像の抽出

r.info map=AsukaIkonos_rescaled432composite@Asukaでファイル情報を見ると，解像度は1mで，平面直角座標系値は，N: -162355.5　W: -20198.5　S: -170041.5　E: -14012.5となっている。

次にサイトを使って，

http://vldb.gsi.go.jp/sokuchi/surveycalc/surveycalc/xy2blf.html

平面直角座標系を経緯度座標系に変換し，さらにMicrosoft Excelを使って度分秒表示を度表示に変換した。

北縁：緯度　34° 32′ 10.58977″　34.53627494

西縁：経度　135° 46′ 47.82502″　135.7799514

南縁：緯度　34° 28′ 01.50627″　34.46708508

東縁：経度　135° 50′ 50.89044″　135.8474696

ここで使用しているラスターファイルの確認であるが，上述の，r.infoにみえるmap情報には，筆者が実施したこのmapの作成履歴が含まれている。

```
r.composite
red="AsukaIkonos_nir_rescaled@Asuka"
green="AsukaIkonos_red_rescaled@Asuka"
blue="AsukaIkonos_grn_rescaled@Asuka"
output="AsukaIkonos_rescaled432composite"
level: 32
```

これには，monitorでのrgbフルカラー表示について，rの箱には近赤外線であるnir near infra-red，gの箱にはred，bの箱にはgreenを対応させたことが示されている。このcompositeファイルに対してr.out.pngを実行して，デスクトップにpngファイルを出力した。

この容量は53.9MBなので，GEでの表示にトラブルがないほぼ10MB以下に画質を落とす必要がある。Adobe PhotoshopにてWeb出力すると，10.4MB。これなら問題ない。AsukaIkonos_rescaled432composite.jpg

3.2 Rasterマップの一部の場合

-1. GrassGISで衛星画像を表示して必要な部分のgridの上端，下端，左端，右端の座標値を読み込む。Grassの場合，座標表現が，(easting, northing) になっているので注意する。

設定＞領域＞領域表示，で表示されたテキストを，外部のテキストエディターにコピペする。そうして，設定＞領域＞領域設定，でNSEWの境界値を入力する。

-2. 先の4端の値を使ってregionを設定して，画像を表示する。

-3. 表示中の画像をイメージ出力する。jpgかpngで。

-4. 4端の座標値を経緯度座標系に変換する。座標値は度単位で記録すること。

3.3 kmlファイルの作成：　pcにコンテンツを含む場合

前述の buffetthawaiitour.kmz では，doc.kml という kml ファイルとここに記述されている関連ファイルが入る files フォルダからなっている。その形を取ると，

map ファイル：YamatoSanzanIkonos1.jpg

map を格納するフォルダ名：Ikonos1

とすると，

```
<?xml version="1.0" encoding="UTF-8"?>
<kml xmlns="http://www.opengis.net/kml/2.2">
  <Folder>
    <name>Ikonos1</name>
    <description>ground overlays using YamatoSanzanIkonos1</description>
      <GroundOverlay>
        <name>Large-scale overlay on terrain</name>
        <description>Overlay shows Ikonos image on Sep 16th, 2003.</description>
          <Icon>
            <href>./files/YamatoSanzanIkonos1.png</href>
        </Icon>
          <LatLonBox>
            <north>34.51423769</north>
            <south>34.49396327</south>
            <east>135.823016</east>
            <west>135.7955366</west>
            <rotation>0</rotation>
          </LatLonBox>
      </GroundOverlay>
  </Folder>
</kml>
```

文字列の中の幾つかの文字は文字化けするので，これを回避するために，

<![CDATA[， と ，]]>

で囲む必要がある。この間に入れた文字はそのまま表示される。例えば次のように，

<name><![CDATA[デジタルアース <digital earth>]]></name>

この場合，kmz ファイルを作成する必要がある。Ikonos1 と名付けたフォルダに，この kml ファイルと，画像などが入った files というフォルダを入れて，zip 圧縮して，「.zip」を「.kmz」に変更すると，kmz ファイルが作成される。

なお，上の相対パス指定はうまくいかない。例えば，パス指定の基礎は次のサイトを参照。

http://www.cc.kyoto-su.ac.jp/~hirai/text/path.html

<href>./files/YamatoSanzanIkonos1.png</href>

これで，実行すると，

<href>/Users/moto/Desktop/files/YamatoSanzanIkonos1.jpg</href>

となっていて，files フォルダの親フォルダである YamatoSanzanIkonos3 が省かれている。

<href>/Users/moto/Desktop/YamatoSanzanIkonos3/files/YamatoSanzanIkonos1.jpg</href>

上記のように絶対パスで表現するしか，PC コンテンツ利用ではうまくいかない。

3.4 kml ファイルの作成：web-site にコンテンツを配置する場合

これだと問題がない。ネットワーク環境で誰でも見ることができる。次に一例を示す。地図画像ファイルは，当方のウェブサイトにアップしているので，kmz ファイルの必要性はなくて，kml の 1 ファイルで足りる。この場合，kml ファイル名が Google Earth の見出しになるので，kml ファイル名自体を file 名にする必要がある。

```
<?xml version="1.0" encoding="UTF-8"?>
<kml xmlns="http://www.opengis.net/kml/2.2" xmlns:gx="http://www.google.com/kml/ext/2.2" xmlns:kml="http://www.opengis.net/kml/2.2" xmlns:atom="http://www.w3.org/2005/Atom">
  <GroundOverlay>
    <name>YamatoSanzanIkonos4</name>
    <description><![CDATA[ground overlays using AsukaIkonos_rescaled432com
    posite.jpg.----
        red="AsukaIkonos_nir_rescaled@Asuka"
        green="AsukaIkonos_red_rescaled@Asuka"
        blue="AsukaIkonos_grn_rescaled@Asuka"
        level: 32 --- aquisited at Sep. 26, 2003--   ]]></description>
      <Icon>
        <href>http://motochan.sakura.ne.jp/public_html/FileTransfer/kml/
        AsukaIkonos_rescaled432composite.jpg</href>
    </Icon>
    <LatLonBox>
        <north>34.53627494</north>
        <south>34.46708508</south>
        <east>135.8474696</east>
        <west>135.7799514</west>
    </LatLonBox>
  </GroundOverlay>
</kml>
```

これをエディターにコピペして，ファイル拡張子を kml としたファイルが YamatoSanzanIkonos4.kml である。これをダウンロードして，GE のアイコンにドラッグアンドドロップすれば，表示される。

http://motochan.sakura.ne.jp/public_html/GISContents/GIS_dwnld/Google/YamatoSanzanIkonos4.kml

4. ベクトルマップの kml 出力と GE での表示

4.1 GrassGIS によるベクトルマップの kml 出力

ベクトルマップの kml 出力に対応する環境は，2017 年 9 月末現在，ネット上ではフリーで提供されていないようである。GrassGIS の下記ヘルプの機能を使う。

https://grass.osgeo.org/grass70/manuals/v.out.ogr.html

GrassGIS で，ファイル / ベクトルマップのエキスポート / 一般的なエキスポートフォーマット，でパネルが開く。Name of output OGR datasource，で kml の出力ファイル名を入力しても，拡張子が自動ではつかないので，Asukagawa_terr_b.kml，などのように自分でつける必要がある。ベクトルマップ（ポリゴン）が持つ複数の地物 features を選択できない。経験的には，auto にした場合，自動で赤の縁取りのポリゴンが出力される。出力先は，ユーザーのルートである。木庭の場合，MacOS なので，/Users/moto/。

GrassGIS の使い方や，イラレでのベクトル作図作業と GrassGIS への出力などは，木庭のウェブサイトの地理情報システムのコンテンツに示している。

http://motochan.sakura.ne.jp/public_html/GIS_Frameset.html

フリー GIS ソフトとして，Qgis が主流になっているが，これは閲覧ソフトであり，独自の研究成果を積み上げ得る創造ツールではない。Grass 離れ傾向があるが，GrassGIS の開発者のみなさんには今後も継続していただきたいと思う。

4.2 出力された kml ファイルの編集

出力された kml ファイルの中身は次のようなものである。全部で 196 行からなりその一部を示す。

```
<?xml version="1.0" encoding="utf-8" ?>
<kml xmlns="http://www.opengis.net/kml/2.2">
<Document id="root_doc">
<Schema name="Asukagawa_terr_a" id="Asukagawa_terr_a">
<SimpleField name="cat" type="int"></SimpleField>
<SimpleField name="AI_LAYER" type="string"></SimpleField>
</Schema>
<Folder><name>Asukagawa_terr_a</name>
<Placemark>
<Style><LineStyle><color>ff0000ff</color></LineStyle><PolyStyle><fill>0
</fill></PolyStyle></Style>
<ExtendedData><SchemaData schemaUrl="#Asukagawa_terr_a">
<SimpleData name="cat">1</SimpleData>
<SimpleData name="AI_LAYER">Asukagawa_terr_a</SimpleData>
</SchemaData></ExtendedData>
<Polygon><outerBoundaryIs><LinearRing><coordinates>135.819034484132828,
34.471641920847993 135.81902815161547,34.471662385719377（中略）135.81925052037
7494,34.471729323877803 135.819034484132828,34.471641920847993</coordinates>
</LinearRing></outerBoundaryIs></Polygon>
</Placemark>
```

ポリゴン一つ一つに，この <Placemark>.........</Placemark>，が続いてゆく。元の Grass の座標系は平面直角座標系 VI であるが，kml 出力と同時に，GE が対応する経緯度座標系（ddd.ddddddddddddd）に変換されている。上記出力中の，<LineStyle><color>ff0000ff</color></LineStyle>，に見られるように，ポリゴンの縁取りの色は，つねに，ff0000ff，つまり「透明度ゼロの赤色」である。線の太さは指定されていない。

フィールドワークで GE またはモバイル GIS 上に表示したいのは，ポリゴンであれば縁取りである。ある程度の太さが必要で，同種のカテゴリーに属する事物は同色で表示されねばならない。

その参考になるのは，縁取りについては Google の次のサイトにある。

https://developers.google.com/kml/documentation/kmlreference#linestyle

いま，直接関係するのは，次の部分である。

```
<LineStyle id="ID">
<!-- inherited from ColorStyle -->
```

<color>ffffffff</color> <!-- kml:color -->
<width>1</width> <!-- float -->
</LineStyle>

色については，Elements Specific to ColorStyle
https://developers.google.com/kml/documentation/kmlreference#colorstyle
で，
<color>
Color and opacity (alpha) values are expressed in hexadecimal notation. The range of values for any one color is 0 to 255 (00 to ff). For alpha, 00 is fully transparent and ff is fully opaque. The order of expression is aabbggrr, where aa=alpha (00 to ff); bb=blue (00 to ff); gg=green (00 to ff); rr=red (00 to ff). For example, if you want to apply a blue color with 50 percent opacity to an overlay, you would specify the following: <color>7fff0000</color>, where alpha=0x7f, blue=0xff, green=0x00, and red=0x00.

kml カラーは特殊で，たとえば次のサイトが実用に適している。
http://www.zonums.com/gmaps/kml_color/

このサイトで使用したいカラーを選んで opacity 濁度 100% にしても必ずしも，そうはならない。kml カラーは，8 桁，AABBGGRR，の 16 進数で表示される。______AA (opacity)：alpha, BB：Blue, GG：Green, RR：Red______。

透明度をゼロにするためには，16 進数についてはたとえば，次のサイトにわかりやすく示されている。
http://yarinaosinosansu.nomaki.jp/nansin3/index.html

透明度も RGB の三原色も 256 階調で表現される。16 進数で 2 桁表示で，最小値は 00 で，最大値は FF である。これを 10 進数で表すと，
00=0＊16^0+0＊16^1=0，FF=F＊16^0+F＊16^1=15＊1+15＊16=255　となる。
つまり，256 階調になっている。このページの例は，飛鳥川の水路中の段丘区分であり，a, b, c, d の 4 面からなり，それぞれに，赤色 FF0000FF，橙色 FF1478FF，黄緑色 6478FF00，黄色 FF78FFF0 を対応させている。

以上から，kml ファイルをテキストエディタで，検索置換すればよい。例えば，b 面だと，ff0000ff</color> を検索して，FF1478FF</color><wide>3</wide> で置換。

このようにして kml ファイルを編集したあと，GE 上で表示した図が本コラムの図 1 である。

以　上

第Ⅳ章

飛鳥時代の水落天文台遺跡から観測された天球

はじめに

飛鳥時代の都市計画で最も重要視されてきた天の北極軸が天香具山々頂を正しく通ることについては，木庭（2016a, 2016b, 2017）はGIS幾何学を利用して示してきた。西暦596年に竣工した飛鳥寺五重塔の立地についても東に外れてはいるが，この天香具山々頂を通過する天の北極軸と間接的にではあるが正しく対応している（木庭，2016a）。飛鳥寺に隣接する水落遺跡から銅管などを使った配水施設が発掘されて，この施設が，『日本書紀』斉明六（660）年夏五月の条の「皇太子初造漏剋使民知時」と結びつくとして，飛鳥水落遺跡は漏刻台を主とする施設とされた。

木庭（2017: p. 1，この本の第Ⅲ章）では，「漏刻の構造は極めて簡易なもので，時報用の太鼓を設置するにしても，筆者には，図1のような強固な基壇が到底必要とは思えない。漏刻の時刻設定には天の北極を中心とする天球の観察が必要で『周髀算経』に記述されている天体観測とその記録のためのいわば水平の土俵設置の施設と考えられる。天球観測には甘樫丘が障碍になるという通説があることを知り（関西大学米田文孝氏の教示），この水落遺跡からの天球観測環境を復元」するとしている。本報告は，この木庭（2017）の課題を実現したものである。

後述するように，奈文研による水落遺跡の図面からその基壇中央座標値を求めて，木庭（2016b）が報告した天香具山々頂の座標値と比較すると，南北軸の東西方向のズレはわずか6cmであった。すなわち，水落遺跡基壇中央は正しく天香具山々頂を通る天の北極軸に載っていることがわかった。単に漏刻を設置するのにこのような場が必要であろうか。水落遺跡を天文台遺跡と見なすのが自然であろう。当時の天文台に漏刻は必需品である。天球の周転運動の南中時刻を計測することで，観測値の利用は大いに広がるし，大陸では遅くとも漢代に定着した技術なのである。

次に，水落遺跡が天球観測に適したものかどうかを調べた。水落遺跡の立地する飛鳥の谷に立つと，甘樫丘が壁のようにみえて，その観測の障碍になったのではないかと考えてしまう。それゆえ，GrassGISのスカイラインの抽出機能を使って，水落遺跡からの周囲360度の視界を明らかにする必要があった。当時の観測対象は日月五星だけでない。天球の周回を知るのに，天の北極周辺の北斗七星だけでなく，黄道及び天の赤道に位置する二十八宿が観察されねばならなかった。日月五星は黄道沿いに運行

---

* Koba, M., 2017. Restoration of the celestial sphere from Asuka-Mizuochi astronomical observatory antiquity during the Asuka Period. Essays and Studies by members of the Faculty of Letters, Kansai University, Vol. 67, No. 1, pp. 29-63.

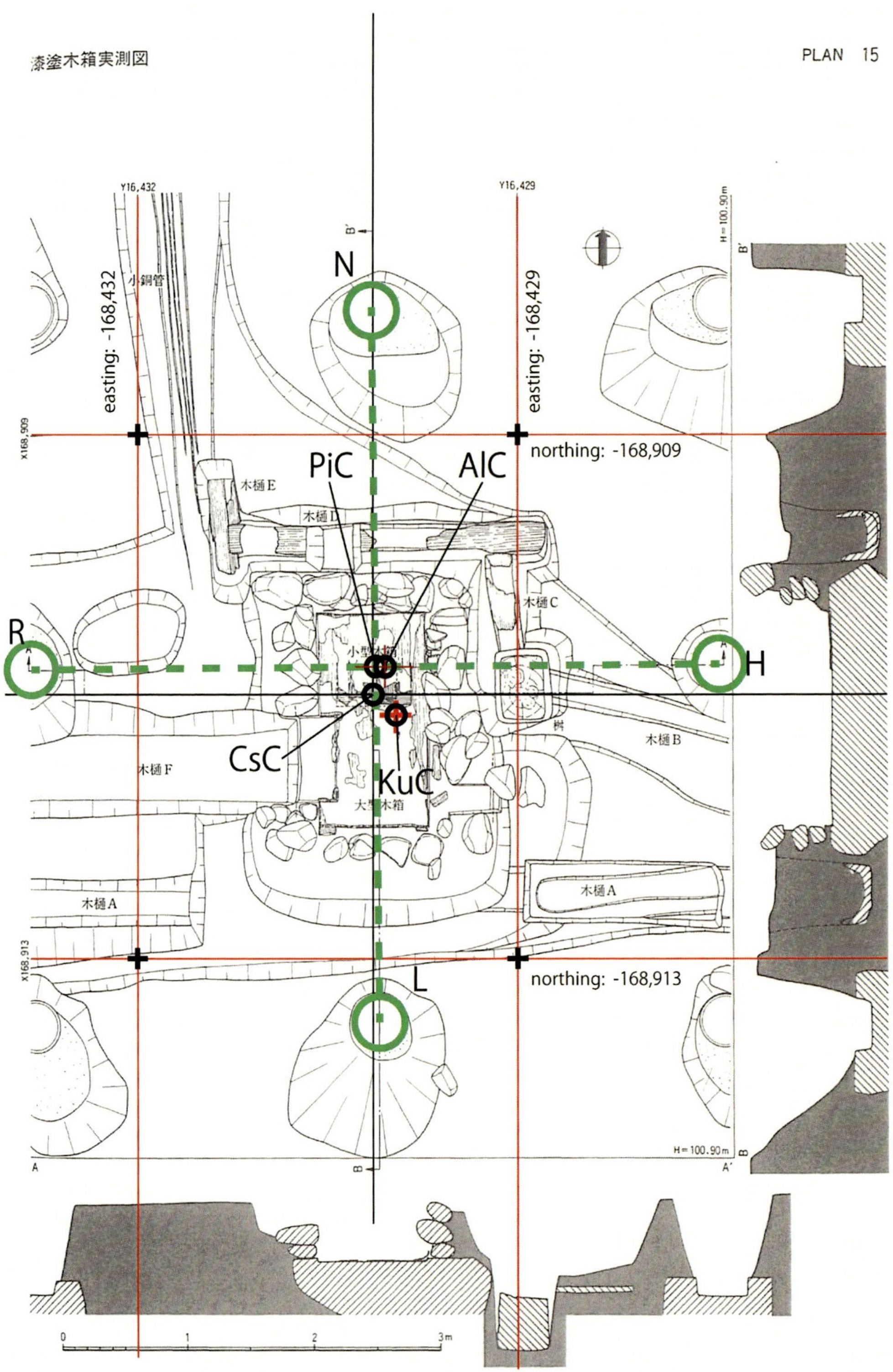

図1　漆塗木箱実測図とその上にプロットした4基準点

基壇中央に関わる3心 PiC，KuC，AlC の解説は表1の注記に示している。

するので，黄道の視界位置を確認すれば済むが，問題は二十八宿である。歳差運動と章動が組み込まれた天文シミュレーションソフトを使って西暦660年の天球を復元し，水落遺跡が天文台として十分に機能することを，ここで明らかにしている。

この過程でキトラ古墳天文図の精度を調べ，これがこれまでの研究で言われてきた大陸起源ではなく，飛鳥起源の高い蓋然性をも示すことができた。

1．基壇中央の位置と海抜高度

1.1　礎石建物 SB200 の礎石上面高度

水落遺跡の方形基壇上には礎石建物 SB200 がある（木下，1995：遺構実測図 Plan2）。それは「東西 4 間，南北 4 間の正方形の平面で，中央の一本を除いてすべてに柱がたつ総柱様建物で」，「貼石遺構で外装された方形基壇の中央に位置している。各々の柱位置には基壇検出面下約 80cm に礎石が据えられている」（木下ほか，1995：p. 33）。つまり，基壇にはおよそ東西と南北の両方向に 1 間間隔で 24 本の礎石が設置されていてその中心には台石が設置されている。木下ほか（1995：p. 159 別表 1 SB200 礎石上面の海抜高）には，それぞれの上面高度が記されている。最高値と最低値の平均値は 100.027 で，中心部の台石と漆塗木箱に近接する東西南北 4 本それぞれ HRLN を付した礎石（図 1）の上面海抜高度(m)は，99.978，99.995，99.977，99.985 で，その平均は 99.984 なので，海抜 100m を基壇中央の礎石上面想定高度とする。

1.2　基壇中央の位置の再評価

木下ほか（1995）の漆塗木箱実測図（Plan15）には，旧測地系平面直角座標系 VI の（easting, northing）について 2 本ずつの座標軸位置が短線分でマークされており，それに従って，この実測図を基図とする図 1 には 4 本の座標軸を描いている。この 4 本の座標軸が作る矩形領域に礎石建物 SB200 の中心域が含まれる。この矩形の頂点を利用して，イラストレーター上の画像と旧測地系平面直角座標系 VI の座標値を表 1 にまとめている。前者は，イラストレーター表示内で直線ツールをクリックした上でシフトキーを押しながら移動すると，画像座標値が見ることができる。なお，（x, y）座標軸は，左上に原点を持ち，（右方向，下方向）に向かっている。そのようにして，4 頂点の画像と旧測地系平面直角座標系の対応座標値を得た。

ここでは基壇の中心候補として 4 心を挙げる。「柱心交差心」とは，基壇中央周辺の東西南北 4 本の柱心を通るほぼ東西と南北の線分の交点から図学的に求めた交点であ

表 1　水落遺跡基壇中央 4 心の座標値

位置名称	画像（cm）		旧 CS6（m）		新 CS6（m）	
	x	y	easting	northing	easting	northing
左上頂点	44.89	83.37	-16432.00	-168909.00		
右上頂点	120.31	83.37	-16429.00	-168909.00		
左下頂点	44.89	184.78	-16432.00	-168913.00		
右下頂点	120.31	184.78	-16429.00	-168913.00		
柱心交差心 PiC	92.34	127.94	-16430.78	-168910.26	*-16692.43*	*-168563.62*
CS6 交差心 CsC	91.85	133.68	-16430.78	-168910.32	-16692.43	-168563.68
PiC-CsC	0.49	-5.74	0.00	0.06		
黒崎の漏刻台心 KuC	96.38	137.65	-16429.95	-168911.14	-16691.60	-168564.50
想定方格域心 AlC	94.20	128.32	-16430.04	-168910.77	-16691.69	-168564.13
AlC-PiC	1.86	0.38	0.74	-0.51		

参考：
天香具山々頂の easting 値
-16692.49

注記：
旧測地系から新測地系の変換は，国土地理院 Web 版 TKY2JGD ver.1.3.80
http://vldb.gsi.go.jp/sokuchi/surveycalc/tky2jgd/main.html　を利用した。

柱心交差心（図 1 の PiC, pillars' cross）とは基壇中央周辺の東西南北 4 本の柱心を通るほぼ東西と南北の線分の交点から図学的に求めた交点である。

計算式：(easting, northing) = (-16432+92.34/(120.31-44.89), -168909-127.94/(184.78-83.37)) = (-16430.7756563246, -168910.261611281) = (-16430.78, -168910.26)

CS6 交差心（図 1 の CsC, CS6's cross）は，考古学の測量慣習からもとめられたものである。平面直角座標系の座標軸の平行移動操作をして，いわば基壇中央が求められている。遺跡は天の北極軸を使って建造されたものであるが，建設当時の方位認識は柱心の配置に現れているのであって，この CS6 交差心は，この建設当時に配慮された中心とは考えられない。

計算式：(easting, northing) = (-16432+91.85/(120.31-44.89), -168909-133.68/(184.78-83.37)) = (-16430.782153275, -168910.318213194) = (-16430.78, -168910.32)

黒崎の漏刻台心（図 1 の KuC, Kurosaki's cross）：黒崎（2011：p.56）の表 2 には，奈文研 1981-1982 調査とされており，新測地系値である。これを旧測地系値に変換し，下記の計算式で画像座標値を決めた。

x = 120.31-(-16429.9519-(-16429))/((-16432)-(-16429)) * (120.31-44.89) = 96.38

y = 83.37+(-168911.1410-(-168909))/((-168913)-(-168909)) * (184.78-83.37) = 137.65

想定方格域心（図 1 の AlC, all structures' cross）とは，木下ほか（1995）の水落遺跡全域の Plan2 遺構実測図をもとに，基壇上の敷石や柱心から求めた基壇正方形の対角線の交点にあたる（木庭，2017：図 3）。この座標値も黒崎の漏刻台心と同様に求められる。新測地系を旧測地系に変換し，下記の計算式で画像座標値を求めた。

x = 120.31-(-16430.0385-(-16429))/((-16432)-(-16429)) * (120.31-44.89) = 94.20

y = 83.37+(-168910.7730-(-168909))/((-168913)-(-168909)) * (184.78-83.37) = 128.32

る。「CS6 交差心」は，考古学的な測量の慣習から求められたものであり，平面直角座標系の座標軸の平行移動操作をして，いわば基壇中央が求められている。「黒崎の漏刻台心」は，黒崎（2011：表 2）が奈文研 1981-1982 調査に基づいて示したものである。木下ほか（1995）の報告は奈文研の飛鳥水落遺跡の歴代の報告の総括的なものであり，データソースは共通している。ここで「想定方格域心」と言っているのは，木下ほか（1995）の水落遺跡全域の Plan2 遺構実測図をもとに，基壇上の敷石や柱心から求めた基壇正方形の対角線の交点にあたる（木庭，2017：図 3，この本の第Ⅲ章）。この水落遺跡全域の Plan2 遺構実測図は名称通り実測図ではあるが，小縮尺で表示されており図学的精度は必ずしも高くなく，これを使って得られた基壇中央を代表する座標値には，「柱心交差心」に比べると限界がある。とはいえ，「想定方格域心」は全

表2　二至二分などでの二十八宿観察可能時間

	春分（黄経 0°）	夏至（黄経 90°）	秋分（黄経 180°）
ユリウス暦 660 年	3 月 17 日 22:04:13	6 月 19 日 13:21:12	9 月 20 日 11:44:42
斉明六年	二月朔日	五月六日	八月十一日
観測時間	17日 18:56-18日 5:10(10h14m)	19日 23:05-20日 3:48(4h43m)	20 日 0:13-4:40(4h27m)
観測可能宿	16～28，1～15（全 28 宿）	1～15，16～19（19 宿）	10～23，24～27（18 宿）

	冬至（黄経 270°）	冬至最寄り朔日
ユリウス暦 660 年	12 月 18 日 11:42:09	12 月 8 日
斉明六年	十一月十一日	十一月朔日
観測時間	18日 2:50-5:50（3h00m）	8 日 17:50-9 日 6:10(12h20m)
観測可能宿	18～28，1～6（17 宿）	9～28，1～6（26 宿）

注記：
1．ユリウス暦の二至二分は，http://m.jieqi.911cha.com/660.html　で得た。
2．元嘉暦斉明年号への換算は，次のカシオ計算サイトで実施した。
http://keisan.casio.jp/exec/system/1240128137
1582 年 10 月 4 日まではユリウス暦。

柱心などの広範な構造物を使って得たものであり，この点では優位性がある。

「柱心交差心」と「CS6 交差心」の旧 CS6 座標値は，ベクトル方向を考慮の上，画像と旧測地系の間の比例式で求めることができる。両心の差は，(easting, northing)＝(0.0065, 0.0566)m に過ぎず，測量と図化作業の誤差内とも言える。さて，木下ほか（1995）の報告書は CS6 座標系を使ってはいるが，旧測地系なので，図 1 には，国土地理院 Web 版 TKY2JGD ver. 1.3.80[1] を利用して，新測地系に変換した結果も示している。このサイトによれば，真北方向角は，＋0° 06'10.38" である。「黒崎の漏刻台心」は新測地系で示されており，他点との比較のために，旧測地系に変換して更に画像の座標値を比例式で求めている。

「想定方格域心」の新測地系座標値は，Plan2 遺構実測図をもとに，GrassGIS の新測地系 CS6 のロケーションに筆者が取り込んだ水落遺跡分布図の基壇中心にあり，

r.what-f input=UnebiyamaDEM5bCS6@Asuka　east_north=-16691.686515372825, -168564.13196701164

となった。これを旧測地系に変換して，「柱心交差心」と比較すると，画像上では (x, y)＝(1.86, 0.38)cm，旧測地系では（easting, northing)＝(0.74, -0.51）m となっており，極めて僅差となっている。

後述するように，基壇上の建物内には天文台の機能を果たす土俵が設置されていたと筆者は考えている。『周髀算経』に示されている天文観測環境の実現のためである。

1）http://vldb.gsi.go.jp/sokuchi/surveycalc/tky2jgd/main.html

漏刻の設置点は天香具山々頂から伸びる天の北極軸（以下，天の北極軸と表現）に載る必要性は全く無いが，図１の木箱の配置位置からすると，できるだけそれに載せる意図はあった。基壇心は天の北極軸上に載る。当然ではあるが，礎石建物SB200建設の出発点は，基壇心を天の北極軸に載せることであった。もちろんこの東西位置だけでなく南北位置も重要ではあったろうが，現在そのランドマークを探し得ていない。基壇は基壇心から放射状に設計されていった筈である。この観点からすると，「柱心交差心」は基壇設置プロセスの結果から推定したものであって，「柱心交差心」がより基壇心を反映したものであると考えることができる。もちろん，図１のPiCは漆塗木箱の南北軸に一致している。

以上のことから，天の北極軸を中心とする天球の観測点を，(easting, northing)＝(−16692.43, −168563.62)とする。木庭がDEMから求めたおよその天香具山々頂easting値は，−16692.49ゆえ，「柱心交差心」の東西方向のズレは6cmと極めて小さく，完全一致と考えてよい。

2．水落遺跡からのスカイラインの復元

2.1　r.horizon コマンド処理

GrassGISのr.horizonコマンド（GrassGISのヘルプ参照[2)]）でsingle point modeを使うと一地点から全周のスカイラインを求めることができる。この処理結果は，macのコマンドモードの場合にはx window systemに表示される。

この処理実行前に，次のコマンドで処理対象領域の設定が必要となる。

```
g.region rast＝elevation -p
```

このg.region（GrassGISのヘルプ参照[3)]）で使用するDEM（Digital Elevation Model）をこの例ではelevationとしている。本報告のスカイライン抽出の目的からすると，10mDEMで十二分の筈で，後述の処理によって，奈良盆地全域をカバーするものを利用した。-pフラッグによって，x window systemで，rast＝elevationで指定したDEMの領域を見る事ができ，その上で，下記のようにr.horizonを実行することになる。

r.horizon elevin＝elevation direction＝東からの反時計回りの角度（度）step＝増

2）https://grass.osgeo.org/grass64/manuals/r.horizon.html

3）https://grass.osgeo.org/grass64/manuals/g.region.html

分（度）　0はdirectionで指定した方向角に限定するbufferzone＝距離（m）coord＝easting座標値（m），northing座標値（m）maxdistance＝距離（m）-d

DEMをGrass GIS上で表示すると，観測点からのスカイライン位置はおよそ予想できる。観測点周辺を予め計算対象から外せば計算負荷は小さくなるので，bufferzone設定は不可欠のものではある。maxdistanceも想定しうるものではあるが，特定しない場合，使用するDEMの領域に限定される。結果を得るのがPCのDRAMメモリー不足で難しい場合，方向角範囲をいくつかに分けて，r.horizonを実行するのもいいかと思われる。direction＝東からの反時計回りの角度（度）step＝増分（度），で，direction＝90step＝5とすると北から反時計回りに5度間隔，つまり，72方位のスカイラインを求めることができる。-dフラッグを付けるとデフォルトのラジアンの代わりに度で表示される[4)]。

2.2　使用するDEMから想定されるパラメータ

図2aには，国土地理院の基盤地図情報のダウンロードサイト[5)]から10mメッシュ2次メッシュDEM2万5千分の1地形図図廓15枚分をダウンロードしてGrass GISに

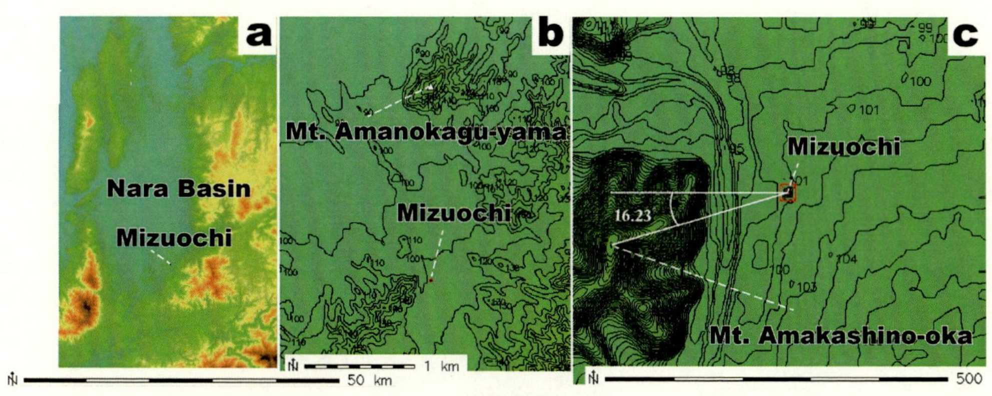

図2　水落遺跡の位置

a. 奈良盆地での位置　b. 天香具山との位置関係　c. 甘樫丘との位置関係

4）上記のr.horizonコマンドでは，求める方向角について，direction=floatとhorizonstep=floatのみを示しているが，これでは全周が計算される。角度の範囲を限定はGrass 7（https://grass.osgeo.org/grass70/manuals/r.horizon.html）では可能で，start=float　Default: 0.0，end=float　Default: 360.0で指定できる。

5）http://fgd.gsi.go.jp/download/menu.php

取り込み，r.patch でまとめた[6] NaraBasin10mDEM_Jan2017@Asuka を表示している。

g.region rast=NaraBasin10mDEM_Jan2017@Asuka -p

を実行の上，r.horizon 実行に進む。

bufferzone については，図 2c の最寄りの山地域である甘樫丘の南北方向の山稜にかからないので，bufferzone = 100 とする。coord は，「柱心交差心」なので，coordinates = -16692.43, -168563.62。maxdistance については，図 2a 北縁部では奈良盆地（大和）から山背に抜ける木津川河谷が見え，さらにより北方向にも障害物は無く maxdistance を特定する必要はない。座北 grid north からの回転角度の範囲と間隔であるが，座北を中心に配置するように設定したいので，direction = -90 とする。

2.3 r.horizon の計算結果

x window で g.region と r.horizon を実行した。いずれも瞬時に計算される。

入力：GRASS 6.4.4 (Plane6_JGD2000)：～>g.region rast = NaraBasin10mDEM_Jan2017@Asuka -p

出力（一部省略）：

north:	-129362.55350731		south:	-184891.66976064	
west:	-34505.02587185		east:	3.35149119	
nsres:	4.99992043		ewres:	4.9997649	
rows:	11106	cols:	6902	cells:	76653612

入力：GRASS 6.4.4 (Plane6_JGD2000)：～>r.horizon elevin = NaraBasin10mDEM_Jan2017@Asuka direction = -90 horizonstep = 5 bufferzone = 100 coord = -16692.43, -168563.62 -d

出力（一部省略）：(270.000000, 3.763144）から（360.000000, 6.498482）(5.000000, 6.498482）を経て，(265.000000, 3.899715）まで 72 点の結果が出力される。

(360.000000, 6.498482）の 360 度（つまり 0 度）は，平面直角座標系の northing 軸から時計回りに 90 度の方向角をなす easting 軸にあたっている。言い換えると，座北対応点は easting 軸から反時計回り 90 度の方向角をなし，(90.000000, 0.352976）にあたっている。

NaraBasin10mDEM_Jan2017@Asuka で r.what -f を使って観測点の海抜高度を求め

6）http://motochan.sakura.ne.jp/public_html/GISContents/66.htm で，10. さらに奈良盆地と吉野川の DEM 追加と更新　Jan. 4, 2017，を選択。

ると，101.3933となり，およそ101.4mとする。前述のように，この付近の真北方向角は＋0° 06'10.38" なので，northing座標軸から＋つまり時計回り0° 06'10.38"＝0.1029°が子午線方向に一致する。それゆえ，上記出力の方向角に一律に0.1029°を＋する必要がある。つまり，たとえば座北対応点は方位角に変換すると，(90.000000＋0.1029, 0.352976）となる。

2.4　得られたスカイラインの検討

図3には，10mメッシュDEMおよび5mメッシュDEMを利用した基壇中央からの全周スカイライン分布を示している。別途，幾つかの断面図を作成すると，10mDEMで作成したものは極めて精度は低く，5mDEMを使って作成したものは個々の断面図と一致する。

この原因は，r.horizonのアルゴリズム[7]と国土地理院のDEMの作成法によるものと考えられる。r.horizonでは，r.sun[8]の陰影効果を求めるアルゴリズムが利用されている。水落遺跡から視準するのであるが，水平から始めて高角度へと徐々に増加して，近距離から遠距離に進むに従って，対象領域内について，より高い高度の地点を採用してゆく。国土地理院のDEM10mメッシュと5mメッシュは，前者が2万5千分の1

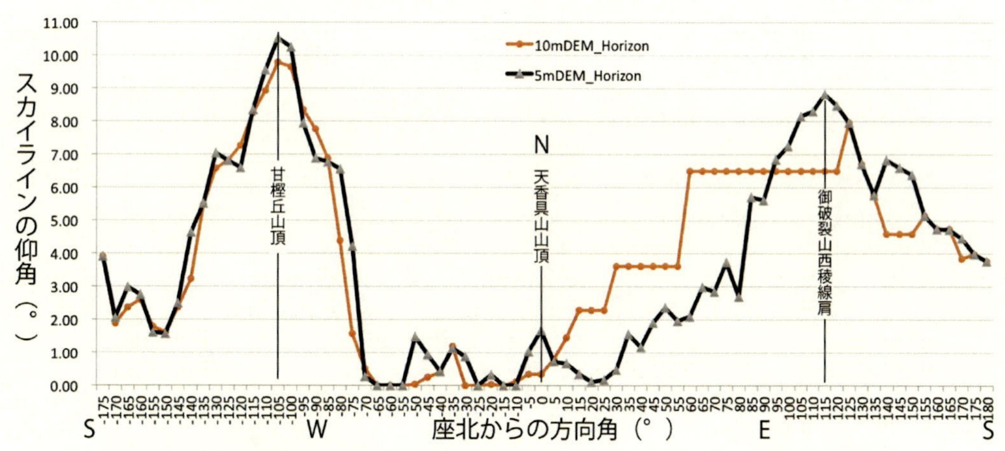

図3　水落遺跡基壇中央からの方向角を横軸とするスカイライン仰角の分布
横軸：座北からの方向角（座北から右手は時計回りで左手は反時計回り）。
縦軸：スカイラインの仰角（°）。

7）source:grass/branches/releasebranch_7_0/raster/r.horizon/r.horizon.html
https://trac.osgeo.org/grass/browser/grass/branches/releasebranch_7_0/raster/r.horizon/r.horizon.html

8）https://grass.osgeo.org/grass73/manuals/r.sun.html

の地形図上で縦横0.4mm幅のメッシュを想定して高度を得たもので地表高度が平均化されている。5mメッシュの方はレーザー測量によるもので地表の凹凸がほぼ正しく表されている。

図3の両メッシュ間の違いを見ると，天香具山々頂より西の甘樫丘などを含む180度域についてはあまり大きなズレはないが，東の御破裂山などを含む180度域については，10mメッシュのスカイライン高度は5mメッシュが示す実際の地表高度と対応が悪い。天香山の山頂も10mメッシュには現れていない。

図4で見ると，北天のうち天香具山などのスカイライン高度は1度を超える方向も多少はあるが，視界は開放されている。西南西方向や東南東方向では10度前後に達する場合が見られる。この情報を踏まえて，次の天球の視界を求めてゆくことになる。

水落遺跡に立って甘樫丘方面を見るとかなり圧迫感がある。図4を理解するべく，

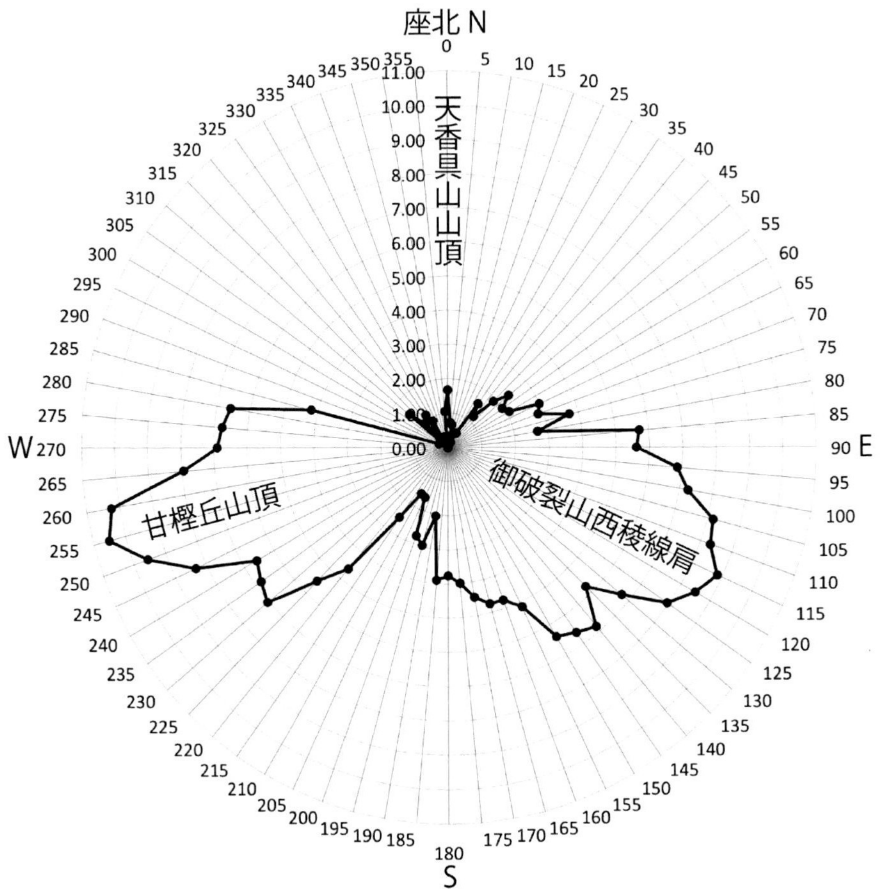

図4 水落遺跡基壇中央からの5mメッシュDEMによる配置図

図3の5mメッシュを使ったスカイラインの分布を座北からの時計回りの方向角で表している。

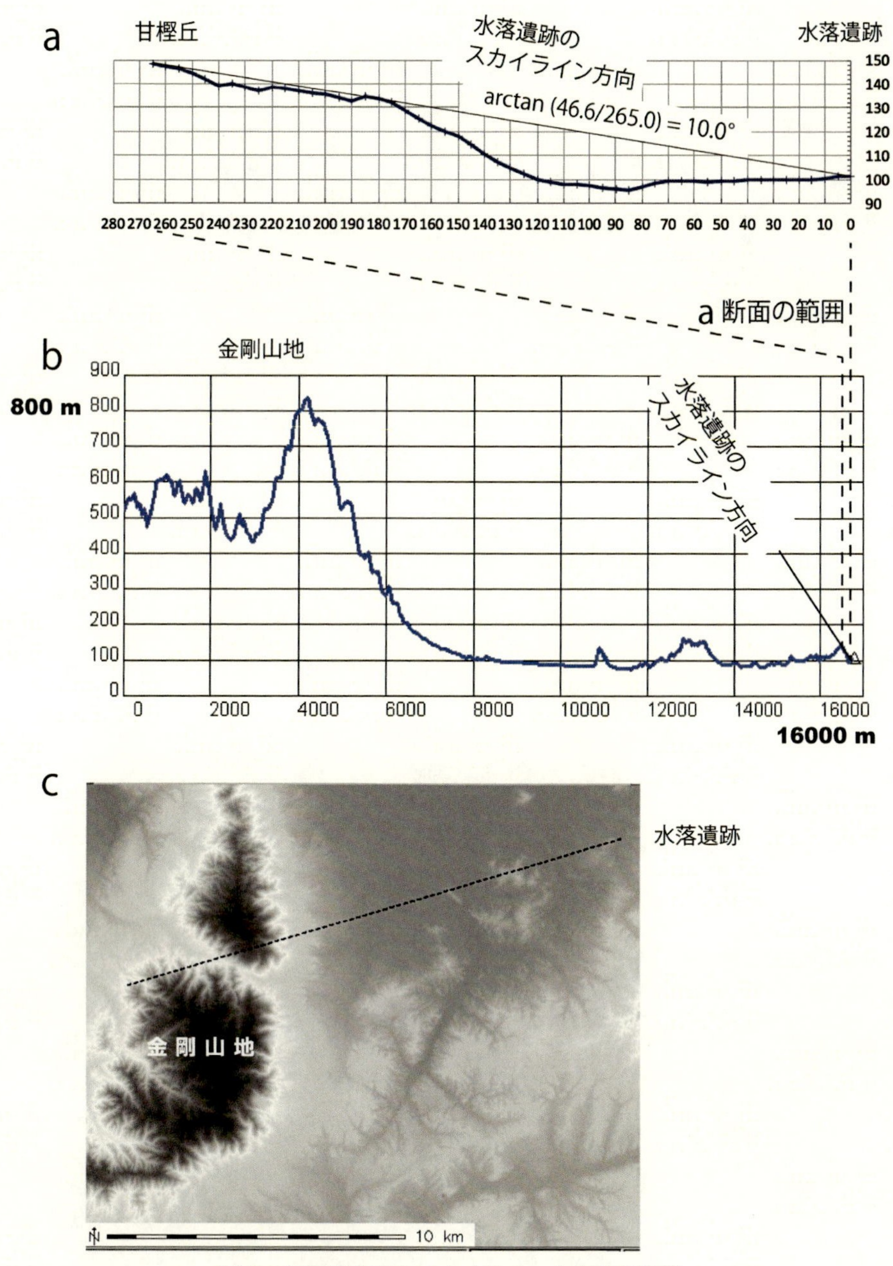

図５　甘樫丘方面のスカイライン方向線の確認

a. 水落遺跡から甘樫丘までの断面と仰角
比高／距離＝46.6/265.0 であって，この arctangent を取ると，10.0°。

b. 水落遺跡から甘樫丘を通過して金剛山地までの断面
水落遺跡から甘樫丘に達した段階でこれより西方では交差しうる高度の地形は見られない。

c. 断面 b の経路

この方面についての断面図を示してみよう。つまり，図2cに示した水落遺跡の西方から南へ16.23°の方向の断面である。図5aでは水落遺跡から甘樫丘の頂上までの断面を示す。水落遺跡からの方向線は，距離180m付近で山体に接しつつ，頂上に達している。この仰角は図5aに示したように，ほぼ10.0°を示す。図4の断面方向は座北から5°間隔なので多少の差があるが傾向は一致する。図5bに示すように甘樫丘は水落遺跡からの金剛山地の視界を遮蔽している。

3．水落遺跡から観察可能な天球

3.1　暦数を求めるために必要な天体とその運行

木庭（2016a: pp. 2-3，この本の第Ⅱ章にあたる）は，飛鳥時代推古期の天の北極信仰の確立や暦数の獲得を示している。蘇我馬子や厩戸皇子などによる大陸文化を積極的に取り入れ自らのものとする機運のなか，推古十（602）年十月に来朝した百済僧観勒の指導のもとで書生らが元嘉暦を学び，暦作成と解釈のための天体観測が実施されて後に，推古十二（604）年正月朔日から元嘉暦が自らの暦として運用されるようになった。長保四（1002）年頃成立した『政事要略』に引用されている孔安國伝『尚書正義』堯典[9]には（木庭，2016a: pp. 3-4），

【天の赤道は，二十八星座からなる（月の）宿に分かれるが，各宿の目印の星は中星（距星）とされている。「『日月所會』謂日月交會於十二次也」，とあるので，辰は，十二次（じゅうにじ）[10]をさす。太陽は毎月十二次を一次ずつ移動し，それぞれの次で日月は月1回会合する（新月に対応し，完全一致の場合は皆既日食)。「暦象其分節」に対する特別の説明は無いが，天の赤道上の二十八宿の星座，そしてその上の月の運行，十二次の月と太陽の運行を観察して，二十四節気などの季節の移り変わりを得て暦を作成する】となる（木庭訳，一部変更修正)。

暦数を求めるためには，日月のそれぞれの軌道である黄道と白道の観測が必要である。日月の位置は天球上に固定している恒星がなす天の赤道上の二十八宿の星座が眺望されなければならない。後漢時代には天球モデルは蓋天説から渾天説（張衡）にな

9）ブリタニカ国際大百科事典 小項目事典によれば，梅賾が公安國伝『古文尚書』を得たと称してこれを東晋の元帝（四世紀初期）に献上したもので，この一部は，明の梅鷟『尚書考』や清の閻若璩『尚書古文疏証』によって偽作であることが証明されたとされる。とはいえ，この虞書堯典部分には問題ない。

10）バビロニア天文学起源の黄道十二宮に対応しているが，十二次は赤道沿いにほぼ12等分割，黄道十二宮は黄道沿いにほぼ十二分割。

っている。まずは天の北極を求めた後に，暦に従って，日月さらには五惑星の軌道上の位置を決定する。暦を作る上で最も重視されたのは冬至の日のものである。僧観勒来朝後，遅くとも暦開始前年の冬至の日には北極璿璣四游（せんきしゆう）を実施している筈であった。なお，天の北極を捉え，天球の運行を知る上で北斗七星は指針となっており，当然ながらこれによって，日月の運行と，天の赤道付近にある二十八宿の星座の位置を把握することができたのである。

3.2　黄道，白道，五惑星，天の赤道上の二十八宿

3.2.1　二十八宿と五惑星の黄道との角距離

古代中国の暦は天の北極と赤道を基準とする赤道座標で組み立てられている。元嘉暦には，赤道の歳差[11)]は組み込まれていないが[12)]，もちろん観測当時の天球を復元する際には歳差も考慮されていなければならない。赤道面と黄道面は春分点と秋分点をつなぐ軸で交わっており，二十八宿については，およそ二至二分の四日間で，地球上一地点からの天球の眺望を知ることはできる。

月の公転軌道面は地球の公転軌道面である黄道面に近く約5.1°ほどの傾きを持ち，月齢の算出には両公転面は同一平面と考えてもよいとされる[13)]。五惑星の軌道傾斜角，つまり黄道面となす角度[14)]はそれぞれ，水星7.0°，金星3.4°，火星1.8°，木星1.3°，土星2.5°である。地球の赤道傾斜角は，23.44°であるから，赤道面からの太陽高度は＋23.44°～-23.44°の間を昇降する。それゆえ，二十八宿は天の赤道または黄道に沿う星座群が歴史的に培われてきた結果といえる。

図6には，2000年1月1日午前0時の天球を示している。太い白線で描いた環は，赤緯の同心円の中央に位置する天の赤道を示す。中心から多少はずれたほぼ環をなす白い破線は黄道である。恒星で構成される二十八宿の各星座は天の赤道または黄道付近に位置している。この天球図で固定点と考えられるのは，太陽以外の恒星であり，これらと天の赤道との位置関係はこの図で求めることができる。この段階では歳差運動を考慮していない。

11）自転軸は短期的には恒星座標上を動かないと考えてよいが，公転面に対して約23.44°の傾きを維持しつつ，公転面に対して約26,000年周期で自転軸とは逆向きに回転している。これを赤道の歳差という。

12）元嘉暦に続く大明（だいめい）暦では赤道の歳差は組み込まれていた。儀鳳暦にも組み込まれていない。

13）国立天文台Wikiの月の公転運動 http://eco.mtk.nao.ac.jp/koyomi/wiki/B7EEA4CEB8F8C5BEB1BFC6B02FBEBAB8F2C5C0CAFDB8FE.html

14）理科年表第87刷，2014年　天文編惑星表。

この図6で天の赤道から最も南に外れているのは尾宿で，その南縁はほぼ赤緯 -43°にある。他方，最も北に外れているのは奎宿で，その北縁はほぼ＋42°にある。いずれもその位置を白丸で囲んでいる。

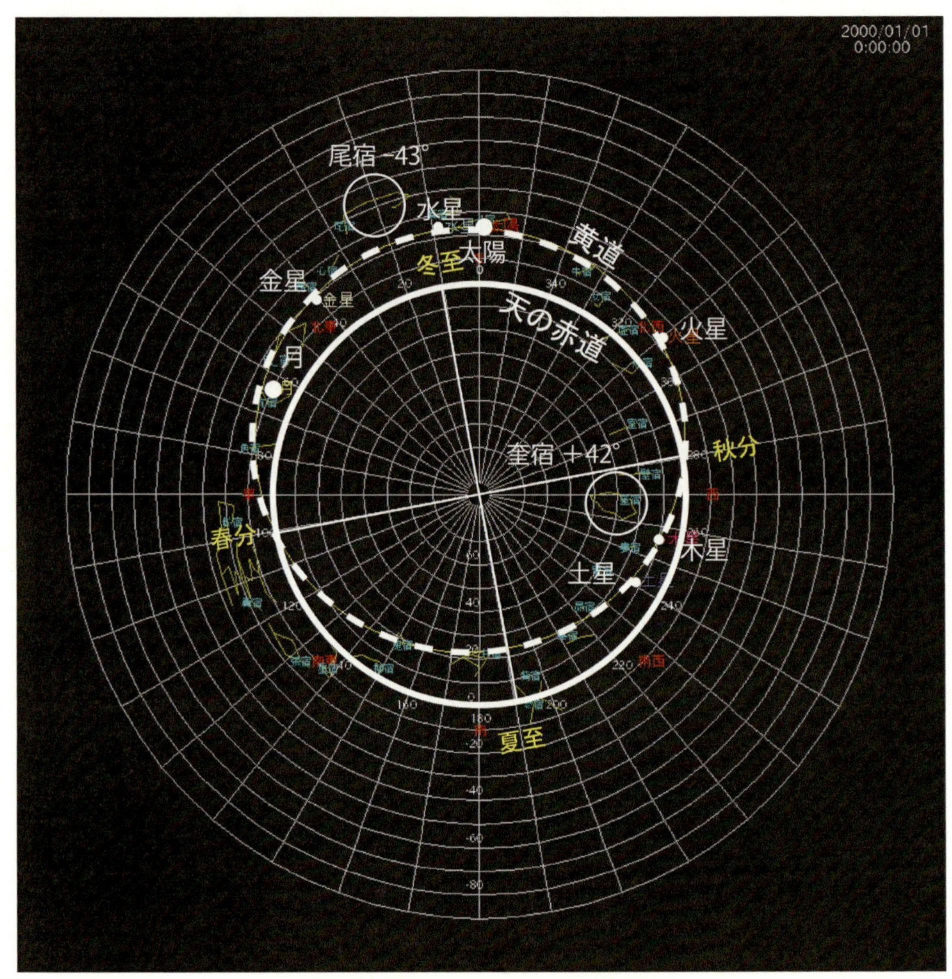

図6　現天球図に投影された二十八宿[15]

経緯線網の中心は天の北極。この図では天の赤道を太い実線の環で，破線は太陽の軌道つまり黄道を示す。

五惑星は黄道との角距離について多少変動するが，おおよそ黄道に沿って分布しており，この二十八宿の赤緯 -43°～＋42°の範囲に含まれる。

15）国立天文台 Wiki の二十八宿
http://eco.mtk.nao.ac.jp/koyomi/wiki/C6F3BDBDC8ACBDC9.html

3.2.2 赤道座標系と観測点の視界

3.2.2.1 水落遺跡基壇中央の経緯度

赤道座標系での水落遺跡の観測点からの視界を得るのに，まずは，柱心交差心の平面直角座標値から，経緯度値を得る必要がある。国土地理院の計算サイト16) で変換した結果を次に示す。

easting(m)	northing(m)	地理経度(°)E λ	地理緯度(°)N ϕ
-16692.43	-168563.62	135° 49'05.76815"	34° 28'49.32832"

地理経緯度と天文経緯度は鉛直線偏差と自転軸の変動で厳密にいえば異なるが最大数秒以内17) なのでここでは，地理緯度 ϕ = 天文緯度 φ^*，地理経度 λ = 天文経度 λ^* とする。

3.2.2.2 西暦と和暦の二至二分

水落遺跡での天文台設置年を『日本書紀』斉明六年夏五月の条に従って，西暦660年とする。この年の二至二分に当たる日をまずは求める。表2に示したように，まずはユリウス暦660年の二至二分の日を得て，それを和暦に変換した。西暦は1582年10月4日まではユリウス暦で示されるので，660年もユリウス暦である。和暦とはいっても当時使われていたのは，中国由来の元嘉暦である。その和暦では十一月朔日が一律に冬至日とされる。冬至日の黄経誤差を木庭（2016a: 図2）に示すが，ほぼ11日のズレを示している。表2に示す天文学的な冬至日は11月11日となっており，両計算結果は一致している。

3.2.2.3 水落遺跡からの二十八宿などの観測視界

およそ北緯34度29分に位置する水落遺跡からの天球の視界はどのようなものであったのか。山深い地からでは，大切な星座が周辺の山々の影になっていたのではないか，天文台の役目を果たすことができなかったのではないか，などと考える。そして，幾何学的に次のように調べてみると，問題がないことがわかったのである。

図7に幾何学的なシミュレーションの結果をまとめている。前述のように，地理緯度 ϕ = 天文緯度 ϕ^* と考えており，この図の ϕ は 34° 28'49.32" としている。この場所の地形を無視した視界を水落遺跡の緯度位置に接する半円内に示している。天の北極軸は，地球上のどこから見てもその視準軸は平行である。天の北極軸は天球の回転軸に

16）http://vldb.gsi.go.jp/sokuchi/surveycalc/surveycalc/xy2blf.html
真北方向角は，+0° 06'10.38"，縮尺係数は，0.99990343 であった。

17）日本測地学会（田部井隆雄，里村幹夫，福田洋一），2-1. 地球の形をどのように記載するか http://www.geod.jpn.org/web-text/part2/2-1/

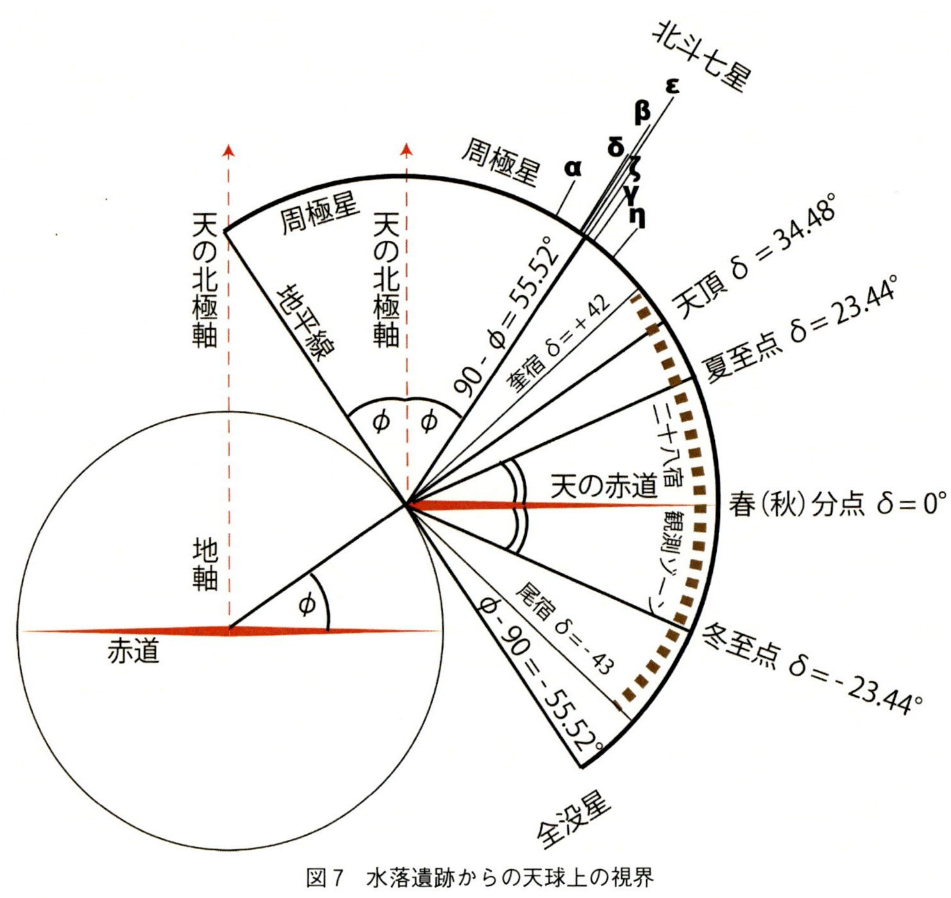

図 7　水落遺跡からの天球上の視界

あたる。地球と観測視界がなす半円の接する水落遺跡から赤道に平行な線分を引くと，天の赤道となる。

この半円上には天球の赤緯（δ で示す）座標を想定することができる。図 7 で水平方向が赤緯 0° で，これより北方向では 90° までのプラス値，南方向では ϕ -90 = -55.52° のマイナス値を取る。半円上には，北から天頂，夏至点，春(秋)分点，冬至点を示す。

観測点からすると地平線下に絶対沈まない星である周極星と出没星との境界は，90- ϕ = +55.52° となる。周極星は赤経を知る上で便利で，最も利用されてきたのは言うまでもなく，北斗七星である。これを構成する七つ星の赤緯位置[18]を図 7 に示している。α，δ，β，ε の 4 星が周極星に当たっており，いわば通年で観察することができる。

前述のように最も注目すべきは二十八宿であるが，奎宿北縁が δ = +42°，尾宿南縁

18）理科年表　第 87 冊，p. 110. UMa

が δ =-43°におよそ当たっていて，この範囲はおよそ天頂付近から南の空に二十八宿を捉えることができることになる。

3.2.2.4　二十八宿とスカイラインの関係

前述のように，二十八宿について，天の赤道から北の空については観察視野に十分な余裕があるが，その南の空については，尾宿南縁の赤緯 -43°と南の地平線の -55.52°とは，両者の差 12.52°に限られる。図 4 を見ると，水落遺跡からほぼ西南西方向の甘樫丘でも 11°を切っており，結局，二十八宿に関しては全方位で観察が可能であることが理解できるのである。

4．斉明六年の二十八宿の観測環境

4.1　二十八宿とその距星の定義の持続性

周知のごとく，地球の自転軸（地軸）は公転面（黄道面）の垂直方向から 23.44 度傾いて，その向きは変わらず公転している。地球の自転と公転の方向は公転面の地球の北極側から見ると，いずれも反時計回りに回転しているので，地球の公転により移動した分だけ，太陽が南中するには，前日に比べて 360 度よりも余計に自転しなければならない。ケプラーの第二法則により，近日点付近では公転速度は増して太陽が南中するのに時間がかかり，遠日点付近では逆の現象が生じる。さらに，地軸が傾いていることで，赤道方向についてみると，二分時には太陽南中のための余分な自転量は少なくて，二至時には多くなる。この両者の合成の結果が太陽の南中時に対応する[19)]。他方，地球の自転軸は 25,800 年の周期で黄道極軸の周りを時計回りに，すりこぎ運動，つまり歳差運動をしている。そして黄道面自体も歳差運動をしている。これらのために，太陽系から離れた恒星の南中高度や南中時刻もこの周期で変化しているのである[20)]。

藪内（1949: p. 4）によれば，「中国の古典である尚書堯典には鳥・火・虚・昴という星座の南中によって春夏秋冬を正したと見えているが，この南中を観測することは，

19）国立天文台＞暦計算室＞暦 Wiki ＞日の出入りと南中 http://eco.mtk.nao.ac.jp/koyomi/wiki/C6FCA4CEBDD0C6FEA4EAA4C8C6EEC3E62FC6EEC3E6BBFEB9EFA4CFCAD1B2BDA4B9A4EB.html

20）歳差・章動と地球の向き，と NASA のアニメーション
http://eco.mtk.nao.ac.jp/koyomi/topics/html/topics2009_1.html
https://earthobservatory.nasa.gov/IOTD/view.php?id=541
国立天文台＞暦計算室＞トピックス＞歳差・章動と地球の向き
http://eco.mtk.nao.ac.jp/koyomi/topics/html/topics2009_1.html

中国に限られた方法ではないまでも，中国に於いて特に多く使用されたものと言える」としたように，中国では日月五星だけでなく恒星についても南中を重視している。南中の観測には天の北極軸，言い換えると南北の子午線を知らなければならないが，その上で，二十八宿を観測することになる。さらに藪内（1949: p. 5）によれば，「観測されるのが一個の星ではなく，星座の南中が対象となっている場合には，星座自身がある広がりを持っているから，その星座の中から更に標準となるべき距星を選んでおかなければならない。しかし，古代の記録に見えた南中記事は，これらの点について明確に記録していない」とある。二十八宿が精緻な測量の上に確定され，運用されたものではないが，長い間，季節を知り農耕などの時期を知る目安であり，それゆえにこそ，伝統が引き継がれてきたものであろう。

能田（1943）は，『礼記月令天文攷』と題する論文で，「(中国最古の歴史書とされる）堯典の天象は，月令の（に示された）天象より新らしきものにあらず，平均を以って言えば西紀前二〇〇〇年頃の天象なるべきことを推定」〔p. 412,（ ）内は筆者追加〕などという。能田は文献学的に研究した結果，「故に月令に見えたる建星及び宿星は，之を全く今日建星・弧矢と称する所の星宿として取り扱いて，敢えて不可無かる可し」とした。

小川清彦は「支那星座管見」(1933，二編に分割されて掲載）と「続支那星座管見」(1934，二編に分割されて掲載）で，中国の伝統的な星や星座の同定をしている。このシリーズ最後の報告の結びで，「従来支那星座の星と泰西星座の星との照合は，『欽定儀象考成』(ドイツ人宣教師ケーグラー，中国名戴進賢著，1752年）及び『星辰考原』[21]（ドイツ人中国学者および自然科学者シュレーゲル著，1875年）の2大著述によって，ほぼ大成の域に達したと信じられていた」〔(）内については小川の著作から筆者抽出〕のだが，これらの業績に対して「かなりの疑問」を持ち，「これまで度外視されていた春海の見解が決して無視すべからざるものであること，また『南宋天文図』が従来の予想以上に信憑すべき価値あるものなることを明らかにした」としている。二十八宿については，「ことさら除外したのは，その同定に疑問がないか，あるいはあっても決し難いものであるからである」としている。

能田（1943）は，清代の道光年間（19世紀中期にあたる）になった『欽定儀象考成続編』の星図歩天歌から二十八宿の距星を抽出している。そして，能田によって，IAU

21）Gustaaf Schlegel, 1875. Uranographie Chinoise. Ou Preuves directes que L Astronomie primitive est originaire de la Chine, et Qu elle a ete Empruntee par les Angiens Peuples Occidentaux a la Sphere Chinoise.

星座分類バイエル符号が付された。二十八宿は西方から東方へと順序づけられているので，慣例に従って，ナンバーを付加している。その結果を表3にまとめた。これについては，次の節に示したキトラ古墳天井壁画の概説の後に解説する。

4.2　キトラ古墳石室天井の天文図

表3のNo.は，天空上の二十八宿を西から東に数えられたものである。7世紀末~8世紀初めに成立したとされるキトラ古墳石室天井の天文図（図8）を例示する。この図は，子午線の南側に正対して，天空を見上げて見える天球を示している。観測地は

表3　二十八宿とその距星

No.	二十八宿	距星 IAU バイエル符号	視等級	星図歩天歌抜粋
	東方七宿			
1	角　かく	おとめ座 α Vir Spica	0.97	角宿微斜距在南
2	亢　こう	おとめ座 κ Vir	**4.18**	距在中南象似弧
3	氐　てい	てんびん座 α Lib	**5.15**	正西為距亢東看
4	房　ぼう	さそり座 π Sco	2.89	距亦中南四直参
5	心　しん	さそり座 σ Sco	2.88	中座雖明距在西
6	尾　び	さそり座 μ 1Sco	3.04	九星勾折距西中
7	箕　き	いて座 γ 2Sgr	2.99	距為西北本常経
	北方七宿			
8	斗　と	いて座 ϕ Sgr	3.17	正界魁衡是距星
9	牛　ぎゅう	やぎ座 β　β 1 Cap	3.08	正中為距斗東求
10	女　じょ	みずがめ座 ε Aqr	3.77	距在西南應誌認
11	虚　きょ	みずがめ座 β Aqr	2.89	虚宿為名距在南
12	危　き	みずがめ座 α Aqr	2.94	折中東企距南星
13	室　しつ	ペガスス座 α Peg Markab	2.48	距亦南星室宿名
14	壁　へき	ペガスス座 γ Peg	2.84	以南為距数攸同
	西方七宿			
15	奎　けい	アンドロメダ座 ζ And	**4.08**	南西三顆中為距
16	婁　ろう	おひつじ座 β Ari	2.65	三星婁宿距為中
17	胃　い	おひつじ座 35Ari	4.64	以西為距著晶瑩
18	昴　ぼう	おうし座 Pleiades 星団 η Tau	2.87	距亦當西向下尋
19	畢　ひつ	おうし座 ε Tau	3.53	距當東北八星岐
20	觜　し	オリオン座 λ Ori	3.66	距是北星三緊簇
21	参　しん	オリオン座 δ Ori Alnitak	1.79	距在中東自古標
	南方七宿			
22	井　せい	ふたご座 μ Gem	2.87	鉞星附距一珠含
23	鬼　き	かに座 θ Cnc	**5.34**	西南為距四方形
24	柳　りゅう	うみへび座 δ Hya	**4.15**	距是西星名柳宿
25	星　せい	うみへび座 α Hya Alphard	1.97	星宿為名距正中
26	張　ちょう	うみへび座 υ 1 Hya	**4.12**	方際西星應作距
27	翼　よく	コップ座 α Crt	**4.07**	中如張六距攸同
28	軫　しん	からす座 γ Crv Gienah	2.58	西北一星詳認距

北半球中緯度にあるから，図7に示した天球の視界から理解できるように子午線の北側つまり天頂の北側を観察するには180度，体軸を回転する必要があるが，天体の南中に重きを置くので，子午線の南側に正対する天球図が描かれたものと言えるのである。この図上の天球は，それゆえ地上から観察できる天球を捉えるには，この図を反時計回りさせなければならない。換言すれば天球の日周運動を実現するには，この図を固定して，例えば図8の春分点に置いた天の北極軸を時計回りに回転することにな

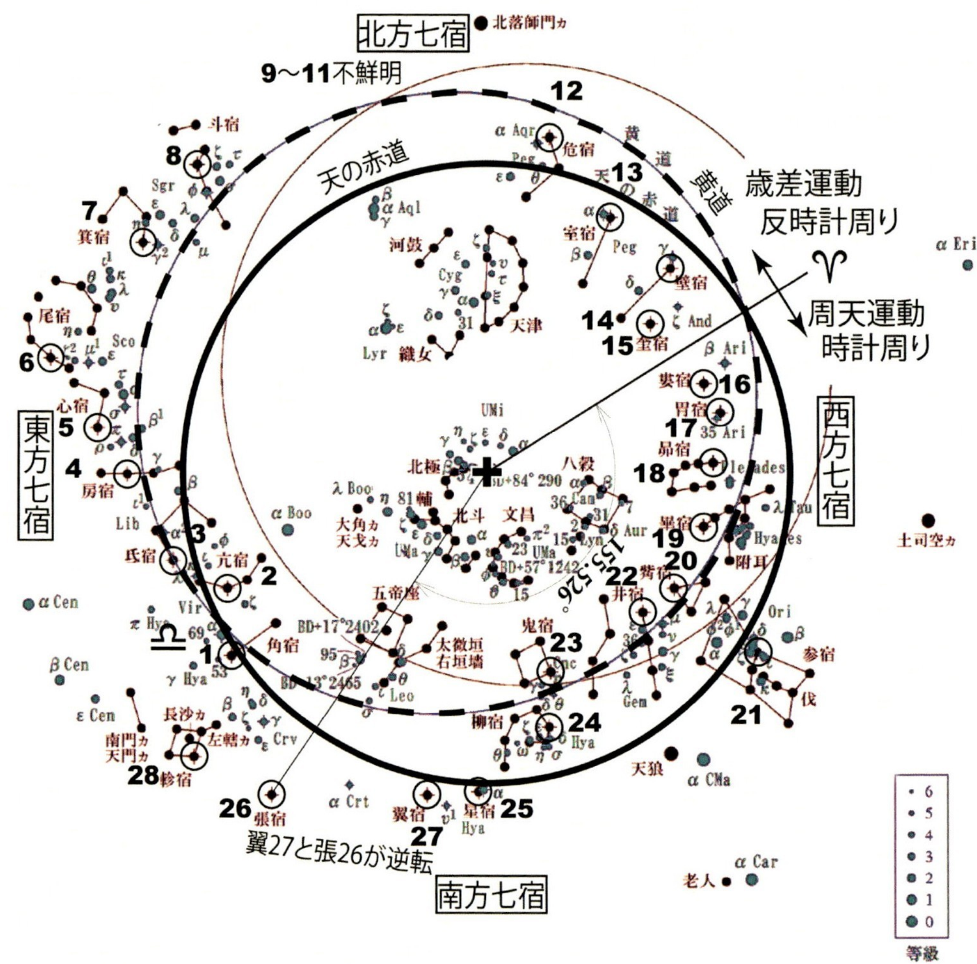

図8　キトラ古墳天井壁画の天文図

相馬（2016：図10）を元にして，本報告では幾つかの点について強調，削除，追加した。「西暦300年の星の位置」（黒色）と「キトラ古墳天文図」（赤色）の表示の前者を薄く，後者では，Adobe Photoshopを使って，イメージ／色調補正／色の置き換え，で，赤色を黒色に変換した。二十八宿の名称を明確にするべく，通常の配列である東方青龍の角宿から南方朱雀の軫宿までを1～28とし，追加した。北方玄武の9牛，10女，11虚の3宿はキトラ古墳天文図では不明瞭でこの図には表記されていない。復元された西暦300年の天の赤道を実線の環で，黄道を太い破線の環で強調している。細い破線の環は，もともと描かれていたもので相馬は黄道と思しきものとしている。

る。天体の南中をこの図で実現するには，天の北極軸を天の赤道の中心である天の北極（図中に太い黒十字で示す）から時計周りに回転すればよい。

二十八宿の認識を容易にすべく，図中では太い数字を付加しており，これは表3のNo.に対応する。一般に，距星はそれぞれの星宿の西端に置くとされる。このキトラ古墳天文図はデフォルメされていることもあって，図8では必ずしもそうはなっていない。後に示す西暦660年のシミュレーション天球図（図10，11）であっても，距星すべてが西端には位置していないが，これは定義後の歳差運動の結果と考えられる。

No. 1の角宿は図中の左下にある。これから，天の北極軸を時計回りに回転すると，No. 2 亢宿，No. 3 氐宿，と連なってゆく。時計回りの方向が東方向にあたる。各宿の西端にその距星があり，東隣の宿の距星までの赤経差を赤道広度または赤道宿度と言う。距星の天の赤道への射影がその赤経にあたり，両距星の赤経の差を赤道宿度というのである。言い換えると，天の北極軸を二つの距星上に載せて得られた天の赤道の二交点の角距離が赤道宿度といえる。能田（1943: pp. 455-458）によれば，「支那歴代の正史中，二十八宿の赤道廣度を始めて記載せるは，前漢書律歴志（後漢章帝のAD80年頃に班固などによって作成）にして，前節に引用せる漢志の二十八宿の相距度数は，即ち其の赤道廣度の当たれるものなる事，言を俟たずして明かなり。一方，淮南子天文訓（前漢武帝の頃に成立）にも，二十八宿の赤道廣度を（中略）記載し，周天は三百六十五度四分度の一となせり。（中略）然らば，漢よりして下，歴代の相距度数，従って距星の採り方に何等の変化無かりしや否や」云々とあって，距星間の角距離が過去記録されてきたことも理解できる。

天の赤道と黄道は年に二回交差する。その交点を春分点，秋分点という。図8ではそれぞれ記号，♈と♎で示している。春分点♈は図8ではNo. 15 奎宿とNo. 16 婁宿の両距星の間に在る。太陽はこの春分点から北半球に移動する。つまり，この図8では太陽も時計周りに回転している。秋分点♎はNo. 1角宿の距星（おとめ座α Vir Spica）付近に位置している。

春分（秋分）点は，黄道上を毎年約50"ほどの速さで東から西へと移動している。これを歳差運動という。東から西への方向に移動することを，前進precedeすると表現し，歳差運動をprecessionという[22)]。図8では春分点♈は反時計回りに回転する。これを利用して，相馬（2016）は，このキトラ古墳の天文図の観測年は西暦300年±90年，観測地緯度は33.9°±0.7°とした。観測地緯度からすると，観測地を飛鳥とするこ

22）国立天文台>暦計算室>トピックス>歳差・章動と地球の向き
http://eco.mtk.nao.ac.jp/koyomi/topics/html/topics2009_1.html

とも可能ではあるが，観測年からすると飛鳥とすることはできず，中国の長安や洛陽としている。相馬は，天文図の限界のなかで，できるだけ精緻に分析し観測年300年±90年としたのではあるが，天文図表現の限界ゆえに，この結果はかなり流動的であり計算結果の信頼性は高くない。

図8では，たとえばNo. 26 張宿とNo. 27 翼宿の位置が逆転して描かれているとされる。図10には，No. 26 張宿とNo. 27 翼宿の星座線が示されているが，赤緯線に平行な菱形と東西に伸びる尾の接続などはかなり類似している。距星の位置は図8と図10と比べると類似しているようである。能田によれば，二十八宿の観測は距星を求めて宿の他の星は目測で描かれたというのであるから，測量段階での誤りはないと考えた方が妥当であろう。

後に示す西暦660年の図11の右図に示された春分点さらには二十八宿などの位置は，概観するとキトラ古墳の天文図のそれとほとんど違いが見られない。木庭（2016a，この本の第Ⅱ章）に示したように，推古期には僧観勒の指導で日本での天球観測が開始された可能性が高く，キトラ古墳の天文図の原図は飛鳥で作成されたと考えるのが自然ではある。次々節でより深く論じたいと思う。

4.3　二十八宿の距星の同定

表3の星図歩天歌抜粋欄には，二十八宿距星の所在が七字で示されているが，能田（1943: pp. 469-470）では，「昴参両宿の距星を除く外は，恰も符節を合するが如くに一致せるを見る。（中略）星図歩天歌に於いては，昴宿の距星は明らかに，17 Tauなれど，今は，先に述べたる理由に依り，明史に従いて，η Tau（Pleiades星団のこと，注記）を以って昴宿の距星と見做すべし」とする。これに引き続いて，「又，参宿の距星は，三ツ星（オリオン座の三つ星のこと，注記）の中央星ε Oriの東側に在るζ Oriにして，明志に見えたるものは，参宿の三星の最西星，即ち中央星の西側に在るδ Oriなり。固より参宿の西方に位せるδ Oriを以って参宿の距星と為すこそ天文学上合理的なるものにして，此の距星δ Oriにして始めて明史に見えたる如く，参宿が觜宿と交代して，参前み觜後るるの状を呈し得べし。而も此のδ Oriにして始めて歴代測る所の觜参各宿の星宿度を満たし得べし。故に参宿の距星としては，古来δ Oriを採用し来れるものなること全く疑いを容れざるものの如し」とする。

能田（1943: 第四表）では，No. 15 奎宿の距星対応バイエル符号として，アンドロメダ座ζ Andとη Andが併記されている。能田（1943: pp. 471-475）には，No. 15 奎宿の距星として，ζ Andが適切であることを示している。その判断過程の一部を次に引用すると，「今，其の結果を掲ぐれば，第四表の如きものにして，奎宿の距星は，明かにζ And を採用すべきものなることを知る可く，観測と計算の差の二度ばかりの者僅に一，一度ばかりの者漸く四，その他は殆ど全く計算に合致せるを見る」としている。能田（1943: 第四表）では，観測値としては「漢書律歴志に見えたる赤道廣度」，計算値としては漢書律歴志の観測値が武帝元封七年（西紀前一〇四年）に得られたものとしての計算結果が使われている。その差を見ると，奎宿の距星をη And かζ And とした場合，観測値マイナス計算値はそれぞれ＋2.25 と -0.03 となる。つまり，奎宿の距星はζ And と結論される。

ここで使用している能田（1943）の著作は既発表論文の再掲であるにも拘らず，距星をまとめた能田（1943: p. 474）第五表には，少なくとも 3 カ所にケアレスミスがある。そのうち，最も問題なのは，各宿距星欄の No. 2 亢宿で，バイエル符号が乙女座χ Vir となっている。能田（1943）第二〜四表にはκ Vir と示されており，特段，変更理由は本文中にも見当たらない。西暦 660 年でも，χ Vir は No. 1 角宿の西方，秋分点を超えて，No. 28 軫宿の赤経幅に位置しており極めて不適切であるので，表 3 では第

表 4　キトラ古墳天文図の 4 宿（星 張 翼 軫）の距星による赤道広度

No.	二十八宿	距星 IAU バイエル符号	視等級	斉明六年（水落遺跡）時角（経度幅°）	視赤緯	赤道広度（°）
25	星 せい	うみへび座α Hya Alphard	1.97	3h25m50.54s	-3° 30'34.3"	
				51.46		6.40
26	張 ちょう	うみへび座υ1 Hya	4.12	3h00m13.92s	-9° 07'22.7"	
				45.06		17.01
27	翼 よく	コップ座α Crt	4.07	1h52m11.26s	-11° 29'21.0"	
				28.05		18.25
28	軫 しん	からす座γ Crv Gienah	2.58	0h39m12.36s	-10° 06'24.2"	
				9.80		

注記：

斉明六年（水落遺跡）の時角と赤緯は，Stellarium によるシミュレーションで求めた。図 9 のユリウス暦 660 年 12 月 18 日 5 時 50 分のものである。時角とは，水落遺跡での地方恒星時と天体の赤経との差。時角，視赤緯は章動による平均化が実施されていないので観測環境の復元に適している。赤道広度は，求めたい星宿の距星の時角から東隣の星宿の距星の時角を差し引いて得られた値である。ここでは，ユリウス暦 660 年 12 月 18 日 5 時 50 分の子午線を基準に，それぞれの宿の距星が南中するのに要する時間で設定しているので，度数に換算して両者の差の絶対値を示している。時角の下段は，その度数への変換した結果である。もちろん，軫宿の広度は次の角宿の時角を与えていないので示していない。

「漢武帝元封七年赤道広度」(104 年 BC）の元資料は漢書律歴志で，能田(1943: pp.471-472，第四表)作成の数表を参照。

漢書律歴志の赤道広度比は，「漢武帝元封七年」÷「斉明六年」としている。

キトラ古墳の赤経と赤緯の計算は可能ではあるが，赤経に限定する。仮に図 8 の♈を春分点として東周り（時計周り）に赤経を計測した。それがキトラ古墳天文図の赤経計測値である。その差から，25 星宿，26 張宿，27 翼宿の赤道広度を得た。

キトラ古墳天文図の赤道広度比は，「キトラ古墳天文図からの計測値」÷「斉明六年」としている。

二～四表に在る κ Vir を踏襲している。当時，表組みは出版社によるものであって，カッパ κ とカイ χ の取り違えによって生じたミスであろう。

以上，二十八宿の距星について，能田の同定過程の主要部分を見てきた。信頼できる歴史資料を踏まえ，歳差運動を含めたシミュレーションを地道に計算した結果得られた観測年を使って，二十八宿の距星の同定がなされたと言える。前述の相馬（2016）で採用されている距星はすべて能田に基づく表 3 のものと一致している。筆者の知る限り，距星の同定の出典を明示した研究は，能田以外，見つからない。

4.4　キトラ古墳天文図の張宿と翼宿の逆転に関わって

前々節では No. 26 張宿と No. 27 翼宿の距星の位置関係がほぼ正しいのではと概観したが，能田（1943）の手法でキトラ古墳天文図のこの部分について，精度を確認したい。二十八宿を構成する各宿は当然，赤経に幅がある。これを赤道広度という。宿の赤道広度はこのほぼ西端にある距星と東隣の距星との赤経差で求める。表 4 は No. 26 張宿と No. 27 翼宿の赤道広度のキトラ古墳天文図の精度を知るべく，作成したもので

漢武帝元封七年	赤道広度比	キトラ古墳天文図		赤道広度比
赤道広度（°）	104BC/AD660	赤経計測値 (°)	赤道広度 (°)	キトラ /AD660
		123		
6.90	1.08		9	1.41
		132		
17.74	1.04		24	1.41
		156		
17.74	0.97		12	0.66
		168		

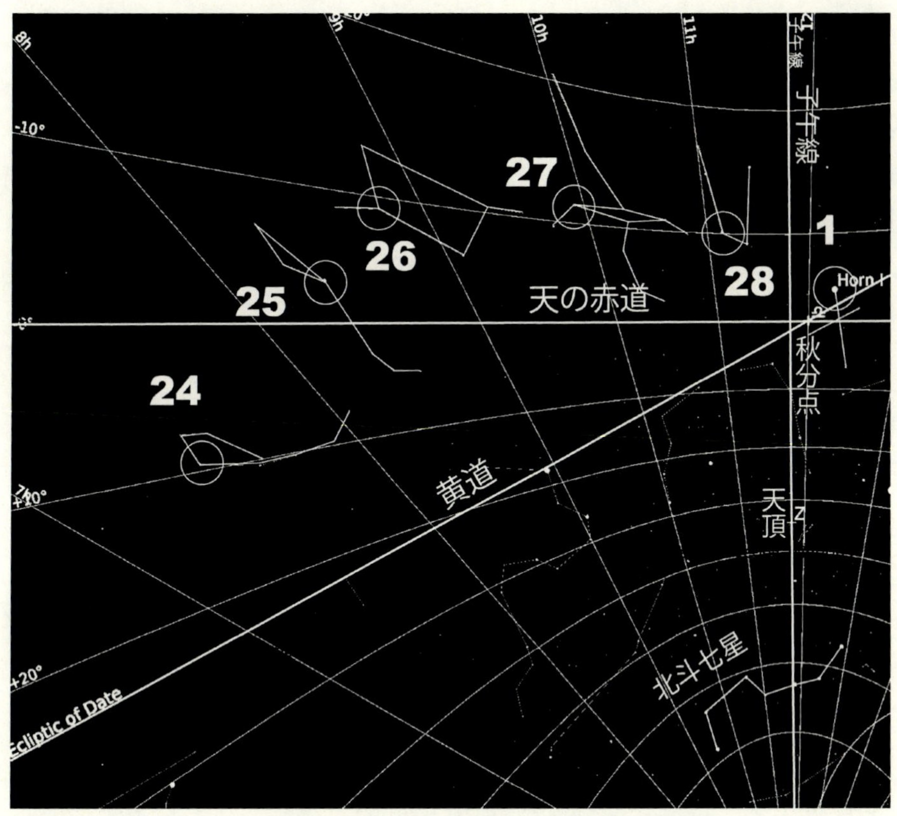

図9　心射図法表示の張宿と翼宿とその隣接宿の配置

この図はStellariumで作成した。660年12月18日5時50分のものである。図10の中央の図と同日同時刻のもの（ハンメル図法）であるが，これは心射図法で表示している。そのため，天の赤道，黄道，子午線，赤経線群は直線で表される。25張宿と26翼宿は比較的子午線に近く，観測時の距離感にほぼ対応している。

ある。比較するためのスタンダードとしたのは，Stellariumによる斉明六年の冬至日にあたる日（表2）の夜明け前の星図（図10主図）である。この日を選んでいるのは，本報告の主旨に従っていることと，数百年の差では赤道広度に大きな違いが出ないからである。

能田（1943）に出ている観測値のうち，漢武帝元封七年（104年BC）の観測結果とスタンダードを，まずは表4で比較している。その結果は，この表の右端から4列目の「赤道広度比104BC/AD660」の欄に示す。No. 25星，No. 26張宿，No. 27翼宿の広度比はほぼ1になっており，武帝時代の観測精度はかなり高いことが理解できる。

相馬（2016）が示したキトラ古墳天文図で想定春分点と天の北極を使って赤経値を求めた。No. 26張宿とNo. 27翼宿の逆転という相馬らの認識はそのまま図8に示している。しかしながら，前々節で述べたように，距星の配列には逆転は見られないので表4では逆転されたと見做していない。図8には図の右上の想定春分点から時計周りにNo. 26 張宿の距星まで時角を計測したように見えるが，これはNo. 27 翼宿の距星の時角を計測している様子を示している。

その計測結果から得られた赤道広度を，表4の右端から2列目の「キトラ古墳天文図赤道広度」列に示している。そして，この右列「赤道広度比 キトラ/AD660」に，キトラの計測値をスタンダード値で割った値を示している。ズレは40%近いものとなっているのである。星宿と張宿の広度比が一致していることは興味深いのであるが，いずれにしろ，漢武帝元封七年（104年BC）の観測精度との差は歴然としている。

相馬（2016: p. 12）の結論のおわりに，「6世紀頃に伝わり日本で初めて使用された暦法である元嘉暦が作られたのが西暦443年で，その暦法を作るための観測が行われたであろう年代（観測年300±90年）と一致しているのは意味があることではないかと思う」としたことは当たらない。キトラ古墳天文図のような粗雑な観測では到底，精緻な元嘉暦を作成するための基礎資料になり得ない。木庭（2016a）で示したように推古期にすでに天球の観測は当時の飛鳥で始まっており，この粗雑な観測図は推古紀の後の技術の伝承というより，むしろ技術者の劣化を示していると言えるかもしれない。

4.5 Stellariumの利用

Stellariumは，天文シミュレーションソフトのうち，openGL使用のGPLフリーウェアで，科学的再現性の優れたものの一つである[23)]。使用されているパラメータから推して過去については，十数万年前までのシミュレーションが可能と考えられる。PC利用可能で専門性の高いフリーウェアは国立天文台4次元デジタル宇宙プロジェクトで開発されたMitaka[24)]であるが，本報告の目的からするとStellariumの方がより有効であった。

Stellariumの使用プロセスを次に箇条書きする。実際に操作される方以外，読む必要性はない。

23）Fabien Chéreauを中心に2000年以来，多様な人材のもとで開発されてきた。Mac, Windows, Ubuntuなど多様なOSに対応しており，例えば日本語などの表示も可能となっている。恒星だけでなく，惑星の軌道や，日蝕月蝕，月齢なども再現されるようになった。
http://www.stellarium.org/ja/

24）Mitakaは，加藤 恒彦氏（大阪大学 / 元4D2U project）が開発。Copyright (c) 2007 加藤 恒彦，4D2U Project　http://4d2u.nao.ac.jp/html/program/mitaka/。これをベースに汎用性を高くしたものはMitaka Plus。いずれもWindows版限定。
http://orihalcon.jp/mitakaplus/index.html#overview

1．ポインターを左に押し当てて，左メニューを出して最上部の位置入力パネルを出す（または，fn キー＋f6 キー）。水落遺跡の経緯度と海抜高度（ここでは 101m とする）を入力して，既定値とする。
2．上記と同様にして，上から 2 番目の，日付／時刻パネルを出す（または，fn キー＋f5 キー）。表 2 のリストのように，ユリウス暦の年月日，そして時刻を入れる。ただ，放置すれば時刻が秒単位で進んで行くので，下メニューの，右端近くの，標準の時間の進みにする，という右矢印キーをクリックして，縦イコールキー表示にする。つまり，これで時間の進行は停止する。
3．上記と同様にして，上から 3 番目の，空と表示の設定パネルを出す（または，fn キー＋f4 キー）。
4．空と表示の設定パネル＞空サブパネル：既定値については特にここでは触れないが，大気は ON。これによって，太陽光によって星が見えるかどうかの判断がほぼ可能になる。本報告の目的を達成するにはこの機能をオンにする必要がある。Solar System objects は ON，惑星マーカー表示は邪魔なので OFF，scale moon（既定値 4.0）を ON にして，10.0 にすると，満ち欠けがはっきり見える。
5．空と表示の設定パネル＞DSO サブパネル：Deep-sky objects[25] については本報告の目的には不要。
6．空と表示の設定パネル＞表示方法パネル（天球）：
Equatorial（of date）のみ ON。J2000 は OFF。Celestial Poles（of date）のみ ON。左のカラー枠で，red を選ぶと，天の赤道が赤く染まる。Equinoxes（of date）春分点と秋分点のみ ON。Solstices（of date）夏至と冬至のみ ON。Ecliptic poles（of date）黄道のみ ON，カラー枠で yellow を選ぶと黄道が黄色く染まる。地平線，子午線，Celestial poles（of date）天の北極と南極はいずれも ON。Equator（of date）も ON，カラー枠で茶色を選ぶ。他の色は目立たないか，目立ちすぎる。Zenith and Nadir 天頂と天底も ON。方位 ON にすると東西南北の字が天球図の右左上下に表示される。
7．空と表示の設定パネル＞表示方法パネル（投影法）：

25）Deep-sky objects are astronomical objects other than individual stars and Solar System objects (such as Sun, Moon, planets, comets, etc.).

ハンメル図法　最大視野360度[26]。これ以外の投影法で最大視野角360度を実現するものはない。

8. 空と表示の設定パネル＞背景：

Oceanにすると地平線（水平線）が表示されて最大視野角360度が実現する。地表を表示にはON。OFFだと視野角を超えて天球が表示されてしまい，この報告の目的には対応しない。霧を表示はOFF。ONにすると天球の周辺が白っぽくなってしまって星や星座が見にくくなる。

9. 空と表示の設定パネル＞星の文化：

中国由来など28種類ほどの星座群を表示することができる。星座線の太さをこのメニューのオプションで指定することができる。既定値は2である。

本研究に関わる中国の星座などの説明の一部を幾つか次に抜粋する。星座などは香港宇宙博物館の星図に基づいて，Karrie Berglund, Digitalis Education Solutions, Inc.が取材したものである。二十八宿について特に言及されていない。

10. ポインターを左に押し当てて，左メニューを出して上から5番目の設定画面パネルを出す（または，fnキー＋f2キー）。ここでは，環境設定＞ナヴィゲーション，で，キーボード操作，マウス操作の両方を有効にするにON。

11. ポインターを左に押し当てて，左メニューを出して上から7番目のヘルプパネルを出して（または，fnキー＋f1キー），ヘルプサブパネルを出す。ここには，表示に関わる多様なキー操作法が記されている。

幾つかの操作例を挙げる。全天で視点を移動するには，矢印キーとマウス左ボタンでドラッグ。ズームイン/アウトは，Page Up/Page Down（Macの場合はfnキー＋上矢印キー／下矢印キー）。天球の画像全体を左または右に回転させるのは（Windowsの場合，controlキー＋）左右矢印キーで，Windowsの場合，controlキー＋）上または下に回転させるには上下矢印キーで。shiftキーとともに矢印キーを使うことで細かく設定することが可能となる。表示時刻を1時間増加または減少させるには，Cmdキー（Windowsの場合はcontrolキー）＋＋/−キーを使う。なお，ホイール付きマウス使用がWindowsだけでなくMacにも勧められてはいるが，筆者はマウスを使用していない。

26）Stellarium User Guide, v. 0.15.0-1 English, p. 40
http://numerico.altervista.org/A-PROGRAMMI/Stellarium-user-guide-0.15.0-1-English.pdf
Hammer-Aitoff The Hammer projection is an equal-area map projection, described by ERNST HAMMER in 1892 and directly inspired by the Aitoff projection. The maximum field of view in this mode is 360_.

4.6　漏刻台設置年の二至二分日と朔日

日本書紀の記述から，水落遺跡に関わる漏刻台設置年とされるユリウス暦660年，元嘉暦斉明六年の二十八宿の観測環境をStellariumを使って調べることになる。星の観察が可能な夜の長さと天球の位置関係で言えば，二至二分の際の観察環境を復元することになる。表2にそのユリウス暦と元嘉暦の日付を示している。Stellariumを上記のように設定して観察すると太陽光だけではなく，月光による一種薄明化のために星の観察が難しくなることもおよそわかる。二十八宿を構成する星官のそれぞれの中心の星である距星であっても，表3に示すように，視等級4と5のものがあり，月の薄明では見ることが困難となる。なお，条件が良ければ5等星でも裸眼での認識は可能ではある。

そのように考えて表2には二至二分時の観測可能な時間幅と宿を示した。春分時は

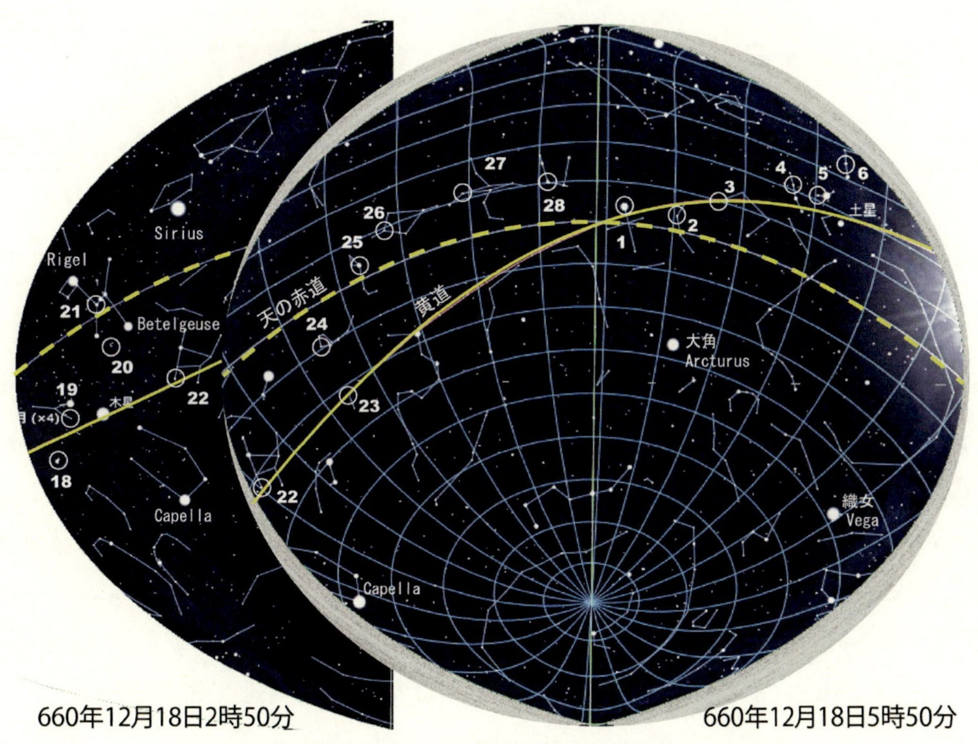

図10　冬至日に観察可能な二十八宿

Stellarium ver. 0.11.0で表示して，そのスクリーンショットをAdobe Photoshopで次のように処理した。1．イメージ／色調補正／レベル補正パネルで，入力レベルの白のゲージを80に設定。2．イメージ／色調補正／色の置き換えパネルで，許容量80に設定して，黒，を白に。明度のみを+100または色パネルをクリックして，白に。3．矩形を選んで切り抜き。4．午前2時50分の分は，半球だけでいいので，それだけを切り抜いて，マジック消しゴムツールなどで，半球に接する白地部分を透明にする。他は，背景消しゴムツールや編集／消去，で消す。

たまたま朔日にあたっており，全宿を観察することができる。最も日の短い冬至であっても 11 日月であり，月の入りは午前 2 時 50 分，日の出前の薄明化 5 時 50 分であり，星の観測可能時間は 3 時間に限られ，観測可能宿数は 17 となってしまう。それで冬至に最も近い朔日にあたる 12 月 8 日を調べると，観測可能時間は春分の 10 時間 14 分 12 時間 20 分より 2 時間近く長いのであるが，天球の回転の巡り合わせで残念ながら，7 箕宿と 8 斗宿は観察できないのである。

なお，図 10 には冬至に観察可能な二十八宿を示し，図 11 には冬至に最も近い朔日の二十八宿を示している。二十八宿は，月が恒星天に対して地球の周囲を 1 周するのに要する 27 日 8 時間にほぼ対応するが，二十八宿の距星は，図 11 に見えるように，20 觜宿と 21 参宿，23 鬼宿と 24 柳宿のように赤経が近いなど，等間隔ではない。そして，多くの文献で二十八宿を天の赤道上に乗せようとしてはいるが，黄道も併せると二十八宿距星の設置位置をほぼ理解できる。

本報告で求めたかったのは，ユリウス暦 660 年当時の水落遺跡からの二十八宿の観測可能性であった。もちろん，当時の観測は二至二分時だけではない。太陽光，月光だけではなく，天候の問題もあるが，通年で考えると二十八宿の観察は極めて容易であったことがわかる。赤緯は天の北極から容易に求めることができるが，二十八宿が

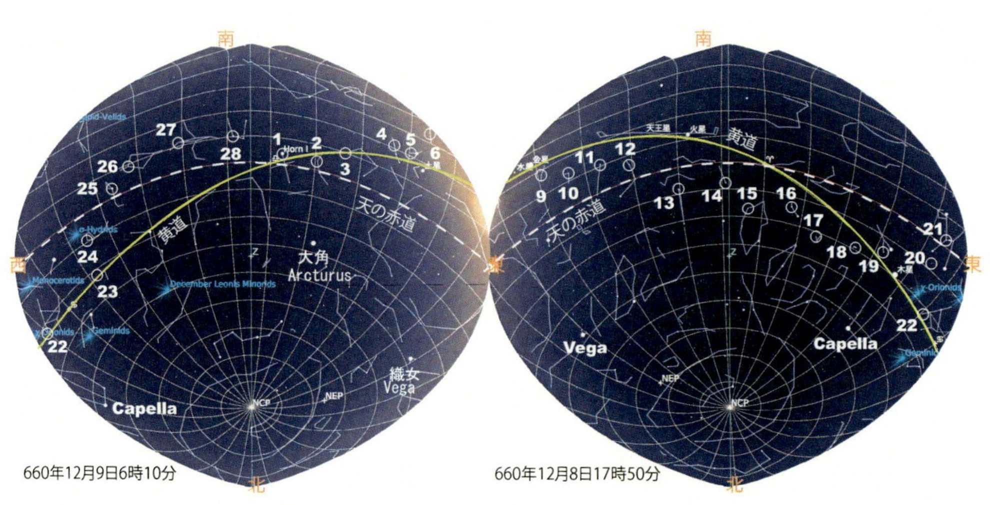

図 11　冬至日に最も近い朔日の二十八宿

図中の NCP（North Celestial Pole）は天の北極点，NEP（North Ecliptic Pole）は北黄極。

Stellarium ver. 0.15.2ja（http://www.stellarium.org/ja/）で表示して，そのスクリーンショットを Adobe Photoshop で次のように処理した。

1．マジック消しゴムツールで，天球以外の周辺を削除。2．イメージ / 色調補正 / レベル補正白を 150 に。3．マジック消しゴムツールで，天球以外の周辺を削除。4．長方形選択ツールで，端の部分の消し残しを選んで，編集 / 消去。

簡易の赤経把握に使われ得たことは確かなことである。

おわりに

飛鳥水落遺跡の基壇中央が，天香具山々頂を通る天の北極軸上に精緻に設置されたことは，揺るぎない事実である。天香具山から水落遺跡まで2km余りあるが，東西誤差6cmの実現はこの基準からすると，現在，実施されている地形測量などと比べて遙かに高度な測量が実現されていたことがわかる。国土地理院が規定する公共測量のうち，地形測量または平面測量では，平面位置の図上誤差は2mm以内である。例えば500分の1地形図であれば地上誤差100cm以内と規定されている[27)]。現在の測量会社[28)]では，500分の1以上の地形測量では平板とトータルステーションが使用され，水平位置の図上誤差（標準偏差）は0.5mm以内とされている。縮尺500分の1，誤差（標準偏差）0.5mmを例に取ると，地上換算すると誤差（標準偏差）25cmとなる。ズレ6cmがいかに信じがたい値か想像できるであろう。

漏刻台がこういった途方もない測量努力を要求しないのはもちろんであり，強固な基礎が漏刻台設置のためではないこともちろんである。漏刻が天文観測に不可欠なことも間違いない。天文台を設置するにはまずは天の北極軸の設定であり，次に日月五星さらには二十八宿の通年の視界の確認である。その上で，強固な土俵の設置となるが，発掘結果では配水施設が地下に埋設されており，強固な花崗岩からなる柱石群が埋設されているので，これらを基礎として天文台のための土俵がより高い位置に築かれたものと想像されるのである。

図12には現在の水落遺跡から北方向の天香具山（左の写真），西方向の甘樫丘（右の写真）を示している。柱のラベル名は木下ほか（1995: p. 32）に基づいている。水落遺跡基壇が天香具山の天の北極軸上におよそ載ることは，容易に理解できるが，その信じがたい一致は過去，指摘されてこなかった。甘樫丘は水落遺跡に立つと，いわば壁のようで，圧迫感もある。とはいえ，本報告に示したスカイラインと天球の復元によって，水落遺跡に天文台が立地し得ることがあきらかとなった。さらにはこの天文台の南北軸上の立地が甘樫丘と密接に関係しているのも自明のことである。

27）国土地理院　2017 公共測量の手引き p. 3
http://psgsv2.gsi.go.jp/koukyou/public/tebiki/tebiki.pdf

28）例えば，埼玉設計測量会社
http://saisoku.co.jp/page024.html

図 12　水落遺跡基壇中央から北方の天香具山と西方の甘樫丘を望む
2017 年 6 月 25 日筆者撮影

天香具山々頂を通る天の北極軸の水落遺跡までの測量方法は，すでに口頭発表（木庭，2016c）したが，天文台の土俵上での天球観測の方法を含めて，次報で公表する予定である。

文　献

小川清彦，1933a．支那星座管見（一）．天文月報，Vol. 26，No. 6，pp. 105-108.

小川清彦，1933b．支那星座管見（二）．天文月報，Vol. 26，No. 7，pp. 123-128.

小川清彦，1934a．続支那星座管見（一）．天文月報，Vol. 27，No. 8，pp. 141-147.

小川清彦，1934b．続支那星座管見（二）．天文月報，Vol. 27，No. 9，pp. 168-172.

木下正史，川越俊一，西口壽夫，上原真人，狩野久，橋本義則，今泉隆雄，馬淵久夫，平尾良光，泉谷明人，木村幹，植村知正，沢田正昭，肥塚隆保，村上隆，光谷拓実，1995．飛鳥・藤原宮発掘調査報告Ⅳ―飛鳥水落遺跡の調査―．奈良国立文化財研究所学報，第 55 冊.

木庭元晴，2016a．飛鳥時代推古朝による天の北極及び暦数の獲得．関西大学博物館紀要，No. 22，pp. 1-20.

木庭元晴，2016b．飛鳥京の寺院等遺跡から得られた天香具山軸．2016 年人文地理学会大会（京都大学，Nov. 11-13，2016），研究発表要旨，pp. 94-95.

木庭元晴，2016c．句股定理による地図作成法の復元：大和三山を例として．日本地理学会 2016 年春季学術大会（早稲田大学，東京）.

木庭元晴，2017．天香具山山頂を通過する天の北極軸を基軸とする古代飛鳥寺域と水落遺跡の飛鳥川争奪前後の占地．関西大学博物館紀要，No. 23，pp. 1-17.

相馬充，2016．キトラ古墳天文図の観測年代と観測地の推定．国立天文台報，Vol. 18，pp. 1-12.

能田忠亮，1943．礼記月令天文攷．東洋天文學史論叢（恒星社），pp. 407-610，初出：東方文化学院京都研究所研究報告，第 12 冊（1938）.
藪内清，1949. 中国の天文学. 恒星社厚生閣.

第Ⅴ章

飛鳥時代斉明期の高取川見瀬付け替え

はじめに

飛鳥川の水落遺跡付近での付け替えについては，すでに木庭（2013，2014）に報告している。木庭（2017）では，この成因を斉明期の河川付け替えに求めた。馬子と厩戸皇子の時代には，天香具山々頂を通過する天の北極軸上を飛鳥川が流れていたために，飛鳥寺仏舎利塔をその軸上に載せることができなかった。斉明期の飛鳥川付け替えによって，水落遺跡にあたる天文台の基壇中央をその軸上に正しく設置することが可能となった。この報告では，GrassGIS による流域分析や空中写真判読による谷底平野などの地形分類から，飛鳥川に隣接する高取川の河川付け替えを証明し，さらにその時期を求めた。

1．西流する古飛鳥川とその後の元飛鳥川による争奪

図1aと図1bには，飛鳥の地とその周辺を含む奈良盆地南縁付近を示している。飛鳥川の飛鳥寺域西方と高取川の丸山古墳南西方には，左鉤状の屈曲が見えるが，この何れも河川の付け替えによるものであった。

図1bの両屈曲の間には，紫色で着色された北西－南東を長軸とする矩形流域（これをここでは古墳時代に繋がる軽（かる）小流域と仮称する）が認められる。これは，飛鳥川と高取川に挟まれ，北西縁を畝傍山，南東縁を明日香村川原の丘陵付近とする。軽小流域は二段階の要因によって形成された。前段階は自然的要因である。図1aと図2から推定されるように，仮称「古飛鳥川」は冬野川と合流後，川原の東西方向の凹地を経由して，仮称「古高取川」と合流し，丸山古墳と仮称「見瀬丘陵」の間の谷を北流していた（「推理から確証へ」の図1)。

図2にこの付近の古飛鳥川周辺の地形分類図を示す。赤色の横線パターンが中位砂礫台地（奈良県，1985）にあたるが，この河床面が形成されている当時，古飛鳥川は冬野川と合流後，西流していた。この段丘は，古飛鳥川と古高取川の合流点より南方の高取川上流部にも分布している。見瀬丘陵の西方には砂礫台地は見られないので，古飛鳥川が見瀬丘陵を超えて西流していたとは考えられない。古飛鳥川は古高取川と合流後，現在の近鉄吉野線や中街道が走る谷筋に沿って北上していた。

---

* Koba, M. 2018. The artificial capturing of the Takatori River at the Mise-Maruyama large keyhole tumulus during the Saimei Period, late 7th century, Japan. Bulletin of Kansai University Museum, No. 24, pp. 1-33

仮称「元飛鳥川」による古飛鳥川の争奪によって，川原から見瀬までの河床は盲谷 blind valleyとなった。そのために中位砂礫台地は今なお，よく残っている。それに対して見瀬から高取川を南に遡る流域での中位砂礫台地の残存率は低い。古飛鳥川の川原と見瀬の間では争奪後，水量は激減したが，高取川は図 1aで見られるように比較的広い後背地を持っているので，谷を潤しうる水量で北流していたことになる。

古飛鳥川が北流するようになった契機は，元飛鳥川の谷頭侵食による川原付近での争奪である。図 1aでは飛鳥川と中ツ道の交点付近になる。争奪当時，元飛鳥川には扇状地はなく深い峡谷があり，争奪した広い上流域からの砂礫供給によって急速に扇状地が形成されたと考えられる。扇状地形成の時期は後氷期初めと思われるが年代試料は得られていない。図 1bの白枠で示した範囲の部分図である図 3には，中ツ道と現飛鳥川の交点が見える。さらに理解を深めて頂くために，古飛鳥川が争奪された後の仮称「元高取川」と元飛鳥川の谷中分水界にあたる位置を川原付近に白い破線で示す。

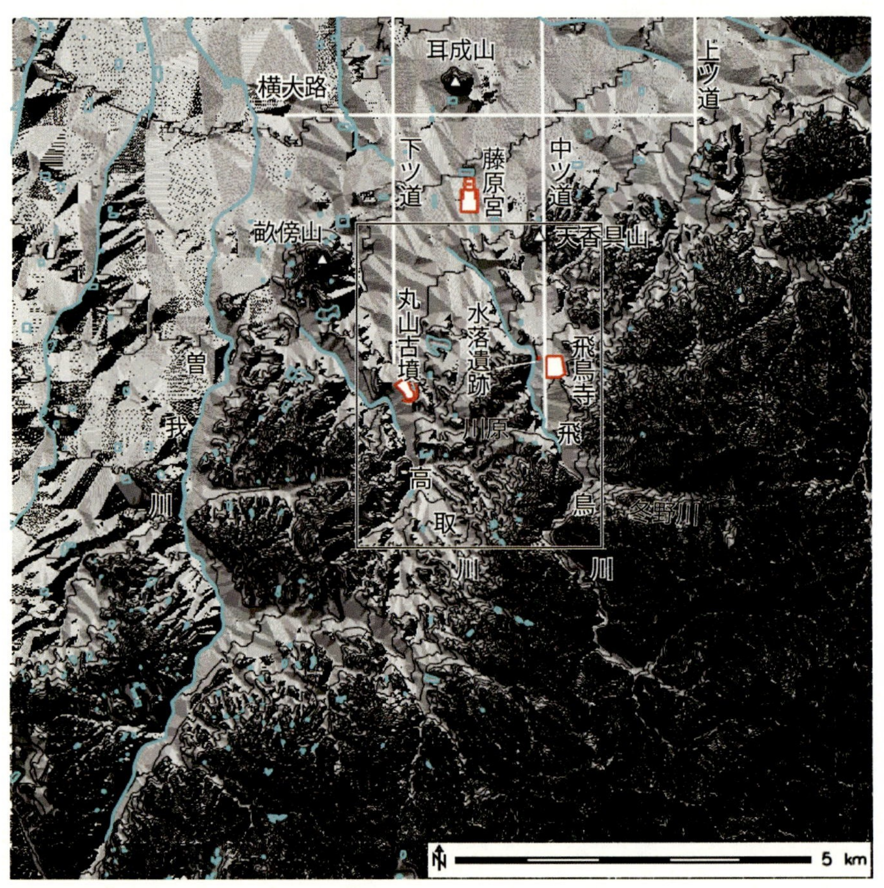

図 1(a)　流線図

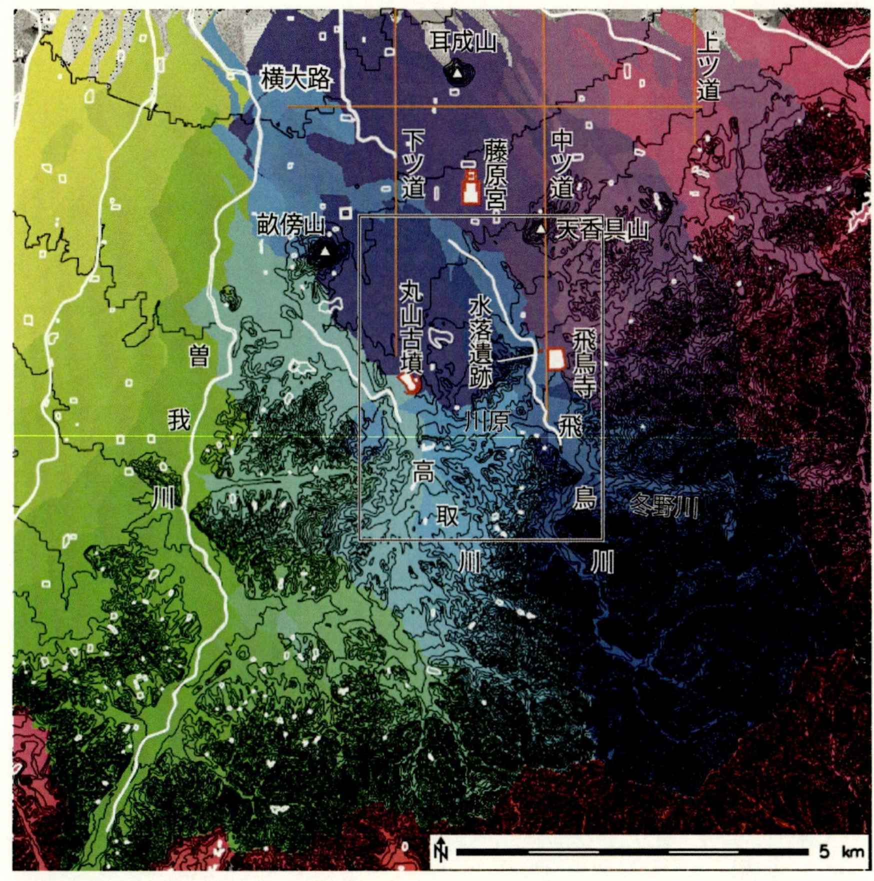

図1(b)　流域区分図

図1　奈良盆地南縁付近の流線図(a)と流域区分図(b)

Grass GIS 7 の r.watershed モジュールコマンド[1] によって，国土地理院基盤地図情報数値標高モデル 10m メッシュ（2017 年春現在）[2] を入力データとして作成したものである。

流線[3] 図(a)では矢印の代わりに陰影と 10m 間隔の等高線で表現している。

流域[4] 区分図(b)では色の違いで流域を表わすが，10m 間隔の等高線を付加している。なお，水域または水路については基盤地図基礎情報の奈良県域の 2 万 5 千分の 1 地図を採用している。この図の中央付近には図 2 の範囲を矩形小枠で示している。

位置関係を知る上でのランドマークとして，遺跡として，丸山古墳，飛鳥寺域，大和古道（横大路，上ツ道，中ツ道，下ッ道），水落遺跡，藤原宮，そして山川名などを掲載している。

1）GrassGIS 7 のマニュアル
https://grass.osgeo.org/grass72/manuals/r.watershed.html

2）国土地理院基盤地図情報ダウンロードサービスの DEM パネル
https://fgd.gsi.go.jp/download/mapGis.php?tab=dem

3）Drainage Directions https://www.usna.edu/Users/oceano/pguth/md_help/html/drain_dir.htm

4）The Drainage Basin Hydrological Cycle
http://www.alevelgeography.com/drainage-basin-hydrological-system/

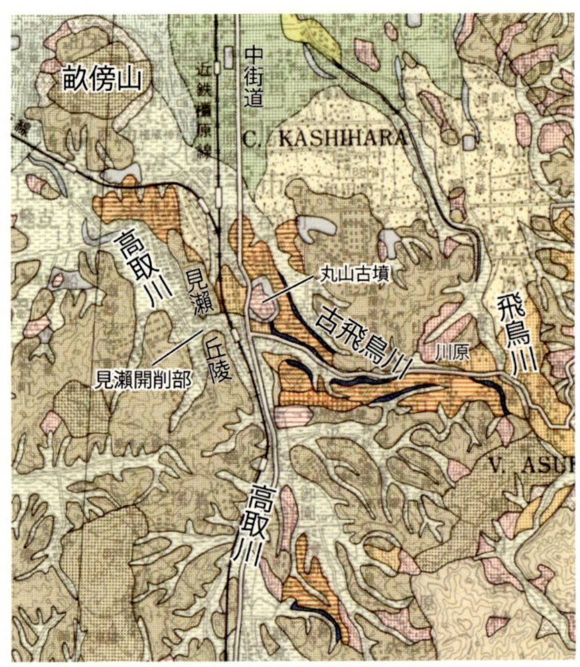

図２　古飛鳥川の段丘分布

奈良県（1985）の地形分類図の一部（図１白枠域）を基図に，地名などを追加している。

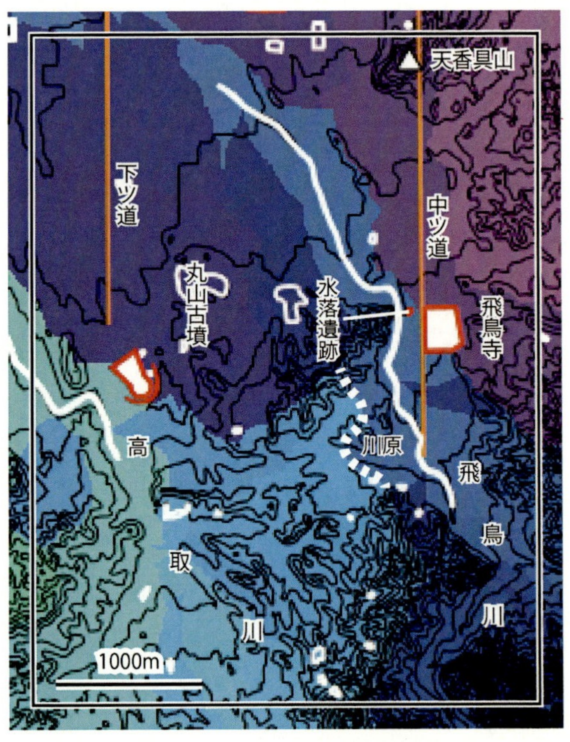

図３　図１b 内の小枠の拡大図

図１b の白枠内の拡大図である。高取川と飛鳥川の谷中分水界や丸山古墳付近の分水嶺を示す。

2．見瀬付け替え前の元高取川の谷筋

高取川は丸山古墳の南西方で，河道が南南東一北北西方向に走る見瀬丘陵を切って，鉤状そして急激にクランクしている。図3に見られるように，丸山古墳周濠の南西側は現高取川の流域に，北東側は前述の孤立した軽小流域に，分割されている。

図4aは国土地理院基盤地図情報数値標高モデル5mメッシュ（2017年春現在）のDEM（デジタル標高モデル）データを使って段彩し，2m間隔の等高線を作成したものである。位置関係を知るために近鉄路線，丸山古墳と梅山古墳の2陵墓と下ツ道などを示している。この図4aでは，高取川のクランクを生んだ丘陵欠落部を，「見瀬開削部」と仮称する。図4aに示した見瀬開削部付近の白枠で括った矩形領域の拡大図を図6に示している。

付け替え前の元高取川の流路は近鉄吉野線に沿って北上し，橿原神宮前（図4bに位置を示す）を経て，畝傍山東麓の薄い青色で塗色された桜川とした谷筋（図4a）を更に北上していた。繰り返すことになるが，このように検出された谷幅は，軽小流域内では，とうてい形成され得ない。

図4bと図4cにはそれぞれ，図4aの範囲の地質と地形（奈良県，1985）を示している。図4bの地質をみると，硬岩は花崗岩で，その谷部を占めるのは更新世末期から現在に至る未固結の砂礫層である。礫層とされている範囲は更新世末期に堆積し，いわばその堆積面が残存していると考えられてきた所である。木庭（2013）で示したように，奈良盆地は「低位段丘礫層（図4cのおよそ全ての砂礫台地を構成する礫層にあたる）は堆積の最盛期からするとかなりの部分が亡失した。（中略）発掘資料によれば，奈良盆地の沖積層は極めて薄く，現在の盆地面は低位段丘層の侵食地形と考えられる」。

図4cの地形分類図を図4bの地質図と対照すると，花崗岩域の多くが丘陵をなす。礫層はこの図域の東縁で丘陵をなし，前述の古飛鳥川沿いでは主に中位の砂礫台地を構成し，現在の谷底にあっても礫層が露出する。元々の礫層の主要な堆積年代はシームレス地質図[5)]によれば，7万～1万8千年前にあたる。

土地分類図の性格上，現状の地質や地形を反映するものとなる。そのため地形発達史の資料としては適さない場合がある。この地のはじめての近代的な測量に基づいて作成された地形図を図5の上図に示している。下図は上図と同範囲の2017年現在の空

5）産総研地質調査総合センター　20万分の1日本シームレス地質図（全国版）
https://gbank.gsj.jp/seamless/v2.html

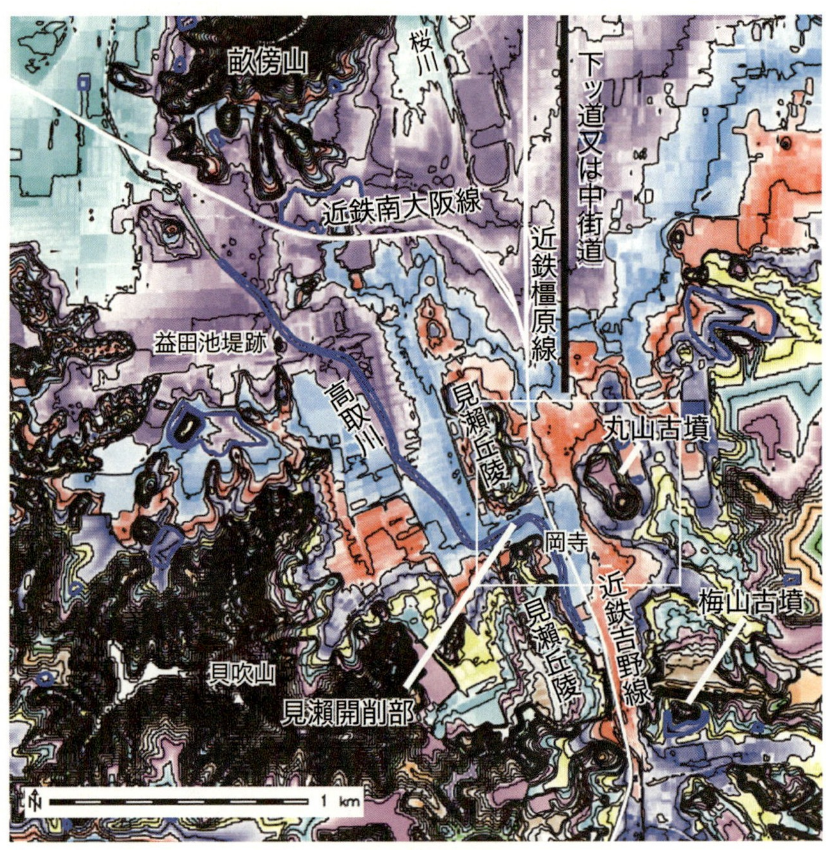

a. 5mメッシュDEM段彩図と2m間隔等高線図
図中の白枠は図6の範囲を示す。

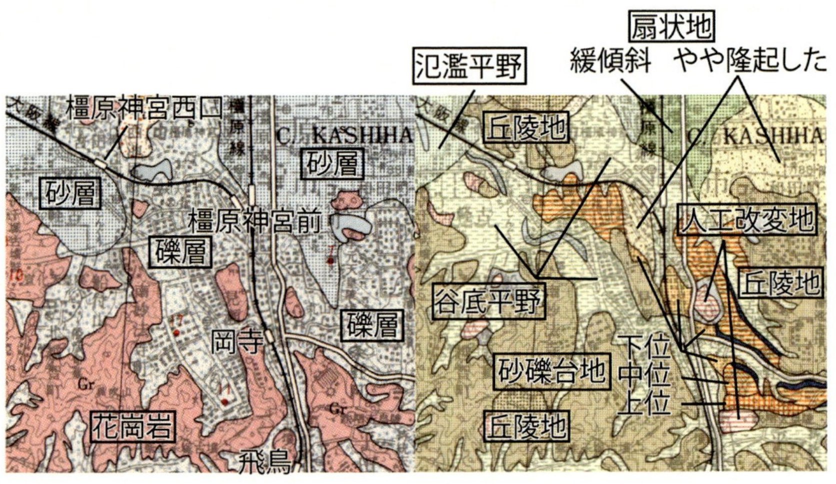

b.『吉野山』地質図部分　c.『吉野山』地形分類図部分

図4　見瀬開削部周辺の地形と地質

a～cのいずれも同範囲を示している。cでは丘陵地以外、それぞれの地形の位置を引出し線で指示している。砂礫台地は下位、中位、上位にかかっている。

中写真で，見瀬丘陵の西方に展開する大規模開発された橿原市の白橿ニュータウンなどが見られる。1971年の空中写真でもすでにこの開発でかなり破壊されている。図4の地形分類図は1985年発行のもので調査研究は1980年頃から実施されていた筈である。筆者も当時，国土庁主導のこの土地分類作成作業を沖縄県全域について実施していた[6)]。その際，使用したカラーの空中写真としては初めて全国整備された空中写真（1974年撮影）であった。

このような急激な土地開発ゆえに，図4b,cの間の整合性は取れていないので，後述するように，谷底平野を中心に米軍の空中写真を基図として新たに筆者は地形分類を実施した[7)]。

3．見瀬付け替えと丸山古墳の損壊

前述のように見瀬丘陵より西方には段丘は分布しない。この丘陵列より西方では下刻傾向が続いてきた。こういう地形環境ゆえに，この丘陵列を切って河道を付け替えたことで，丘陵列東方域の下刻が回春して，付け替えが実現し得た。

開削の証拠を次に提示する。図6中央の黄色太線に網がけで示した谷中分水界は，人工的争奪で生じた元高取川の盲谷と新たな高取川の流域を限るものである。丸山古墳の西方に示した黄色太線に網がけの線は人工的争奪で生じた主に崩壊による地形である。見瀬開削部の南北縁辺に示した黒い線分は，開削壁の並行性つまり人工起源を示している。

丸山古墳の損壊は見瀬丘陵の開削によって，急速に生じたものである。開削後に丸山古墳が造営されることはあり得ず，この丸山古墳の損壊と開削の前後関係はあきらかであって，この点で同古墳造営時期は開削時期の下限年代を示すものと言える。

図7は実体写真を基図としている。上図は米軍撮影のものであるが，撮影時刻が南中後から比較的遅く，北面と東面する斜面で日陰があり，特に単写真だけでは見えな

6）木庭の博士論文で得られた年代区分に基づいて琉球層群などからなる段丘を中心として沖縄県全域の地形分類を実施した。

7）この報告で使用しているDEMや等高線はもちろん，すべて2017年春現在の地形を反映したものである。図1の範囲はかなり山がちで，貴重な遺跡が密集する場所ではあるが，1955年以降の高度成長期以降の開発による破壊が著しい。この付近の国土地理院所管の空中写真では1971年撮影のモノクロ1万分の1のものが地上解像度としては優れているが，残念ながらこの年次ではすでに破壊が進んでいる。1963年撮影のモノクロ2万分の1の空中写真（KK-63-8X）にあっても幅100m程の小谷が完全破壊されている。それゆえ，戦後の高度成長期前の使用可能な空中写真は1947～48年撮影の米軍製に限られる。

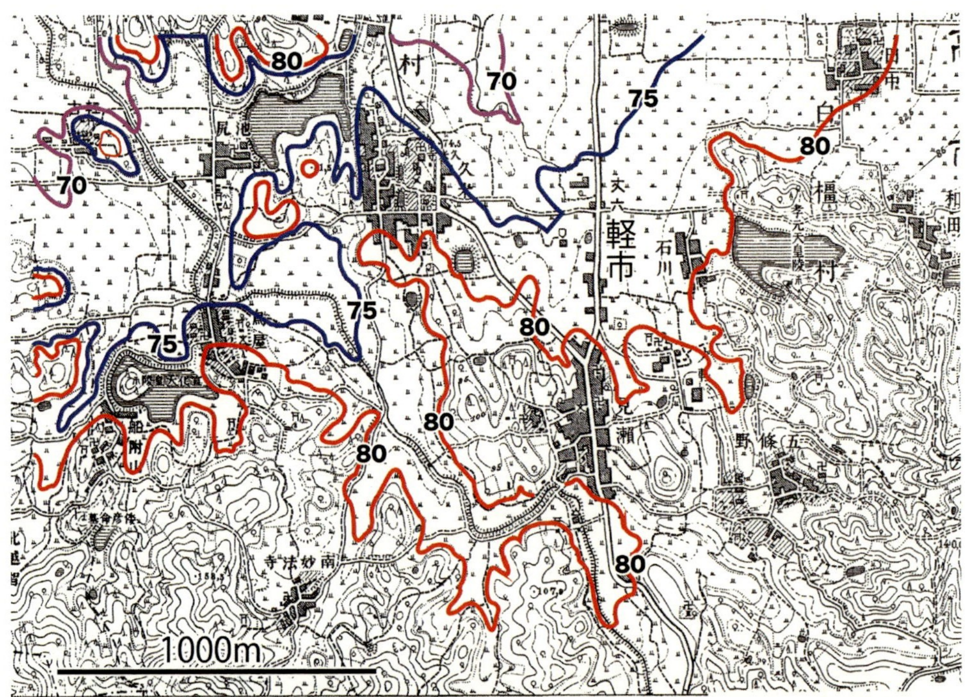

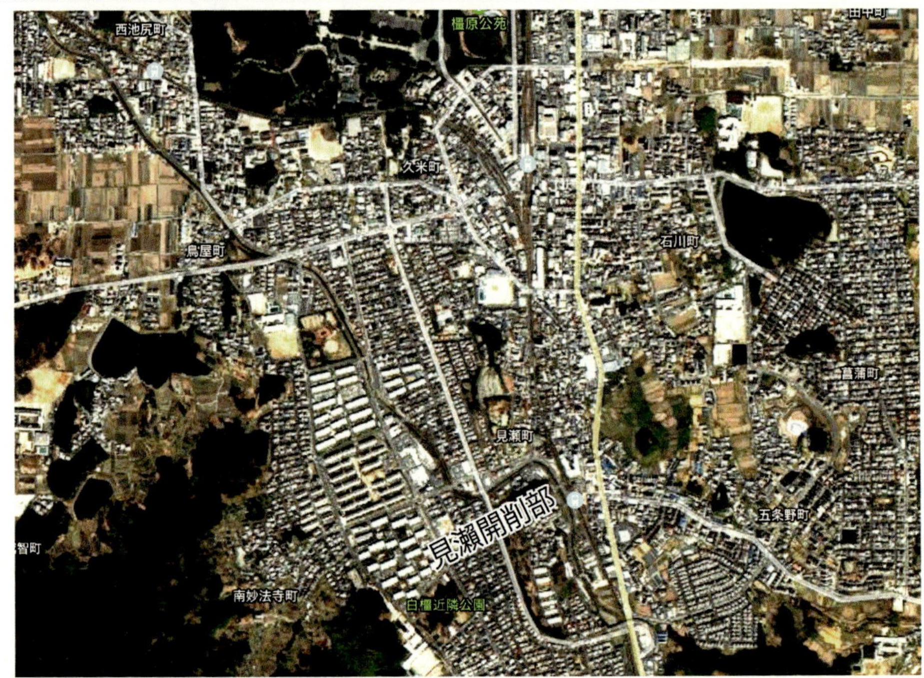

図 5　見瀬開削部周辺の正式二万分の一地形図（上図）と最新の空中写真（下図）

上図は，大日本帝國陸地測量部によって作成された日本測地系による『高田』（左部）と『櫻井』（右部）の 2 図幅を接合したもので，測量年はいずれも 1908（明 41）年である。益田池の分布や水位に関わると思われる海抜 80m，75m，70m の等高線をそれぞれ赤線，青線，紫色の線でトレースしている。

下図は，Apple 社 OSX 付属の map というアプリケーションで表示した 2017 年現在の空中写真で，上図とほぼ同域を示している。益田池堤遺跡の上流側での農地は壊滅し，遺跡の下流側の条里面はかなり残っている。

い。下図は日陰の問題はないが1963年であってもすでに地形改変があって主に上図の日陰部分を観察するのに使用した。

上図では見瀬開削部に面する南北の丘陵上に赤線で示した直線状または弧状の谷が見られる。開削部に南面する壁面には西の下方から東の上方に弧状の二本の深い溝が見られる。これらは開削工事の必要性から生まれたものと考えられる。

下図では開削部に北面する急崖に直線性が見られ，この線分に垂直な方向の崖（崖の麓を赤い破線で示す）を開削部の北の丘陵の東辺に見る事ができる。開削断面方向を見瀬丘陵列に対して垂直とする意図が感じられるのである。

図５の上の地形図や図７の空中写真に見られるように，見瀬丘陵にはこの走向にほぼ直交または斜交する谷と峰が見られ，開削部が選ばれた場所は鞍部であった可能性が高く，開削土量を計算するための式＝底面×高度のうちの高度は，図５の上図の等高線分布から想定される（100-80）m よりはかなり低いと考えられる。見瀬丘陵を隔てた開削前の河床面高度は，図５の上図からみて西側では80m ほどであり，東側は図６の谷中分水界の高度である84m ほどとなり，落差は4m ほどであったと言えよう。

４．丸山古墳の構造と造営時期

宮内庁（1993）は丸山古墳[8)]の後円部墳頂を「畝傍陵墓参考地」に指定している。丸山古墳は，「全長310m を計る前方後円墳で，数多くの古墳をかかえる奈良県下でも最大規模を誇るとともに，全国的にも第六位にランクされるものである。東南から北西へのびる丘陵をたくみに利用し，それを削り出すことにより平面形を整え，後円部に大量の盛土を行うことにより，前方後円墳の墳丘を形成したもの」（p. 82；以下，距離などはアラビア数字などで示す）とされる。「横穴式石室は，羨門部天井石扇端～奥壁までの全長28.4m を計る両袖式のものである。開口方向は真南から西に11度偏して開口して」（p. 108）おり，その「石室内には玄室に二個の刳抜式家形石棺が逆Ｌ字型に置かれている」（p. 100）とされる。

古墳の造営時期については，「これらの遺物に伴い現代のタイル片が同一の地層から出土していることから，出土品と石室の関係は明瞭ではなく，記述してきた須恵器自

8）奈良県遺跡情報地図では，
データベース名：遺跡；ID 14C-0544；所在地：橿原市見瀬町，大軽町；種類区分：古墳・横穴墓；時代区分：古墳；時代詳細：古墳・後；遺跡概要：前方後円墳・全長約310m，横穴式石室，家形石棺2.

体の特徴から判断すれば田辺編年のTK四三形式の中におさまる資料であろう（担当者：徳田誠志）」（p. 108）としている。

田辺（1981）の須恵器年表（p. 43）では，TK四三型式は第II期の6世紀後半に比定されており，次のように年次が絞られる。「六世紀代の資料として，いま一つ，奈良・飛鳥寺創建前の土層中より発見された須恵器片がある。この須恵器は，高蔵四三型式に相当する特徴をもっているところから，高蔵四三型式を飛鳥寺の建立がはじまった五八七年の直前か，あるいはその少し前の年代とみることができよう」（p. 45）とされているのである。

以上のように，丸山古墳の造営時期は6世紀後半であり，この年代が見瀬丘陵開削の下限年代となる。つまり，開削時期は6世紀後半よりも後代になる。

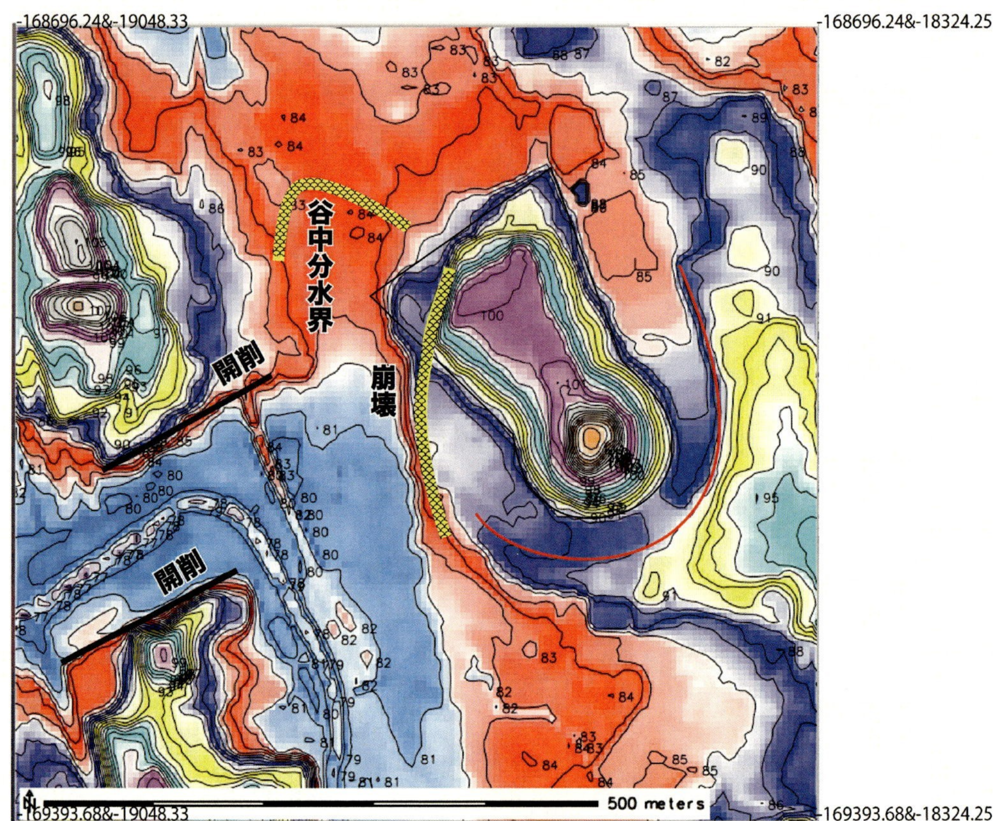

図6　丸山古墳周辺の争奪地形

これは，図4aの白枠線内の拡大図にあたる。2017年現在の数値標高モデルDEMを使っているが，この付近では戦後の大幅な地形改変をもたらす開発は見瀬丘陵以外にはほぼ及んでいないので，ここでの議論をする上では問題ない。

図７　1947年撮影と1963撮影の実体視空中写真に見られる開削地形
上図は，米軍1947年2月20日撮影USAM792-71（左写真），-72（右写真）。
下図は，国土地理院1963年10月8日撮影M63-8X-C2-10（左写真），-11（右写真）。

5. 益田池と条里の成立

見瀬開削の時代の上限年代として，益田池と条里面が考えられる。

5.1 益田池の成立

益田池は，畝傍山に南接する平安時代初期に造成された灌漑用水池で，奈良盆地最大級のものであった。本論で述べる高取川の付け替えを論じる上で必須の人工構造物である。筆者の復元図（図 11）では長軸方向 2km に達する。

末永（1947: pp. 56-57）によれば，この益田池に関する遺跡や遺物としては，高取川を堰き止めた堰の残骸である県史跡(しせき)「益田池堤跡」，畝傍山南東麓の久米寺（橿原市久米町）境内にある「益田池碑銘并序(ますだいけひめいならびにじょ)」（もとの碑石は高取築城の際に運び去られたとされる），その台石と伝えるものが県史跡「益田岩船」（橿原市白橿町，貝吹山東峰）に残り，その碑文の原文と見るべきものが高野山明王院にある。この益田岩船の起源は斉明期にまで遡るという説が現在有力となっており，後述する。

空海撰碑文には，「弘仁十三年（822）年十一月に（中略）未開地の開拓を目的として造池を計画し，嵯峨天皇に奏請して許可を得，工事に着手し，（中略）完成は天長二（825）年九月」とある（亀田，2000[9]: pp. 206-207）。次の承和(じょうわ)の官符〔『類聚三代格』巻一五校班田事，承和元（834）年二月三日官符〕から益田池造成の意味を理解できる（p. 218）。「こうした政策をうち出した前提に，耕地確保の欲求があり，それは班田の実施と結びつくものであったことは明瞭である。弘仁元（810）年に班田が行われてから天長五（828）年まで，19 年に渡って畿内に班田が行われていないことは，承和の官符に明らかなところであるが，班田収授が中止された原因として，班給すべき耕地の不足，荒田の増加は容易に推測されるところである。（中略）耕地主義を標榜し維持せんとする国家にとって，班田収授制は無視できないものであり，ここに一方において用水設備の開設・修理によって用水源の確保，設備の修営に当たり」云々。亀田（2000: p. 206）は，『類聚国史』巻七九禁制，巻三三服御，巻一七三凶年，の史料を使って，弘仁十三年（822）年が干魃の烈しい年であったこと，対策として灌漑配水の命令が再三出されたこと，『日本紀略』弘仁十四年正月丙午条に，新銭一百貫二賜大和国一，充下築二益田池一料上 と見えることで政府のこの造営に対する熱意を確認している。

9）亀田（2000）の本は，亀田（1973）の新版と言えるものである。

5.2　益田池の立地と構造

注目したいのは橿原考古学研究所（1985）の調査報告である。「地山は花崗岩の風化土で」，「現在，遺存している堤の状況は，地山から約 9.1m の高さまで土が積み上げられて」おり，「褐色系の土層では，同一土層でありながら 3cm 程度の厚さで土をならし，それを繰り返し行っていることがわかる。いわゆる版築状の丁寧な工法であることを示している」（以上，p. 37）。「現状では幅約 28m，高さ約 9.1m を確認した」。「断面の状況から判断すれば」，「高さは地山から約 9.6m 前後，標高にして約 80.7m，幅約 36m 以上と推定」している（以上，p. 37）。この報告書の土層図に，硬い，と注記されたホライズンについては，図 8 の下図に筆者が赤塗している。

水木（1917: pp. 20–21）の実測と聞き取り結果はこの調査結果を超えるものである。「地は高市郡白橿村に属して鳥屋久米見瀬の三大字に跨がり久米川（檜前川の下流曾我川の上流）の両岸を占め上は見瀬の牟佐坐神社の背面より下は鳥屋の鳥坂神社の邊に及び池水の流出する處は池尻なり」などと益田池の範囲が当時の地名を使って記述されている。当時残存する堤については，「現在猶築堤の一部を残し山嘴との間に於て僅に半町許壊断せられたるのみ（の）堤防は現在高四間餘底面 24，5 間あり，粘土を積み 5，6 寸毎に叩き込みたる所謂ハガネの痕を見るべしといふ。今にてもこの壊断せられたる小部分に土功を施さば忽にして巨浸を現出するを得べきなり」とし，「長さ東南より西南に延きて凡 7，8 町幅廣き處 3，4 町周圍凡 20 町當時の水深凡 3，4 間ありしなるべし。今日の地勢にては少しく高きかと思はるる處も猶當時低下にして池の一部たりしものあるべし」と，筆者の地形学的なアプローチで得たものとほぼ対応しており，的確な観察と簡易の測量を実施していると思われる。

高度の測量精度は必ずしも高くはないであろうが，底面 24，5 間という水平方向の距離は測定の容易さからすると妥当な数値と考えられる。つまり，底面は 45m に達している。かつ，堤の破壊距離は半町つまり 50m ほどに過ぎず，当時であっても残存率は高かったことがわかる。

廃池時期を示す史料として 2 件をここに示す。水木（1917: p. 21）は，前述に続いて，「眞菅村大谷氏の蔵する天正三年の古圖畝傍山南方に大池畫くもの果して此時猶池の存せしや否を明知すべからず」としているが，亀田（2000）の縷々述べるごとく，灌漑用水に関わる権力と農民の関係は厳しいものであって，両者をつなぐ庄屋格宅に保管されている絵図は当時の現状を示すことに過ちは存しないと考え得る。

『和州旧跡幽考』（改訂橿原市史編纂委員会編集，1987: p. 855）は 1682 年に出版されたものであるが，ここには，「久米寺のほとりに花出山といふ際に，益田池のあとゝ

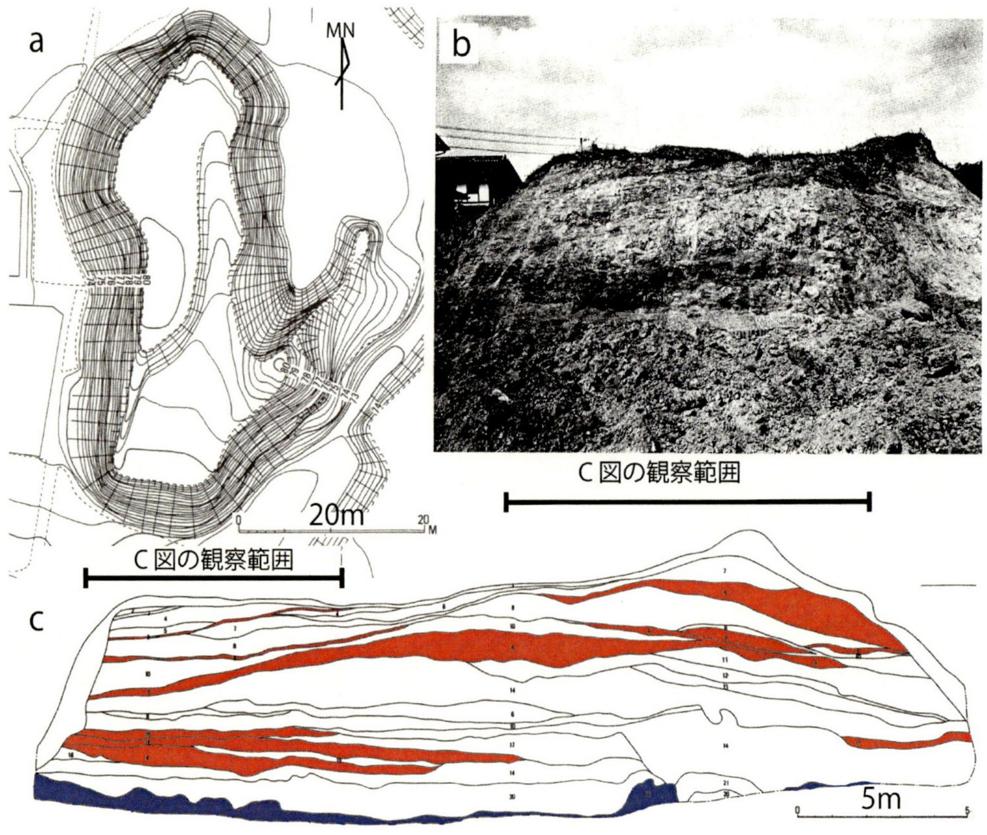

図8　益田池堤の考古学調査

a. 橿原考古学研究所（1985）の図29

b. 同報告書の図版二一 益田池堤の南からの断面

c. 同報告書の図30の版築層準を赤塗，基盤岩（風化花崗岩）を紺塗した。

てかすかにのこれり。其西につゞきて池じり村といふあり。村老いひつたへて，かの池の樋の口にて侍れば，池尻の名ありとなり。おもふに是より南半里ばかり行て碑銘をすへける石今にのこれり。池尻村より爰までむかしは池に侍りなん」などとある。江戸時代の元禄や天保の大和国絵図にも益田池は描かれていないので，16世紀末から17世紀前半の間に廃池となったものと考えられる。

5.3　益田池と条里の造営時期

空海撰碑文には，次の件（くだり）がある。

　盧亢陽之可支　歎膏腴之未開　占斯勝處　奏請之綸詔即應

坂田（1942: p. 66）の解説では，「大和は肥沃せる土地になるに拘らず，夏は水涸るるを常とする故に作物実らざる現状である。そこでこの旱魃を除き，作物の実りを支持するためには池が必要で，池なき為めにこの地味豊かな大和の地が未だ開拓せられずにいるのであることを非常に歎かれ，そこで池を造るにはすべての条件が好く揃ひ，好適地なる所を選び以てそこに大池を築造せられんことを奏請し奉りし処，但ちに御許可のみことのりが下されたのである」とあり，益田池造成の後に，条里が造成されたことになる。前述の亀田（2000）が論じたところではある。

宮本（1994: pp. 37-40）による条里制の施行時期に関わる既存考古学的発掘成果をまとめたものを見ると，奈良盆地では平安期にまで降る面積はかなりに及ぶと考えられ，これは益田池の事例と対応している。寺沢（1987: pp. 27-28）は，多遺跡だけでなく他の発掘結果も参照して，「考古学的に見て，条里型水田遺構が奈良時代に遡って認められた例は大和平野には一例もなく，（中略）少なくとも，大和平野においてさえ，現在見られるような景観的な条里は遡っても平安時代前半～中頃（11C）を遡るものではない」としている。

5.4　益田池の文献から推定される貯水範囲

従来の研究が見瀬丘陵での人工的開削を考慮していないため，貯水域が見瀬開削部を超えるかどうかという配慮は当然ながら全くない。秋山（1978: p. 36，第1図）には粗雑に益田池の水域が墨塗されており，この最上流部は開削部付近となっているが，貯水域に関わる記述はない。藤岡（1979: p. 392，第2図）には，大ざっぱな水域が表現[10]されていて，この最上流部は開削部を超える。ただ，上記報告同様，貯水域に関わる記述はない。

和田（1973）は見瀬丸山古墳の被葬者を論じる上で，益田池碑文に触れている。その第4図（p. 345）を再掲したのが図9である。益田池碑文の「『水激檜隈之下』とは，檜隈川（現在の高取川）の水を取り入れたことを示している」（p. 345）とする。「東南の取水口たる牟狭坐神社付近と，西方においてのみ築堤したことを看取できる。牟狭坐神社付近が非常に狭隘な地形だから，ここに小規模な築堤を行い，井堰によって檜隈川の水を取り入れ，水を湛えたのであろう」（p. 346）とする。

この和田の説は，幕末から明治にかけて山稜修復事業に携わった谷森善臣の『山稜考』の檜隈坂合陵比定の説明に由来するものであろう。「さるは今も檜隈川　此御陵の西辺を南より北へ流れて，益田池の旧地わたりに流ゆくなるを，僧空海が性霊集に載せたる益田池碑銘の序文に，雲蕩松嶺之上，水激檜隈之下とミえて，当昔この平田村

10）次の脚注が付いている。今井啓一『帰化人』昭和四九年。

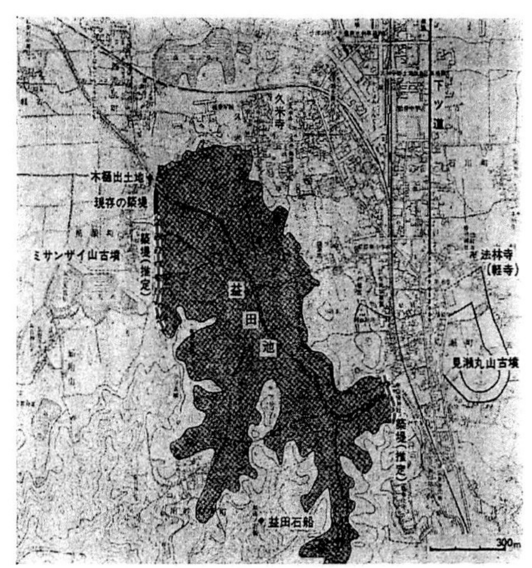

図9 和田（1973）の益田池域の復元図

和田によって推定された築堤位置を筆者が赤破線で強調している。堤の復元基準は示されていない。なお，白橿ニュータウン開発直前の1970年頃の地図が基図として使われているようである。

の北方三瀬村の西わたりにて，檜隈川の水益田池に流れ入りし趣を然記せりしものなるへければ」（外池編，2005: p. 247）などとある。

『水激檜隈之下』の句は，坂田（1942: p. 68）では，次の文面の最後に配置されている。「原文：十餘大陵聯綿虎踞　四面長阜邐迤龍臥　雲蕩松嶺之上　水激檜隈之下　講義：更に池の周圍には十有餘の陵が聯綿として長く連り恰も虎の踞れるが如き雄壮な風景であり，また四面に相連れる岡の如きも邐迤（りい，斜めに連なる貌）として恰も龍が臥してゐるかの如き観を呈して居り，又それらの岡の嶺には古松が一入風景を添へ，剰つさへその松嶺の上には雲がしきりと動いて居り，また檜木の生へる隈のあたりには水が岩に激して猶一層の美しき景観を添へてゐるのである」とある。『水激檜隈之下』は，檜隈川の暗喩の可能性はあるが，この文の流れではなかなか谷森善臣のような解釈は難しい。

上述の和田の「牟狭坐神社付近が非常に狭隘な地形だから，ここに小規模な築堤を行い，井堰によって檜隈川の水を取り入れ，水を湛えた」という記述は図9に連なるものである。すでに現在のように開削されている場合，池の上流側に堰を造ることはあり得ない。ただ，高取川が北流している場合，河床面を下げずに河岸を切る場合，一種の堰を造ることになる。ただ，後述するように残された地形からすると，現在のような形の開削は益田池の時代には実現していたと考えられるので，和田のいう池の上流側の井堰設置はあり得ない。井堰の設置点より上流側はたちまち湖水となってしまう。

5.5　益田池築造の際の見瀬開削の可能性

図10には益田池堤の実体視写真を掲載している。益田池堤跡を含む堤の想定位置を破線で表現している。赤色で示した部分が土砂による堤が必要な部分で既存の説の通り，およそ200m長となる。見瀬の開削工事がなければこれだけの工事である。

益田池碑文には工事の様子が記されている。坂田（1942: p. 67）の関連講義の一部を次に示す。「一生懸命に塊を運んでいるかの様に思はれ，その塊を運ぶ車の走れるさまは丁度車が人を逐っているかの如き観を呈しながら，百人千人等の多くの人々が日々夜々に働いているのである」，「既にか様にして車馬轟々とかまびすしき音をたてながら電の如くにすばやく往来し，多くの男女が殷々とにぎやかに雷の如きやかましき音をとどろかせながら往来し，かくて土塊雰々として雪の如くに積み上り，池堤たちまちのうちに雲の如くに高く築き立つことが出来た」，とある（下線は筆者による）。前述の情報を得ても，工事期間が三年ほどになるかどうか，わからない。この労働量をどう考えるかであるが，この引用の末尾の下線部を信頼すれば，ここで記述されている労働は益田池の築堤に限られることとなる。とすれば，益田池造営年代が開削の上限年代となる。

どこから採土したのかという点であるが，図5上図の堰上流側に見られる袋状の75m等高線で示される凹地が想定されるが，当時の地下水面を考えると掘り出すことは難しく，採土地には該当しない。おそらく廃池の後に採土地となったのであろう。現在でも堤の下流側の条里面の標高は72mほどであり，図5上図の時点であっても堤より上流側は池底の埋積によって数メートル高くなっていた。

築堤のための採土地として考えられるのは，堤として利用された鳥屋など自然の列状丘陵（図10に白い矩形で示す）である。図5の上図の等高線から見るとこの矩形域の高さは5m以上あり，200m長，100m幅となっている。前述の水木（1917）に示された堤底面の幅は45mであり，200m長で，高さを仮に10mとする。

益田池堤土量＝200m長×45m幅×10m高＝90,000m^3

矩形域の土量＝200m長×100m幅×5m高＝100,000m^3

実際の堤は台形であるから上式の土量は必要ないので，鳥屋の丘陵からの採土という想定は悪くない。築堤の採土地は近接しており極めて効率的に実施されたと言える。この矩形域の南縁部や底部には多少削り残しを見ることができる。北から南へと採土

図10　益田池堤の実体写真

赤い縦線は左（MKK63-8X-C2-10）右（-11）写真の境界。左写真の破線○は益田池堤跡で，白線の矩形域は採土地と考えられる。右写真の破線は益田池堤の内側境界で，赤色の破線部は土砂堤が必要の部分であって，その長さは約200mである。

されたようである。

このように採土地が特定されたことで，益田池造成の際にはすでに元高取川は開削されていたと考えて良いだろう。つまりは，元高取川の開削の上限年代は益田池完成の天長二（825）年となる。

6．見瀬開削部周辺の空中写真判読による谷底区分

6世紀後半～9世紀初めの間に実施された見瀬開削によって，これより上流部の侵食基準面は低下し，開削部周辺では急激な侵食環境が生まれた筈である。地形発達史としては極めて短期間ではあっても，開削部よりも下流部では，高取川の流入によって上流部で生産された砕屑物が運搬されて何らかの堆積地形が生まれる筈と考えた。以上を確かめるために，谷底平野の空中写真判読を実施して図11を得た。

6.1　使用した空中写真と判読の限界

現在，国土地理院提供の地図空中写真閲覧サービス[11)]で手に入る同院撮影で使用に耐え得る最古のものは，KK63-8X（御所地区標定図）の2万分の1相当のものであり，5万分の1地形図『吉野山』[12)]で見ると，本研究対象域はC1-9〜-13，C2-9〜-13が該当している。なお，同上閲覧サービスで手に入る最古のものは米軍撮影のものであるが，縮尺は4万分の1で解像度はかなり落ち，標定図を見ると撮影範囲は今回の研究域を完全にはカバーしていなかった。

当初，前者の空中写真判読を進めていたが，前記の地図空中写真閲覧サービスで，米軍1948年撮影の空中写真が標定図とは異なってこの研究対象域を完全にカバーしていることを知り，KK63-8Xを使った判読結果と比較して，橿原市域について，両写真の間にかなりの地形改変が実施されていることを確認した。建築物の改変だけでなく，隣接する谷の合体なども認められたのである。現在，国土地理院から提供されている数値標高モデルDEMではいくつかの古墳は消失し，丘陵は削られ，谷は埋められ，米軍1948年撮影の空中写真と比べると激変している。

古代研究のための空中写真利用の限界を感じつつ，自然地形か人工地形かを疑いつつ，米軍1948年撮影の空中写真判読を進めた結果をここに示している。代々，農業利用されてきた谷筋についても近代以前にかなり改変されてきたと，筆者は痛感している。ここでは地形分類をする上で谷底部の傾斜を重視している。人工改変作用が平坦部を破壊して斜面にすることは考えにくい。既存，つまり自然的営力で実現した平坦部をより広げる努力は，もちろんなされてきたであろう。地形改変についての最も古い近代的な資料はこの地では正式2万分の1地形図である。これも地図空中写真閲覧サービスの地形図・地勢図図歴[13)]で利用可能で，本研究に関連する地域としては『高田』と『櫻井』が該当しているが，南縁部は欠落している。図11のうち上部四分の三で東西に多少広げた範囲が図5の上の地形図に対応する。このような資料条件のもと，1948年米軍撮影の空中写真を実体視によって判読した。諸元の一部は図11の説明に示している。

実体視はパソコン上で隣接する空中写真を二つ並べて（Macプレビュー），拡大表

11）国土地理院提供の地図空中写真閲覧サービス　http://mapps.gsi.go.jp/maplibSearch.do#1

12）国土地理院提供の地図空中写真の標定図『吉野山』
http://www.jmc.or.jp/photohtz/us4k_noriku/5135/513546/03.jpg

13）地図空中写真閲覧サービスの地形図・地勢図図歴
http://mapps.gsi.go.jp/history.html#ll=37.3912834,140.3903225&z=5&target=t25000

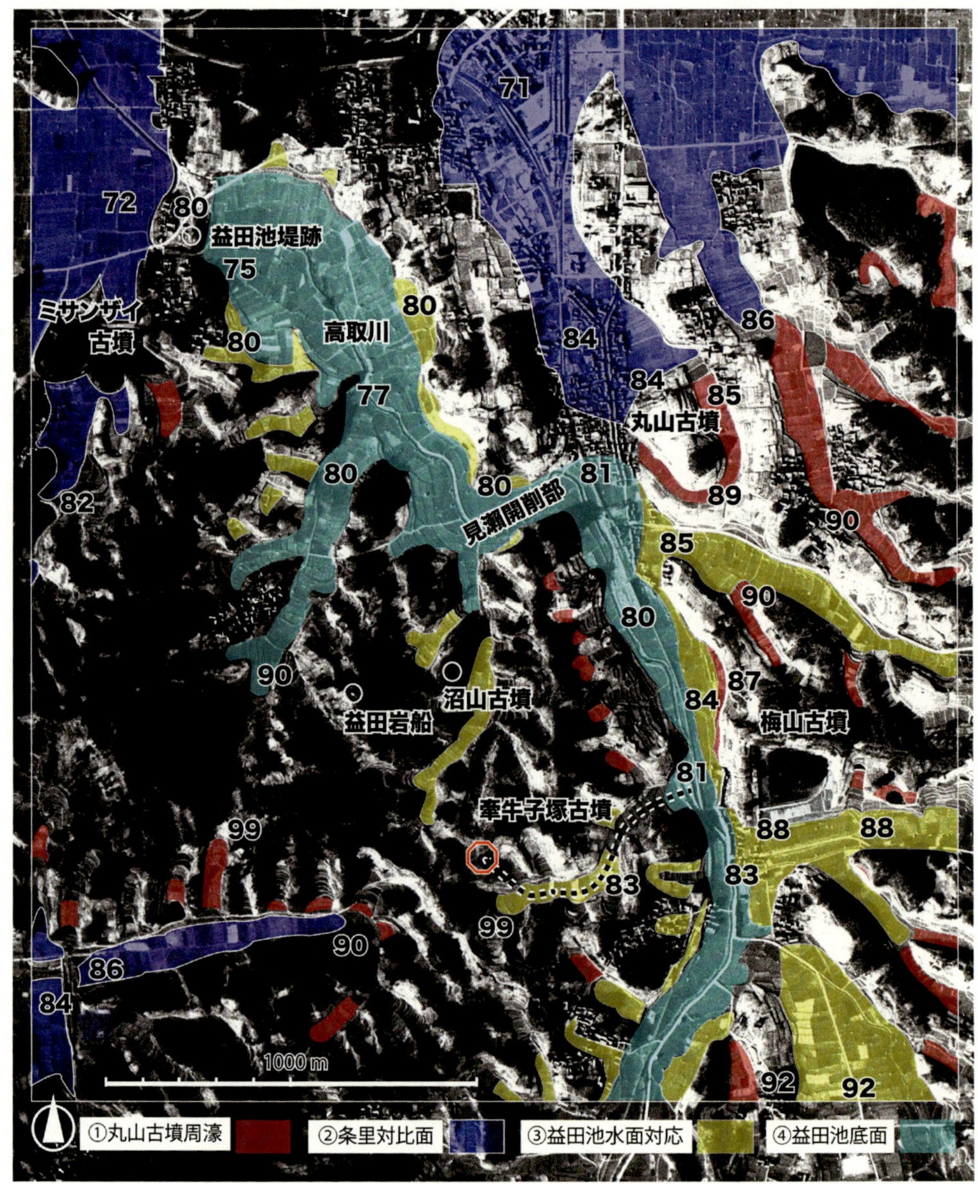

図 11　益田池周辺の谷底地形面区分

1948 年に撮影された米軍空中写真（USA-M792-72）を地形面区分の基図としている。空中写真は中心投影であるが高高度から撮影されたもので起伏も小さく，位置のズレは面積計算にも耐えうるものと考え，実体視像での地形分類環境を維持するためもありオルソ化は避けた。図最下部の凡例の完全な名称は次のようである。

①　丸山古墳周濠対比面　　②　条里対比面

③　益田池水面対応の三角州および後背谷底平野面　　④　益田池底面

図中の牽牛子塚古墳から高取川河谷底に続く二重破線については，本文「8.5 益田岩船から牽牛子塚古墳への連鎖」に示している。

なお，実体視に使用した米軍空中写真の諸元は次のようである。コース番号：M792，撮影年月日：1948/02/20（昭 23），撮影地域：吉野山，撮影高度（m）：6706，撮影縮尺：43799，カメラ名称：K-17B，焦点距離（mm）：153.100。

示率を目的によって変えつつ，裸眼で実施した。使用空中写真は，地図空中写真閲覧サービスで提供されている400dpiも使用したが，この図11については，日本地図センターから1200dpiのUSA-M792-71～-73の3枚のTIFF画像を購入したものを使用した。3枚の間でもかなりの鮮明度に違いがあり，図11の基図に利用したUSA-M792-72は鮮明度が他の2枚よりも優れている。とくに-71は無料提供されている400dpiのものと鮮明度で違いはほぼ見られない。提供された1200dpi TIFF画像の鮮明度はかなり低く，画像処理ソフトでレベル補正を実施する必要があった。

6.2　キーサーフェスの認定

西村嘉助は鍵面のカテゴリーを提唱した。地質学の鍵層のアナロジーである。

> "Concept of key surface introduced by the present writer (Nishimura, 1957) is useful for the study like this. (snip) Plain surface with the Jori field pattern, is qualified as the key surface because of the time definiteness. As studied by many students the establishment of the Jori field pattern was in 7th or 8th Century, and therefore the plain surface with the Jori field pattern at present proves not to have been modified after that time." (p. 13)

残存する条里面の施行時期の限定性ゆえに，鍵面のカテゴリーを活用できるとしている。鍵面候補としては，図11の凡例に示した4面がある。前述のように，益田池は平安初期の天長二（825）年に完成している。

6.2.1　①丸山古墳周濠対比面

奈良県（1985）の地形分類図（図4c）では，付け替え前の河床面は，砂礫台地の下位面にほぼ相当している。この図では丸山古墳と梅山古墳だけが「人工改変地」とされているが，もちろん1985年の時点でこの二つの古墳以上に大きく人工改変されている場所も多々あり，この図の「人工改変地」という名称は適当ではない。

国土地理院の1971年撮影の1万分の1空中写真（KK71-3）を見ると，この時点ですでに道路建設や宅地開発による丘陵と谷底の破壊が著しい。これに対して，米軍撮影の空中写真では水田が広く残っており地形の近代的な改変は限られている。図4cに指示線で示した砂礫台地下位面にあたる全4カ所のうち，丸山古墳西隣の付け替え前の高取川北流時の河床面に当たる北寄りの2カ所を除いて実在しない。一つはその後の埋め立てで，もう一つは人工的削剥である。地形分類担当者が使用した空中写真は主に1963年の2万分の1空中写真ではないかと思われるが，この写真ではすでにかなり破壊されている。

見瀬丘陵と丸山古墳の間の盲谷にあたる地形分類図の下位面（図 4c）は図 11 では②「条里対比面」としている。地形分類担当者は元高取川の盲谷を①「丸山古墳周濠対比面」よりも古期の段丘面と誤認したことになる。

①「丸山古墳周濠対比面」の形成期は狭い時間幅に限定できない。丸山古墳の周濠は前述のように既存の谷底を利用したものである。周濠の南東端の後円部に接する部分では 89(m)，前方部底辺に近い周濠部は 85(m) となって，かなり急な谷底傾斜を示しており，周濠は空堀であったと考えてよいだろう。この周濠は東方に隣接する谷筋と類似している。この対比面は図 11 に示した範囲では最も古い谷筋に属しており，丸山古墳成立期よりもかなり時代を遡る。

丸山古墳の造営期は遺物から見て前述のように 6 世紀後半である。もちろん，この時には①「丸山古墳周濠対比面」は侵蝕されていない。前述のように丸山古墳造営当時，元高取川は見瀬丘陵と丸山古墳の間を北流していた。換言すると①「丸山古墳周濠対比面」は，開削前の元高取川の氾濫平野またはその支流谷底に当たることになる。

奈良県（1985：『吉野山』土地分類説明書）で谷底平野について触れたところは，「欽明天皇陵から東に延びる尾根は 5～10cm 径の花崗岩質くさり礫を含む風化した数 m 厚の砂礫層に覆われ，頂部と開析谷底との比高は 20m 以上と風化した花崗岩質岩よりなる低位の丘陵よりも大きく」（2. 丘陵地・台地 IIa 飛鳥・巨勢丘陵 pp. 14-15）としているところだけで，谷底平野の時代区分については全く触れられていない。前述のように，この報告では，見瀬丘陵と丸山古墳の間の開削前の元高取川ルートは砂礫台地下位面に区分されており，②「条里対比面」と混同されている。なお，土地分類図の砂礫台地中位面（及び上位面）は，最終氷期の低位段丘にあたる。

6.2.2 ②条里対比面

Nishimura は条里制の施行時期を 7 または 8 世紀とするが，現在の知見では中世にまで及ぶ。条里区画はこの図 11 の②「条里対比面」域に今なお残っている。この対比面に続く畝傍山南東部では，図 5 の上図に見られるように明治期でもすでに都市化が進んでおり，条里区画は残っていない。そういった部分も地形学的観点からはこの対比面に含めることができる。

このように，条里面に連続的に続くより上流側の緩斜面は支谷底域も含めて，図 11 では②「条里対比面」として分類しており，これは地形面の形成期の同時性の観点から問題がない。それゆえ，この②「条里対比面」は Nishimura が提唱した鍵面に当たるのである。

6.2.3　③「益田池水面対応の三角州および後背谷底平野面」と④益田池底面

開削前は，その上流側も下流側も，谷底面はもちろん，①「丸山古墳周濠対比面」にあたっていた。開削後，開削部より上流域では烈しい下刻を経験した。下流域のうち後の益田池域には高取川が流入し当初は多少の被侵蝕傾向にあって，まもなく平衡に達した。とはいえ，図11に示すように，丸山古墳付近の元高取川河床は海抜84mで，争奪の肘にあたる付け替え後の新たな高取川河床は海抜81mを示し，比高3m余を呈する。このようにして形成された面が④「益田池底面」にあたり，成立の短期性と連続性ゆえに鍵面の条件を満たしている。益田池の廃池後の時間経過ゆえに，地形学的には④「益田池底面」の上流側の限界を決めることはできないが，高度分布からすると梅山古墳と牽牛子塚古墳を結んだ線分と高取川流路とのほぼ交点にあたる81(m)とした付近ではあろう。

見瀬開削部より上流側の③「益田池水面対応の三角州および後背谷底平野面」には，特に右岸で三角州起源の河岸段丘が分布している。丸山古墳と梅山古墳の間の③面の84(m)や85(m)とした付近がその典型例にあたる。85(m)とした部分から東南東方向に遡る支谷底は三角州形成時の河谷底である。このように，③面は益田池の三角州面とその後背の谷底面を含んでいる。③面の形成時代は益田池が立地していた時代に一致しており，Nishimuraの鍵面の条件を満たしている。

6.2.4　①～④鍵面の形成順序

以上より，図11の4凡例に示した鍵面の形成順序は次のようになる。

1．6世紀後半よりかなり前から，①「丸山古墳周濠対比面」が形成されていた。
2．詳細は後述するが，斉明期に見瀬丘陵が開削され，北流していた高取川は西に転じる。
3．④「益田池底面」は，平安初期の天長二（825）年に益田池が完成後のものであるが，見瀬開削部施工後の高取川の平衡に達した氾濫平野にはじまる。
4．池の水面に応じて，③「益田池水面対応の三角州および後背谷底平野面」が形成されたが，④「益田池底面」同様，見瀬開削後の氾濫平野に起源を持つ。
5．②「条里対比面」は，益田池完成後の条里景観を現在に引き継いでいる。

6.3 ①丸山古墳周濠対比面と②条里対比面との間の急崖

丸山古墳の周濠，つまり①「丸山古墳周濠対比面」は，②「条里対比面」との間に急崖をもつ。この出現形態は，「益田池堤跡」より下流側や図11南西部にある東西方向の谷筋にも見られる。条里造成地より上流の谷底緩斜面への谷頭侵蝕モデルは未だ提示されていないが，造成時の削剥と畦畔の人工的な段差と田地内の徐々の土壌侵蝕に拠ると考えている。

④「益田池底面」は見瀬開削部を境に，上流側と下流側に分けることができるが，①「丸山古墳周濠対比面」は益田池流域の見瀬開削部より上流側にのみ分布し，より下流側には分布しない。上流側の流域では見瀬丘陵の開削によって急激に侵食基準面が下流側のそれまで低下し，各支谷の上流で谷頭侵食が生じた。下流側ではこの開削による基準面の変化は図11に見られるように小さかった。なお，条里は益田池堤跡より上流側には分布しない。益田池成立後にその下流域に条里施行が及んでおり，堤跡が条里対比面との間の急崖に対応している。

見瀬開削部より上流側には①「丸山古墳周濠対比面」が支谷奥に広く残存している。図11では高取川左岸に6カ所の高位谷が並ぶ。図5の下図に見られるようにこの地の地形は，高度成長期にほぼ完全に破壊されている。図5の上図には上記6カ所のうち北部の4高位谷が表現されており，それらの下限高度を同図の等高線から読み取ると，すべて海抜90m余になる。近接する④「益田池底面」高度はおよそ80mでかなりの比高を持っている。この対岸にあたる高取川右岸の旧氾濫原（①丸山古墳周濠対比面）が丘陵の壁面に張り付くがその高度は，87mほどである（図11の87mと記した位置）から，左岸の高位谷とよく対応している。この付近では元高取川河谷面（①丸山古墳周濠対比面）と高取川河谷面（④益田池底面）間の比高は7mほどと考えてよい。

図11の南西隅に見える曽我川支流の②「条里対比面」内には落差2mほどの急崖が見られ，この②「条里対比面」では河道沿いの下刻が進み，段丘化している。これは，①「丸山古墳周濠対比面」と②「条里対比面」の間の急崖形成のアナロジーとも見ることができよう。

6.4 ④益田池底面と③「益田池水面対応の三角州および後背谷底平野面」の残存地形

益田池が廃されたのは前述のように16世紀末から17世紀初め前半である。図11の米軍空中写真判読結果を図5の上図と対照すると，海抜80mの等高線が池水面にあたることが容易にわかる。現存する益田池堤跡の残存土堤頂部は海抜80mにあたっており，その後の多少の低下を考慮すると，池水際を80m等高線に対応させることに問題はない。

図11の開削部と益田池堤跡の間で，④「益田池底面」の周辺に伸びる黄色の範囲は，③「益田池水面対応の三角州および後背谷底平野面」にあたるが，山麓斜面の様相を呈している。開削部より上流側右岸では三角州に続いて支流後背部にスムーズに緩やかな谷底平野が延びており，いずれも堆積物の供給があって形成されたものであろう。言い換えると，益田池岸域は開削部より上流側については，高取川とその支流の三角州域にあたっていた。

7．明日香村平田の梅山古墳南縁侵食と埋没谷の成因

7.1　梅山古墳の文久年間の修復

梅山古墳[14)]とその前方の谷底平野との関連を知ることは，高取川の付け替えに関わって欠かせない（図12)。この古墳は宮内庁により，檜隈坂合陵（ひのくまのさかあいのみささぎ）に比定されており，それゆえに詳細な発掘は制限されており，維持管理ために比較的小規模の現状保全調査が実施されてきた。

宮内庁（1979）には梅山古墳について次の記述がある。「欽明天皇檜隈坂合陵は，明日香村大字平田の北方にある東西に延びた丘陵の南斜面に立地し，主軸が尾根筋に沿った前方後円墳である。丘陵の傾斜面に築造されているために，北側と南側では基底面に約三メートルのレベル差がある。（中略）丘陵斜面を切断して造成した北側の濠は空濠となっているが，南側の濠は水を湛え，近在の田畑を潤している」(p. 76)。

この周濠について，「『文久山陵図』の「荒蕪図」をみると，周濠は埋もれてしまい所々に小池があるだけである。ところが「成功図」では整然と水を湛えた周濠が描かれている。従って現在の土堤が文久の修陵時に築成されたもので，原初の位置よりもやや内側に設けられたもの」(p. 80）としている。トレンチから得られた地山直上のV層の遺物はいずれも須恵器で古墳時代（6世紀）としている。

宮内庁（1998）では，前記「丘陵の傾斜面に築造されているために，北側と南側では基底面に約三メートルのレベル差がある」に関連して，「周囲に濠をめぐらし，（中略）渡土堤を挟んで南側と北側の濠底では約2メートルの比高差があり」(p. 100）とする。出土遺物について，「本陵の築陵の最も近い時期を示す遺物は第8図（同報告の

14）データベース名：遺跡；ID 14C-0560；所在地：高市郡明日香村平田；種類区分：古墳・横穴墓；時代区分：古墳；時代詳細：古墳・後；遺跡概要：前方後円墳・全長140m.

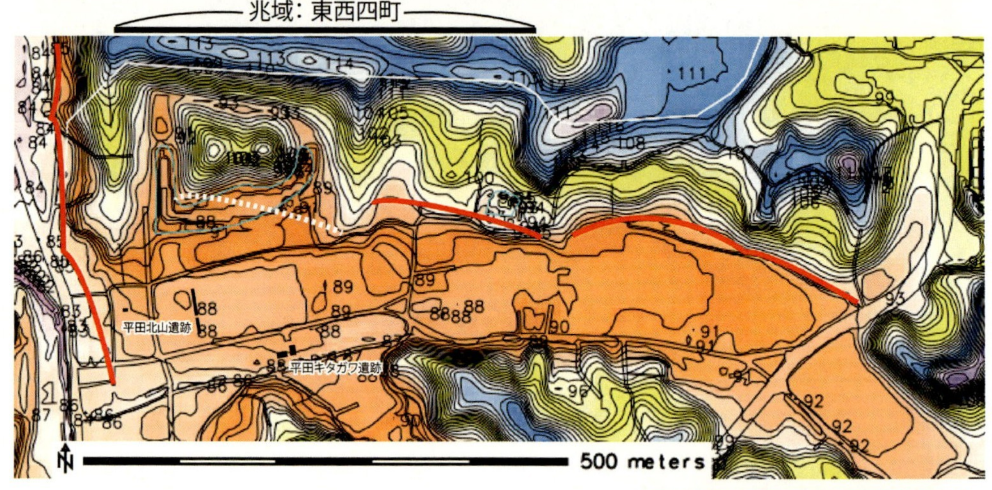

参考地質図

図 12　梅山古墳の現地形と周辺遺跡

上図は Google Earth 画像で遺跡位置などを付加している。下図は 2017 年現在の国土地理院の 5m メッシュ数値標高モデルから GrassGIS を使って 1m 間隔の等高線を作成し段彩図とともに表現したものである。なお，最下部に当該地域の地質図（地質調査所，1958）を示す。茶色域は「白亜紀花崗岩質深成岩」で白抜きは「沖積層」。

図番号）に示した第 9 トレンチ出土の須恵器類であるといってよい。この須恵器を示す型式年代観は，大阪府陶邑古窯址編年の TK 四三新段階に含まれるものと考えている」（p. 115）とされた。梅山古墳も丸山古墳同様，6 世紀後半にあたることになる。

梅山古墳は宮内庁や小澤（2003）などによって文献学的かつ考古学的に欽明天皇檜隈坂合陵とされる。小澤（2003）は丸山古墳の被葬者を「蘇我稲目とその娘だった堅塩媛（きたしひめ）」としている。小澤（2003: p. 182）の言うように，欽明天皇の没年は欽明三十二（571）年で，蘇我稲目のそれはその前年であるので，古墳の成立年を論じる上では被葬者がいずれであってもここでは問題にならない。両墳の造営時代は6世紀後半にあたるからである。

外池編（2005）に掲載されている修復前の荒蕪図と成功図（図13）を確認した。いずれもかなりデフォルメされている。北壁に圧迫感はなく，墳丘よりも低くまたは遠く表現されている。荒蕪図では，周濠の代わりに耕地が墳丘を取り囲んでいる。成功図では，全周に水が満々と湛えられている。

7.2　北濠底と南濠底の落差

文久時と戦後すぐ（米軍空中写真）の間で人的因子以外，地形環境に違いはなく，人的因子以外，前述の宮内庁の2報告と文久の成功図に違いはない。文久の成功図（図13）には全周に水が満々と湛えられている。これは可能だろうか。図14に断面図を示

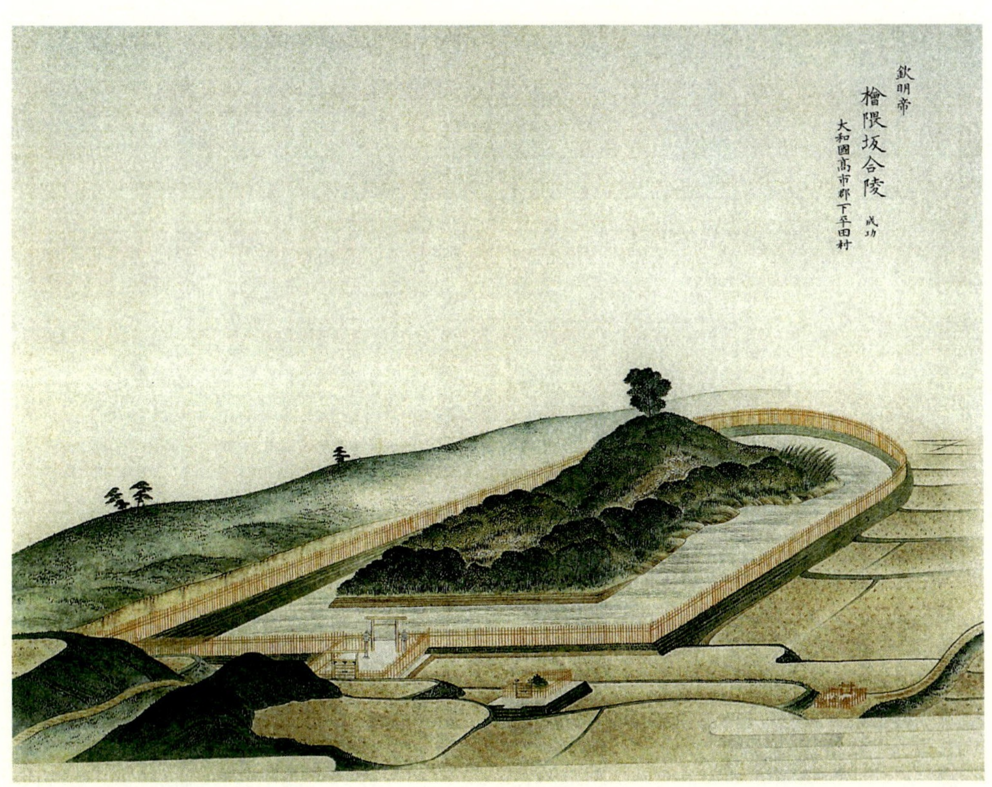

図13　文久山陵図の成功図
外池編（2005: p. 27）。

している。**a-b** の範囲は梅山古墳の全容を含む。宮内庁の2報告よりも濠底の比高は大きく93-88＝5mに及ぶ。南濠の堤高では北濠の水を湛えることはできない。湛えるためには北濠底が少なくとも海抜90mまで低下する必要がある。

この断面図と成功図の間の矛盾の解消には二つのケースが考えられる。一つは文久の修復後，主に北壁からの崩落で現在埋積されている場合，もう一つは成功図が実態を反映していない場合である。いずれの場合もトレンチ調査で埋積量は得られるであろうが，未だ北濠では実施されていない。辰巳（2016）に紹介されている明治十二（1879）年の上記御陵図[15)]の平面図と鳥瞰図には，文久成功図には表現されていない南濠と北濠を分割する渡土堤が見える。これは図12の現状を表現した上図と下図いずれにも見ることができるものである。渡土堤は山（北）寄りに配置されている。これは文久時には造られなかったのであろうか。渡土堤が造られていれば，北濠にも水を湛えることは可能ではある。上記御陵図の平面図と鳥瞰図では北濠も水が湛えられており，両水位に落差があるようには見えない。文久成功図に渡土堤が描かれていないのは，美観重視ゆえかもしれない。北濠に水を湛えるためには南濠と北濠を分割する必要があった。ただ，宮内庁（1998: p. 122）には，絵図の比較からか，「渡土堤は明治新政府の主導によってなされた可能性が高く，慶応三年から明治一二年までのおよそ一〇年間に造られたと判断されている」と言う。理解しがたいところである。

7.3 梅山古墳南縁侵食の検出

前述の『文久山陵図』の荒蕪図と成功図との比較から見て，文久の修復で梅山古墳の周濠が復活したのは間違いなかろう。宮内庁（1979）はその南濠の外堤にトレンチを設定した。それによると整地された花崗岩基盤の海抜高度（トレンチ内VI層/V層境界）は，後円部にあたる東よりの外堤の濠内側に設定された第1トレンチ（89m付近），2（89m弱），4（88m付近），5（88m弱），そして，前方部の西端に面する周濠の外堤の濠内側に設定された10（88m弱），11（87m余），13（87.5m付近）（同報告の第14, 15, 16図）を報告しており，周濠底は東方の後円部で高く西方の前方部で低くなっている。これは河川水の供給方向に対応しているので，周濠への水供給の利便性から考えると当時の谷底高度に何らかの形で対応するものであろう。

宮内庁（1998）では南濠の墳丘側斜面にトレンチを設定している。墳丘の花崗岩の地山は東縁で90mほどで後円部での高度は維持され，その後，低下してゆく（同報告

15）今尾文昭，1985．古記録にみる飛鳥猿石の遍歴．末永先生米寿記念会編：献呈論文集（奈良明新社），pp. 1049-1089．平面図は第23図，鳥瞰図は第24図に掲載されている。

の第1図)。墳丘西端の「前方部正面については，葺石が基底部から良好に遺存していることを確認し」ている。「一方，葺石が遺存しない箇所にあっては大きな削平をうけており，葺石はもちろん墳丘自体も削られていることが明らかとなった」(以上2カ所：p. 111) という。「墳丘南側は，各トレンチの概要でも述べたように本来の葺石は残っておらず，後世の大きな削平が認められ」ている。「本来の南側墳端ラインは現在の墳端から外側にある」。「あくまでも推定線であるが，おおよそ5mほどは墳丘が大きくなると考えられる」。「後円部側も造出を区分する目地の基底石から前方部側とほぼ同程度（約5m）は後円部径が大きくなるものと推定した」(以上4カ所の引用：p. 122) とされ，墳丘の南側が侵食されたことを明示している。

7.4　明日香村平田の弧状河食崖の連なり

梅山古墳北濠北壁は図12下の図のように東西に直線上に連なる。これはカナツカ古墳域の北方にも及んでいる。延喜式には，「磯城島(しきしま)金刺宮御宇欽明天皇。在大和國高市郡。兆域東西四町。南北四町。陵戸五烟。」[16] とある。1町＝60歩＝360尺＝109m（曲尺(かねじゃく)0.303m）であるから兆域は436m四方になる。図12の下図のスケールを使うと，梅山古墳の東隣のカナツカ古墳を含む凹部と併せて東西四町となる。

梅山古墳域開削前の地形はこの東隣の凹部と類似の地形を呈していたろう。図11の地形分類図を見ると，カナツカ古墳を含む凹部には小規模だが①「丸山古墳周濠対比面」が残存している。その南縁部を図12の両図に赤い弧状線で示している。この弧状線はさらにこの東の天武・持統天皇陵が載る凹部の南縁部にも見える。ところが，梅山古墳の南縁には見えない。

図12にはカナツカ古墳の凹地南縁に見える弧状線をそのまま，梅山古墳にコピーして白い破線で示した。その結果，ほぼ墳墓前方正面の南縁と一致した。これは，前述の宮内庁（1998）が検出した墳墓南縁の侵食を説明するモデルにあたる。図12両図の右最下部に参考地質図を掲載している。梅山古墳前では花崗岩からなる基盤岩がせり出している。このことが宮内庁（1979，1998）で報告された基盤岩高度が海抜90mに達している主要な理由と考えている。

弧状線は，見瀬開削にともなう急激な河食によって生まれたものと考えられる。平田の谷の①「丸山古墳周濠対比面」は侵食されて，図11に示すように支谷の高位にわずかに残る結果となった。図12の西縁付近にも米軍空中写真実体視によって得られた

16) http://dl.ndl.go.jp/info:ndljp/pid/1273499/86?tocOpened=1
国会図書館デジタルコレクション　延喜式 巻二十一 諸陵寮 p. 163.

赤い弧状線を描いている。これは高取川本流の弧状侵食地形である。これは、図12の東西に走る平田の谷に見られる前述の弧状の河食地形を理解する上で参考になるだろう。

7.5 明日香村平田の埋没谷とその斉明期比定

図11の谷底分類図は前述のように戦後すぐの米軍撮影の空中写真を利用して得たものである。6世紀後半から9世紀初めの間に，見瀬開削イベントがあって，益田池の造成があり，条里区画が整備されていった。見瀬開削イベントの際，開削部より上流側では下刻の回春があった。開削前には，①「丸山古墳周濠対比面」が当時の谷底であった。それが急激な下刻に曝される。開削当時の人々はそれに驚きをもって対峙し，対策を講じつつ，無力感をも感じていたかも知れない。

図14の右図には断面図を，左図には断面位置を示している。左図の断面位置を図11と対照すると理解できるが断面位置は次のように配列されている。**a-b**間は梅山古墳とその周辺，**b-c**間は平田の谷，**c-e**間は高取川の谷底ではあるが，比較的上流部は③「益田池水面対応対比面」で，最下流部（**d-e**間）の④「益田池底面」，**e-f**間は谷中分水界（②条里対比面を含む），**f-g**間は②「条里対比面」ではあるが，下流域の条里面と比較するとより急な斜面となっている。この断面図に，谷底面の傾斜トレンドを赤色の線分で追加した。

右図**b**，**c**の地表下の破線は，**c-d**間の「高取川主谷の益田池水面対応」面の傾斜トレンドを平田支谷に延長したものである。これは益田池または開削後の想定谷底面で，図中では「平田支谷の地下　益田池水面対応」としている。開削と益田池造成の間の懸隔時間は特定できないが，益田池はただ高取川を堰き止めただけで，もちろん下刻を引き起こす要因にはならない。益田池堤による水位の上昇は海抜80mまでであり，益田池の最上流部の汀は最も上流部でも図11の81(m) とした付近，言い換えると，梅山古墳の西方あたりまでだろう。平田の谷に形成された侵食谷の最下部が図14地表下の破線に対応することになる。平田の谷底が開削後のいつ頃，このレベルに達したかは不明ではあるが，ガリー的な線状谷の形成は容易であったことだろう。

図12の下図の平田の谷には，小さい黒つぶし矩形で発掘地を示している[17]。図14右図の断面図b付近は平田キタガワ遺跡，c付近は平田北山遺跡[18]におよそそれぞれ位置づけうる。特に平田キタガワ遺跡では，最近の埋土1.8mを含めて地下2.5〜2.7mに

17）辰巳（2016）のp. 36第1図を参考。

18）明日香村教育委員会，2000：地表下0.8mに整地土，径40cmの円形柱穴．調査面積は4×2mに過ぎないが，報告では平田キタガワ遺跡の整地土との関係を想定している。

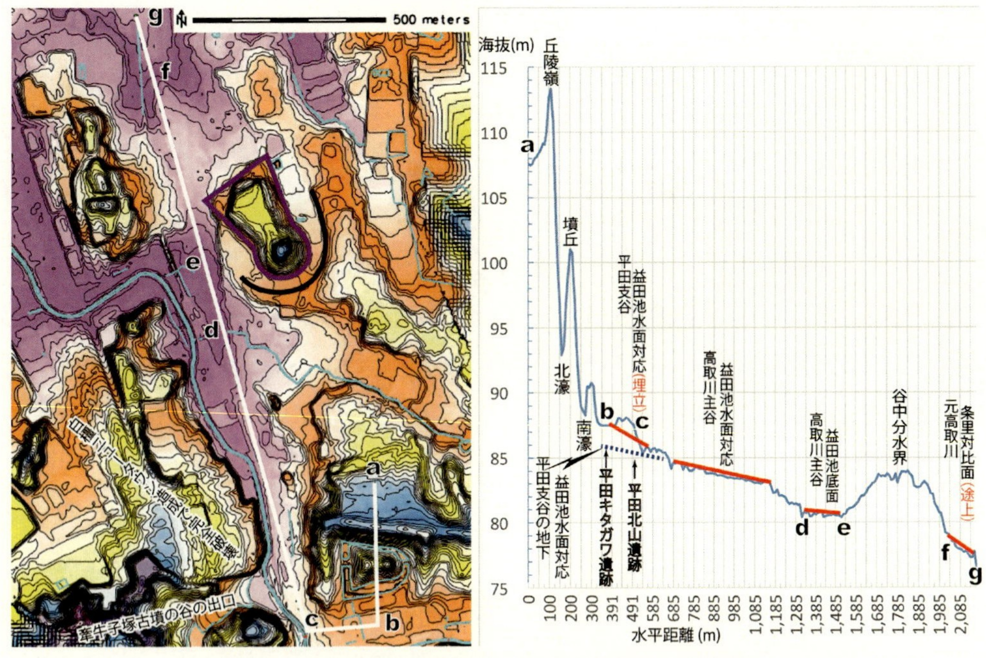

図 14　梅山古墳から元高取川谷中分水界までの断面図

左図，右図のいずれも図 12 と同様の基図を使って求めている。左図には断面位置を，右図には断面図を示す。

川石が整然と並ぶ敷石などが検出されている。橿原考古学研究所（1990）の「図 11 平田キタガワ遺跡第 1 次調査遺構実測図」（「図版 7 平田キタガワ遺跡第 1 次（1）」発掘現場写真）を見ると，石敷最下部は海抜 85.4m 付近にあたる。「図 12 平田キタガワ遺跡第 2 次調査遺構実測図」（「図版 12 平田キタガワ遺跡第 2 次（4）」発掘現場写真）では，83.5m 付近に石敷の水路跡を見ることができる。

平田キタガワ遺跡の石敷遺構の高度は図 14 右図の平田支谷地表下に示した破線にほぼ対応しており，見瀬開削後の下刻に対応するものと言えよう。

1 次および 2 次の発掘担当者である亀田（1988）は，この平田キタガワ遺跡を斉明期のものとしている。「幾つかの遺跡・遺構などを検討したが，アスカとその周辺では，斉明朝に都市形成の画期があったようである。この時期に，明日香村岡に造営した宮殿を中心にして，その阿倍・山田道沿いには石神遺跡を，その西の下ツ道沿いには平田キタガワ遺跡を造営して範囲を画し，宮の周囲には庭園を配置し，（中略）これらの造営には膨大な量の石が用いられて，更にそれに附随して各種の石造物が造られる」（p. 698）という。後の研究者の報告もこれに従っていると考えてよい。

8．水運のための見瀬開削

8.1　飛鳥時代斉明期の参内ルートと開削

平田キタガワ遺跡は斉明期の苑池とされてきた。河上（2003: p. 38）はこの遺跡を次のように位置づける。「まさにこの地，下ツ道（飛鳥京の西部から北へ抜ける路）と紀路（吉野・紀伊方面より飛鳥に至る当時の幹線道路）のつながった場所が，キタガワ遺跡の存在する所ということになる。私はこの遺跡の性格を，迎賓館・鴻臚館のようなものではなかったかと考える。各地・各国の使者がやってくる。しかし，飛鳥に来ても，事前の連絡手段のほとんどない古代にあっては，天皇に拝謁するには長く待たねばならない。彼らは国の客であるからその間ここに泊まる。使者をもてなすために」などと言う。「北側から京に入ると，天皇の背後から入るという形になるから，これはあり得ない。もちろん，間道のような公的には使われない道があったことは間違いないが，公式に京へ入るにはどうしたか。飛鳥の西側をまわって南西に至り，ここから東を向いて入るのである。天武天皇陵の下方から少し道を曲げながら亀石あたりを越え，川原寺と橘寺の間の道を通り飛鳥川をこえると，広場がある。ここで北を向くと宮の南門がある，というわけである」（同 pp. 37-38）。

前述のように，平田キタガワ遺跡は見瀬の開削前には成立しえない。平田キタガワ遺跡が正式の参内ルートの拠点だとすると，平田キタガワ遺跡までのルートと開削が繋がる。河上が他の箇所で述べるように，陸路で下ツ道を南下し軽市（かるのいち）を経て（図 15），参内する考えもあるが，河を上るルートも魅力的で特に重量物の運搬にはより合理的な面を持つ。遡上のための開削効果を傾度の点から論じる前に，図 15 で参内ルートを検証してみる。河上のルートでは，軽市を南進して，平田キタガワ遺跡のある平田の谷を東進または東北進して亀石に至り，更に東進して飛鳥宮に至る。図 15 を見ると，このルートは如何にも迂回路である。軽市を南進して平田そして亀石と進むよりも，三角形の一辺をなす五条野から亀石，そして飛鳥宮を選ぶのが当然ではある。平田の谷を利用するのは，吉野路，紀路（きじ）（巨勢路（こせじ））を利用する渡来人などであろう。

なお，相原（2007: p. 32）によれば，「川原寺と橘寺の間を東西に敷設された東西道路」は下ツ道から飛鳥宮まで繋がっていて，下ツ道，山田道とともに，遅くとも 7 世紀中頃には成立している。

下ツ道を軽市まで南進し前述のように五条野まで下り，古飛鳥川の盲谷を利用して飛鳥宮にアプローチするルートと，軽市から山田道を東進し，飛鳥川沿いに南東方向の飛鳥寺に赴き，北から飛鳥宮に至るルートを図 15 で見ると，物理学的仕事にほとん

図 15　見瀬開削部から飛鳥に至るルートとその周辺
基図は，米軍空中写真 1948 年 2 月 20 日撮影 USA-M972-72 1200dpi。

ど違いがないので，天子南面を実現する前者のルートが選ばれたものと筆者は考える。

8.2　飛鳥宮への玄関口としての見瀬の開削

前節では参内ルートを陸路に限定して五条野ルートと平田ルートの合理性を比較した。確かに平田キタガワ遺跡の存在は見瀬の開削を示しているものであるが，開削位置は如何にも丸山古墳または五条野に面している。飛鳥宮への玄関口に位置している。見瀬丘陵西方の低い盆地地形や見瀬丘陵列のうちの底部を探索しつつ，飛鳥宮に至る水路の開発をも意識した位置決定が想定されるのである。開削後の高取川を遡上してきて，特にこの見瀬開削部通過の際に正面にみえる垂直に切られたゲートを通過する際の壮観さは斉明朝への畏敬に繋がったのではないだろうか。

見瀬を北流していた元高取川が見瀬開削によって西流し，新たに高取川（檜隈川または久米川）となった。高取川と合流した仮称「五条野川」（古飛鳥川の盲谷に対応）の飛鳥宮方向の最上流は亀石よりさらに飛鳥川に近い図 3 に破線で示した谷中分水界にあたる。高取川から外れた支流を遡行するのは水量不足で困難とは思われるが，それは平田の谷筋でも同様である。見瀬の開削で①「丸山古墳周濠対比面」は急激に下刻されて，その谷筋には周辺丘陵からの湧水が供給された可能性は高い。五条野の谷は平田の谷よりも開削部に近く，谷頭侵食による線状谷の形成速度はより大きかった筈である。

8.3 古代大和盆地の舟運

中井（1983）の奈良県第二浄化センターに関わる行政発掘成果は注目に値する[19]。箸尾遺跡は，北葛城郡広陵町北縁の高田川，葛城川，曽我川が合流し，大和川まで1kmほどの海抜40mほどの所にある。「遺構面は表土下約90cmにあり，この面から縄文時代後期～平安時代後半頃までの遺構が多数検出された。遺跡の東端には幅約500m，深さ約3mの川跡があり，この中から検出される土器も遺跡の存在年代と一致している。（中略）川内にはほとんどすべて砂が堆積していた」（p. 425）。「（奈良盆地内低地部での）川の起源については箸尾遺跡のような好都合な（これとても縄文時代後期まで遡ることができたに過ぎないが）遺跡がそう多くあろうとは考えられず，現在これより古い時期まで遡ることはできないが，その検出状態からみて大きな河川敷内での小支流的なもののような感を受けることから，これより古い時代にすでに河道は定まっていたと考えられる。以上のことより，この川のはじまりと終わりの時期と，同一ベースを生活面としていた時期との時間的同一性が注目される。これは，この川が土砂を川の外へ運び出すほどの洪水を起こさなかったことを示している。このことは箸尾遺跡・土橋遺跡例で代表されるように現在の奈良盆地内の河川規模からは想像もできない大規模な河川敷をもつことがその理由である」（pp. 427-428）。

主に箸尾遺跡の情報から，縄文時代後期から平安後半頃までは暮らしの遺構と自然河川がほぼ併存していたことを明らかにしている。現在の世界でこの種の河川環境を探すと，たとえば気候や地形環境は異なるが，オーストラリア北縁の世界遺産カカドゥ自然公園のバムルゥ プレーン Bamurru Plains の氾濫原にあたるだろうか。

ただ，生活遺構が平安後半頃で終わり，その上に洪水堆積物が無いのは，洪水とは別の要因であり，寺沢（1987）の前述の指摘のように，「現在見られるような景観的な条里は遡っても平安時代前半～中頃（11C）を遡るものではない」という認識と併せると，この地に中央集権的な力が働いた結果の集落移転を意味すると思われる。

中井（1983）は，「表土から遺構面までの間の堆積が平安時代後半期以降であること

19）奈良県立橿原考古学研究所編，1979．箸尾遺跡 北葛城郡広陵町沢・萱野，河合町長楽 縄文・古墳・奈良・中世 中井一夫・松田真一．奈良県遺跡調査概報1979年度第1分冊（1981年発行）．

を物語っている」から，「現在遺存している条里地割の起源が通説通り奈良時代に求められるのであれば，遺存条里に見られる畦畔の乱れは，この古い河川の流路を示している可能性が非常に高いと言えよう」というが，条里地割りの時代区分を置き換えても，このメルクマールを理解するのは難しい。

松浦（1983）は，古代の大和盆地の河川が天井川化されていなかったことを次のように強調する。「（今日の）天井川河道では平常時の水の多くは伏流してしまい，河道にはほとんどない。古代にはこの状況を大いに異としている」（p. 16）。松浦は，二つの万葉歌（巻1の79と巻19）を引用しつつ，次のようにまとめている。「大和盆地内での舟運は非常に盛んであった。古代大和盆地内の河川は運河とみてさしつかえない。この運河は，『四つ船　船の軸並べ……』とあるように水量が豊富であり，現況としては大いに異なっている。水量が豊富なことは，この当時天井川形態ではなかったことに最も大きく起因する。加えて舟運のための河川処理が行われていたことにもよると推察される。（中略）激しく曲流させることによって勾配を緩め，水を滞留させて舟運の便を図ったと考察されるのである」（p. 17）。松浦（1983）の大和盆地の舟運観は，この条里面成立より前の時代に該当するものであろう。

藤岡（1981）では，「一般に古代の奈良盆地は，青垣山の1つたる地塁山地の大和高原には今日以上に森林が被ふくされ，伐採もなく，この基盤岩をなす古生層間の領家花崗岩の土壌浸食も進まず，ために今日みるような各河川の天井川形成と，それに伴う河床の上昇もすくなく，且つ水量も豊富だったものと考えられる。（中略）古代ではさらに上流にまで舟の溯航が可能だったものと考えられる。かくて筆者はまた軽市についていっても，ここが下ツ道（中略）と高取川（檜隈川）舟運の溯港点だと考えたのである」として，益田池造営に触れて，「筆者はこの池のあたりまで船が来たのではないかと思われる事は付近の宣化天皇陵付近の山に『船付山』なる名称が存することである」としている。藤岡（1979: p. 393）でも高取川の舟運について同様のことを示しているが，文献記事はないとする。

8.4　見瀬の開削による高取川遡上の飛躍的向上

この開削は移動手段として可能な水路の開発でなければならない。開削前の元高取川と開削後の高取川の遡行可能性の確かな向上を確認する必要がある。図16には現在の元高取川ルートと高取川のルートなどの傾度を推定している。9世紀後半頃の条里区画の整備でルートも河道もかなり変更を受けている。条里整備前の河川環境を復元することはこの地に発掘資料がないこともあり難しい。

地形改変の程度を見ると，条里施行の際にかなり合理的に土量調整を実施しているようである。とはいえ，広い幅を持った河道はどのように処理されたのであろうか。米軍空中写真であっても見いだすことはできない。地形が大きく変わっていないのであれば，洪水の際にはかつての河道が現れるかというとそれも難しいが，後述のようにDEMを利用して洪水時の河道ルートの復元を試みた。

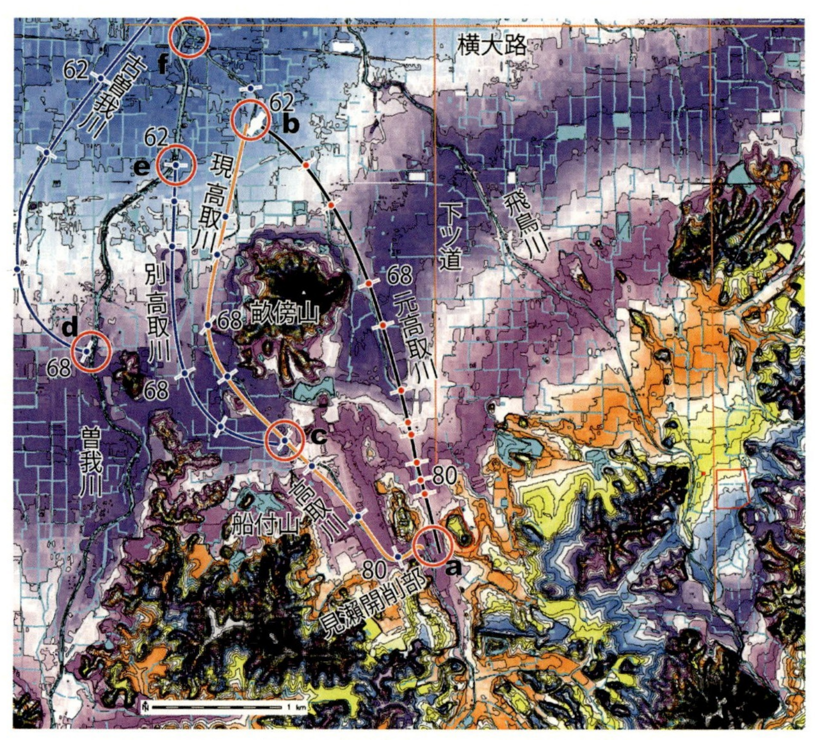

図 16　高取川と元高取川の遡上難易性の評価

5m メッシュ DEM による段彩図，この DEM から作成した 2m 間隔の等高線，縮尺 2500 分の 1 相当水涯線[20] の上に想定河道などを載せている。

図 16 では 5m メッシュ DEM の段彩図とこの DEM から作成した 2m 間隔の等高線を示している。これから現流路と旧流路を併せて 4 本復元した。微地形を捉えるには 5m メッシュ DEM はかなり有効なツールになり得る。畝傍山の東方には元高取川（**a**～**b** 白縁弧状線）の流路を示している。米軍の空中写真を見ると畝傍山東方山麓部も条里区分されている。海抜 80m 付近は戦後すぐの時点で都市化がすでに進んでいて条

20）国土地理院　基盤地図情報ダウンロードサービス
https://fgd.gsi.go.jp/download/menu.php
基盤地図情報基本項目　縮尺 1/2,500 相当　水涯線

里区画を検出できない。この付近の傾度は，(82-72)/700＝14パーミルとかなり急傾斜である。

畝傍山西方に3本のルートを示す。一つは現高取川（現在の高取川の意）の流路（**a**〜**c**〜**b** 白縁オレンジ弧状線）で，より西方の2本の白縁紺弧状線で示す別高取川（別はanotherの意で仮称，**c**〜**e**）と古曽我川（仮称，**d**〜**f** 付近）はDEMから得た微地形に基づく。**c** は益田池堤にあたるが，この付近の地形改変は大きく，益田池造成前の河道傾度を求めるための等高線選択には限界がある。古曽我川を **d** からより上流方向にトレースし得る微地形は消失しているが，**c** に繋がる可能性がある。いずれにしろ，元高取川に比べて，開削後の高取川の遡上環境は大いに改善された。

現高取川のルートは条里区画に規制され，明らかに条里施工後のものであり，元々の高取川のルートは古曽我川が最も有力と思われる。現在のDEMに残っているのであるから，別高取川も古曽我川も条里施工後の洪水跡であるが，加速度でより大きく振っている古曽我川が開削後の高取川を最もよく反映していると考える。

8.5　益田岩船から牽牛子塚古墳への連鎖

益田池碑文の台石と伝えられてきた巨石「益田岩船」について，猪熊（1983）ははじめに，自らの未完成説の根拠を示し，これにかわって牽牛子塚（けんごしづか）古墳が造墓されたことを述べている。「益田岩船の特殊な形態は，花崗岩の巨塊頂上面に2個の方形孔を穿っていることである。同様な構造をした墓室は南500mにある牽牛子塚古墳の墓室正面と酷似する。牽牛子塚古墳は凝灰岩の巨塊を刳（く）り抜いたもので，石室の寸法から推定すると，高さ3m，幅5m，奥行4mほどの巨石を使用している。比重を1.5として計算すると石室加工前の重量は90トンとなる」（p. 193）とし，引き続いて構造寸法を述べ，両遺跡の類似性と違いを示した。益田岩船には，牽牛子塚古墳と同様の構造を作る過程で，2個の方形孔間が繋がる亀裂が過って生じてしまい，この失敗のために，この巨塊は放棄されたという。方形孔は石棺式石室にあたるもので，2個の石室それぞれに遺体またはそれに替わるものが安置されるべきものである。

「益田岩船は跳び箱を思わせる台形状の巨石である。江戸時代以来の紀行文にも記されている如く，東西11m，南北奥行8m，高さ5m」（p. 189）とされる花崗岩（筆者注：石英閃緑岩）塊からなる。この原石の「比重を2.7として計算すると100トン（筆者注：11×8×5×2.7＝1188トンだからおよそ1000トンの誤り）を越える」（p. 195）として，施行方法を想定しつつ運搬説を否定し，原石が現地の花崗岩風化によって生み出されたコアストーンとした。理解するのは簡単ではないが，この失敗によって花崗岩細工を諦めて，二上山から牽牛子塚の地に凝灰岩を運び入れることになるという。

猪熊（1983）は，牽牛子塚古墳の墳丘，墓室，遺物などの葬法から７世紀第３四半期のものとし，被葬者を斉明天皇とした。この猪熊説は最近有力になっている。益田岩船は斉明天皇古墳造成の前段の地として考えられ，牽牛子塚古墳は斉明と間人皇女の合葬とする。

明日香村教育委員会（2010）の報告はカラー写真版となっていて，成果も簡潔に解説されている。その後，明日香村教育委員会（2013）が出版され，他の遺跡を含めて終末期古墳が論じられた。この発掘によって，墳丘裾に二上山の凝灰岩を敷き詰めた八角墳であることが明確になった。

両報告によると，「墳丘は版築で築かれた対辺約 22m，高さ 4.5m 以上を測る八角形墳で，墳丘基底部は花崗岩風化土の地山面を八角形に削り出し，裾部には二上山の凝灰岩切石を敷き詰めた犬走り状の石敷がある」。「埋葬施設は二上山の凝灰岩を使用した南に開口する刳り貫き式横口式石槨である。石槨内の中央には間仕切りがあり，それを境に２つの埋葬施設がある。床面には長さ 1.9m，幅約 80cm，高さ約 10cm の２つの棺台が設けられており，天井部はドーム状を呈している。開口部には凝灰岩の閉塞石（内扉）と更に外側には石英安山岩の閉塞石（外扉）があり，二重の閉塞を行っている」。明日香村教育委員会（2013: p. 303）には，「今回，検出した石英安山岩の切石の方向や配列状況などから，石槨は東西長辺約 5m，南北短辺約 3.5m，高さ約 2.5m 程度の長方形状であった」という。石槨の周囲には合計 16 石の直方体の切石が並べられていたと推定し，「この石英安山岩は鉢伏山・寺山周辺（大阪府羽曳野市）から採石されたもの」という。築造年代は，刳り貫き式横口式石槨の型式学的な編年や飛鳥の石造物群の製作技術との比較検討から７世紀後半頃とされ，被葬者については未だ限定されていない。この型式学的編年では，この牽牛子塚古墳は益田岩船と同系列でこれに続くものとされている。

この報告で凝灰岩の石槨は 44m^3 と，前述の 60m^3 より小さくなった。(5/5)＊(3.5/4)＊(2.5/3)＝0.73 倍である。二上山の凝灰岩だけでなく，鉢伏山・寺山周辺からの石英安山岩，さらに近辺の高取川など複数箇所から材料は調達されている。とはいえ，最も大きくて重い材料は二上山からの石槨用凝灰岩塊である。

8.6 二上山から牽牛子塚位置までを水路で

河上（2003）は，運搬経路として石切場から竹内街道，横大路，下ツ道を使うルートを想定している。「それぞれの道は幅 30〜25m ほどあるので，数百人で修羅を引っ張ることができたが，谷間にはあらたに道を造り石を運んだのであろう。この間16km である。この石の重量は推定数十トンに近い，もし墓室を刳り抜いていなければさらに重くなる。おそらく古代にあって確実に運ばれた石としては最も重い石ではないか。どうして このようなものを造ったか理解に苦しむ。非常に多くの動力が必要となるからだ」と慨嘆する（p. 98）。

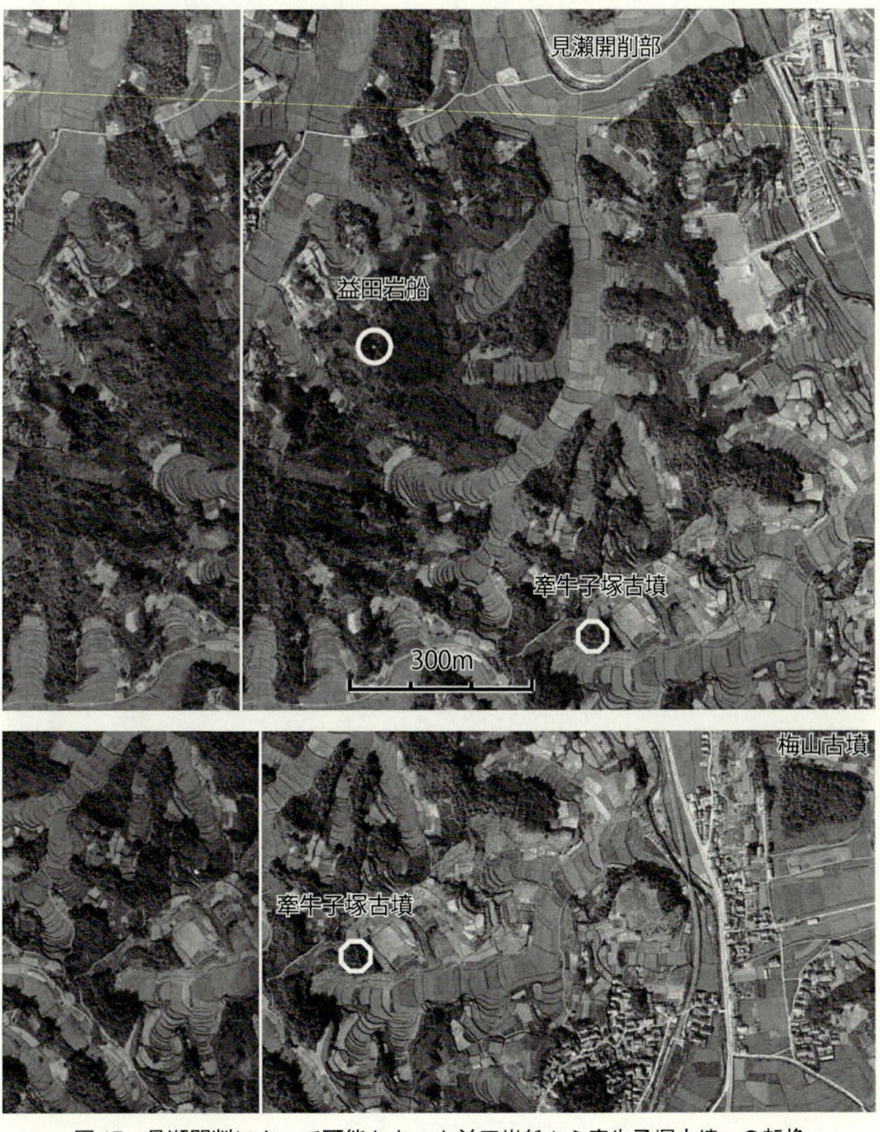

図17　見瀬開削によって可能となった益田岩船から牽牛子塚古墳への転換

国土地理院空中写真を実体視ができるように配置している。白い縦線は左（MKK63-8X-C2-10）右（-11）写真の境界にあたる。上図では益田岩船付近が実体視できる。この図には見瀬開削部や牽牛子塚も示している。下図では牽牛子塚古墳付近が実体視できる。

重量物の運搬については陸路に比べて水路はより容易と考えてよいだろう。高取川を使う場合，見瀬開削の後にはじめて見瀬丘陵を越えて牽牛子塚の地に到達することができる。梅山古墳の西方の谷口まで舟で運び，ほぼ水平距離600mで設置点下10mまでアクセスできる（図17の下図）。図11には破線で陸路の移動ルートを示している。遡上には，河川の水量が適当な季節や日時が選択されたのは当然のことではある[21)]。

おわりに

高取川のクランクの成因に地形学から取り組み，これが人工的開削であることを突き止めた。6世紀後半造営の丸山古墳と梅山古墳がいずれも元高取川に接しており，見瀬開削を契機にしてその一部が破壊されていることを求めて，開削の下限年代を明らかにした。さらに益田池が築造された9世紀初めにはすでに見瀬の開削が完了されていることを確認して，開削の上限年代を得た。

空中写真判読によって周辺谷底の地形分類を実施し，開削前の谷底と開削後の谷底を仕分けし，見瀬開削部より上流域の開削による回春の時期を決定づける証左を平田キタガワ遺跡に求めた。この遺跡の斉明朝苑池比定から推して，見瀬開削部が飛鳥宮の玄関口になると考えた。そして開削による新たな高取川の水運負荷ポテンシャルの急減を明らかにして，経済的な有効性をも示した。

この開削による新たな高取川の水運によって，斉明天皇陵として有力な牽牛子塚古墳の石槨の原石を二上山から輸送することが可能となったと考えるのであるが，女帝の墓陵建設も開削の理由とすることも可能かもしれない。この場合，経済的理由が付帯されないが，梅山古墳の丘陵開削の仕事と同様かより軽度なので，開削理由の候補として外すことはできないと思われる。

改めて，見瀬開削部を飛鳥宮の西の玄関口と考えると，飛鳥川の争奪点である雷丘に隣接する飛鳥川の争奪谷を北の玄関口と考えることができるのではないか，と空想が膨らむところではある。西の玄関口とは難波と山背などからの水路によるアプローチについてであり，北の玄関口とは伊勢などからの陸路によるアプローチをいう。

21）開削前に益田岩船が墳墓として選ばれたかどうかはわからない。図17上図に見られるように益田岩船は尖鋒の北に位置しており，移動は難しい。北斜面が立地場所として選ばれたのである。一方，図17下図に見られるように，牽牛子塚の八角墳は南面している。この違いはかなり根本的な懸案と感じている。

文　献

相原嘉之，2007．飛鳥古京から明日香へ－飛鳥地域における歴史的風土の形成過程－．明日香村文化財調査研究紀要，No. 6，pp. 1-49.

秋山日出雄，1978．大和「飛鳥川」の歴史地理学的研究－弘仁・天長期の大和南部水利政策－．藤岡謙二郎先生退官記念事業会編『歴史地理研究と都市研究』上巻，大明堂，pp. 35-45.

明日香村教育委員会，2000．1998-12 次 平田北山遺跡の調査．明日香村遺跡調査概報，p. 47.

明日香村教育委員会，2010．『牽牛子塚古墳』明日香村の文化財⑮．
http://www.asukamura.jp/topics/kengoshi_koshituka/imgs/01.pdf

明日香村教育委員会（担当者：西光（さいこう）慎治，辰巳俊輔，福男正彦ほか十六名），2013．牽牛子塚古墳発掘調査報告：飛鳥の刳り貫き式横口式石．明日香村文化財調査報告書，第 10 集．

猪熊兼勝，1983．益田岩船考証．関西大学文学部考古学研究室編『考古学論叢：関西大学考古学研究室開設参拾周年記念』，pp. 189-204.

小澤毅，2003．『日本古代宮都構造の研究』青木書店．

橿原考古学研究所，1985．沼山古墳・益田池堤．奈良県文化財調査報告書，第 48 集．

橿原考古学研究所，1990．明日香村 飛鳥京跡－第 111 次～113 次および平田キタガワ遺跡の調査－．調査概報 1987 年度（第Ⅰ分冊）．

橿原考古学研究所，2017．『奈良県遺跡情報地図』http://www.kashikoken.jp/scripts/RemainsNara.cgi

改訂橿原市史編纂委員会編集，1987．橿原市史本編上巻．

亀田隆之，1973．日本古代治水史の研究．日本史学研究叢書（吉川弘文館）．

亀田隆之，2000．日本古代用水史の研究．日本史学研究叢書（吉川弘文館）．

亀田博，1988．アスカとその周辺．網干善教先生華甲記念考古学論集（網干善教先生華甲記念会編），pp. 689-700.

河上邦彦，2003．飛鳥を掘る．講談社．

宮内庁（担当者：土生田純之），1979．欽明天皇陵外堤の樋管改修箇所及び漏水止・護岸工事区域の調査．書陵部紀要（宮内庁書陵部），昭和五十三年度陵墓関係調査概要，pp. 76-82.

宮内庁（担当者：福尾正彦・徳田誠志），1993．畝傍陵墓参考地石室内現況調査報告．書陵部紀要（宮内庁書陵部），No. 45，pp. 82-114，巻末図 pp. 3-16，別図 2 枚．

宮内庁（担当者：清喜裕二・徳田誠志），1998．欽明天皇 檜隈坂合陵整備工事区域の調査．書陵部紀要（宮内庁書陵部），No. 50，pp. 100-123.

木庭元晴，2013．侵食地形から得られた奈良盆地南部の低位段丘構成層の堆積面レベルの復元．日本地理学会 2013 年春季学術大会（立正大学にて開催），セッション ID 535，演題番号 100244.
https://www.jstage.jst.go.jp/article/ajg/2013s/0/2013s_104/_pdf

木庭元晴，2014．最近公開された GIS データベース情報を使って得られた飛鳥及びその周辺の古代～更新世末期の自然環境．史泉，No. 119，pp. 23-36.

木庭元晴，2017．天香具山山頂を通過する天の北極軸を基軸とする古代飛鳥寺域と水落遺跡の飛鳥川争奪前後の占地．関西大学博物館紀要，No. 23，pp. 1-17.

坂田光全，1942．通俗遍照発揮性霊集．高野山時報社．

末永雅雄，1947．池の文化．百花文庫（創元社）．

辰巳俊輔，2016．飛鳥の始祖王墓－梅山古墳の歴史的意義－．明日香村文化財調査研究紀要，No. 15，pp. 35-63.

田辺昭三，1981．須恵器大成．角川書店．

地質調査所, 1958. 五万分の一『吉野山』地質図. 地質調査総合センター地質図類データダウンロード https://gbank.gsj.jp/datastore/download.php?sk=2&key=吉野山&sf=&so=
寺沢薫, 1987. 奈良県多遺跡の条里遺構と二, 三の問題. 条里制研究, No. 3, pp. 25-38.
外池(といけ)昇編, 2005. 文久山陵図. 新人物往来社.
中井一夫, 1983. 奈良盆地における旧地形の復元. 関西大学文学部考古学研究室編『考古学論叢:関西大学考古学研究室開設参拾周年記念』, pp. 417-434.
奈良県, 1985. (国土庁) 5万分の1都道府県土地分類基本調査『吉野山』. 奈良県.
藤岡謙二郎, 1979. 古代の三市とその交通地理的位置. 橿原考古学研究所論集 (吉川弘文館), No. 5, pp. 381-398.
藤岡謙二郎, 1981. 古代奈良盆地の河川とため池に関する若干の歴史地理学的問題. 奈良大学紀要, No. 10, pp. 1-16.
松浦茂樹, 1983. 古代大和盆地における開発と河川処理. 水利科学, Vol. 27, No. 2, pp. 1-23.
水木要太郎, 1917. 益田池跡. 奈良県史蹟勝地調査会報告書, 第4回, pp. 19-23, 図1～4.
宮本誠, 1994. 奈良盆地の水土史. 農山漁村文化協会.
和田萃(あつむ), 1973. 見瀬丸山古墳の被葬者—「継体・欽明朝内乱」に関連して. 日本書紀研究, 第7冊, pp. 315-354.
Nishimura, K., 1964. Field pattern indicating a key surface in the alluvial plain geomorphology. Sci. Rept. Tohoku University, 7th Ser. (Geography), Vol. 13, No. 1, pp. 13-18.

第Ⅵ章

藤原宮の占地根拠となる
大和三山の太極の発見，そして
飛鳥京の寺院等遺跡から得られた
太極由来の中ツ道軸と
天香具山軸との共存

はじめに

「天武天皇にとってもっとも関心があったのは，大和三山を取り込むような方法で宮をつくることであった」（千田，2008: p. 163）とする考えは，飛鳥時代に関心を持つ者が少なからず共有するものであろう。天武天皇は建設中の条坊制街区の中央を占める新益宮（後世になって藤原宮と称される）の竣工を見ることなく686年に病没し[1)]，皇后であった持統天皇が飛鳥浄御原宮から694年藤原宮に遷宮している。東方三神山「蓬萊，瀛州，方丈」が大和三山に見立てられたとする根拠として，千田（2008: p. 166）は，「香具山を詠んだ万葉歌に『天降りつく　天の芳来山　霞立つ……』（巻三－二五七）」[2)]と，香具山に「芳来山」という漢字をあてている」点を挙げ，「香具山が芳来山＝蓬莱山であるならば，他の二つの山が瀛州と方丈とみなされたと思われる」とした。

「やすみしし 我ご大君 高照らす 日の皇子／荒栲の 藤井が原に 大御門 始めたまひて」で始まる『万葉集』巻一の五二番歌「藤原宮御井歌」（詠人知らず）では，大和三山に護られた藤原宮に関わる持統天皇の山見の儀式が描かれている。それ故に，この御井の歌もあって藤原宮が大和三山に包まれた地に拘って造営された証と考えられてきた。

藤原宮を挟む南北に走る下ツ道と中ツ道と，藤原宮の北に位置して東西に延びる横大路を，ここでは，大和三古道と呼ぶ（図1）。中ツ道は，北は山背（山城）の木津に通じ南は飛鳥の谷の南縁を占める橘寺を経て吉野に通じる。下ツ道は奈良盆地を南北に縦断する道でこの北は宇治，山科を経て近江につながる。『日本書紀』推古二十一（613）年に，「又自難波至京置大道」（坂本ほか，1965: p. 199），つまり，難波より（飛鳥）京に至る大道を置く，という極めて簡潔な記述があり，これが先行研究では横大路などに同定されており，この横大路は，東は伊賀，伊勢に通じ，西は竹内峠または穴虫峠に比定される大坂を越えて河内に至る（例えば，岸，1993: p. 33）。

『日本書紀』の記述に見る三古道の成立と藤原宮立地選定時期は次のようである。三古道のうち，中ツ道と下ツ道は『日本書紀』の壬申の乱（天武元年，672年）に係わる記述に現れており，遅くともこの時期には存在したとされる。岸（1993: p. 40）も小澤

---

* Taiji of Yamato-Sanzan, authorizing the location of Fujiwara-kyu palace, and the coexistence between the North Pole axis on the summit of Mt.Amano-kaguyama and the Nakatsu-michi road axis deduced from archaeological evidences in Asuka-kyo capital of 7th century, Japan.

1）その和風諡号天渟中原瀛真人の「『瀛』は中国の東海のかなたにある架空の島瀛州からとったもので『真人』は仙人の最高位をいう」（千田，2008: p. 160）。

2）万葉集の原文（中西，1978: p. 184）では「天降付　天芳来山　霞立……」と表記されている。

(2003: p. 183) も，前述の横大路設置記事を踏まえて，三古道の成立を推古二十一(613) 年頃とする。藤原宮立地の決定時期については，岸 (1993: p. 58-「8 藤原京の復元」) や小澤 (2003: p. 208-「4『新城(にいき)』造都と藤原京」) などは次の『日本書紀』の記述を重視する。つまり，天武十三 (684) 年 3 月に，「天皇巡行於京師，而定宮室之地」(坂本ほか，1965: p. 461) とあり，以後，宮都探索の記事がまったく消える点である。

藤原宮の占地についての通説は次のようなものである (図 1)。藤原宮の中軸線は，南北に直線的に走る中ツ道，下ツ道両道の距離を正しく二等分する位置に対応している。このことから，藤原宮が既存の両道の位置に基づいて決定された (岸，1993；小澤，2003 など)。岸 (1993: p. 35) によれば，中ツ道と下ツ道の横大路での距離は，大宝令以前の測地法では 1000 歩＝4 里 (3 千分の 1 地図上で 2118m) となる。藤原宮の大極殿院(だいごくでんいん)と朝堂院(ちょうどういん)との境界をなす大極殿閤門(こうもん)の中心点 (図 1 では矢印で示す，Center of Daigokuden ko-mon gate) はこの横大路から南へ 500 歩にあって，結局，三道から大極殿閤門の中心点への距離は一致する。

藤原宮がこの三つの直線古道から等距離に設定されたという通説は，この幾何学的位置からは説得性を持つ。『日本書紀』には，天武天皇が新益宮の占地に多くの労力をかけたことが記されているが，天武天皇の迷いか権威付けの所作かは不明であるが，時を経た三古道と等距離の位置に，いわば機械的に遷宮地を決めたことになってしまう。天武天皇の遷宮には高い正統性が求められるのであって，三古道等距離の位置は大和三山を代表する場でならなければならない筈である。

この「三古道等距離」立地説だと，本章のはじめに述べた「大和三山包含地」立地説との間に大きな齟齬が生じる。いずれの説をも包含するには，三古道から等距離にある大極殿閤門の中心点が，大和三山の何らかの代表点であり，三古道よりも先に決定されていなければならない。言い換えると，大和三山からそのいわば太極が決定され，それを囲む形で天の北極軸を意識した三古道が造成され，後にその太極に藤原京の中核である藤原宮が建立された筈である。

筆者は，大和三山太極の鍵を，「御井の歌」に示された持統天皇の日の運行に合わせた儀式から汲み取ることができた。その春の儀式が成立するための太陽の運行を確認したうえで，その太極が大和三山の頂点がなす三角形の垂心であることを得た。

本報告は，日本の最初の条坊制都市区画を持つ藤原京の成立について地理学的観点から分析する過程で得たものである (木庭，2015)。ここでは，藤原京条坊制の起点を示すことができたと思っている。大和三山を代表する太極は，天皇による太陽を軸とする山見で決定された。単なる四方位ではなくて，中国道教思想の影響を受けつつも，

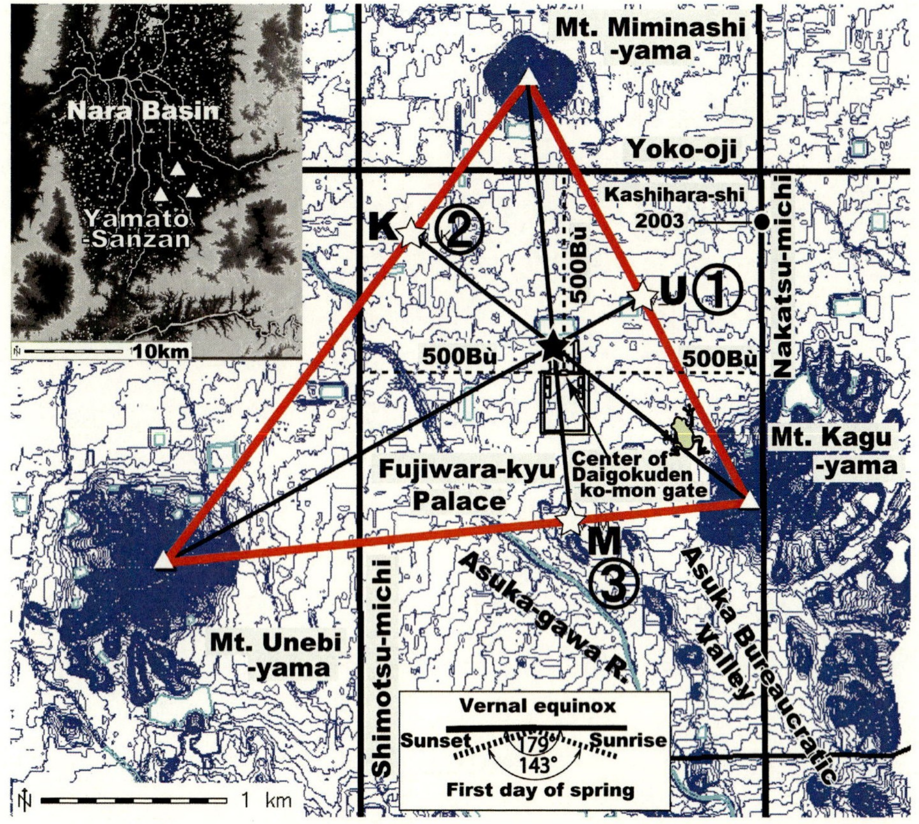

図１　大和三山の垂点と垂心（太極）

国土地理院基盤地図情報数値標高モデル 5m メッシュなどを使って Grass-GIS の平面直角座標系 VI 帯ロケーション上に作成した。等高線は 2m 間隔である。大和三山々頂，垂点，垂心の座標値は表１に，大和三山の位置は左上に示す。

Fig. 1　Vertical points and the orthocenter on/in the triangle of *Yamato-Sanzan*, guided through the "Yamami" ritual by Empress *Jito*, shown in Fig. 2.

The 2m-intervals contours here are drawn using GrassGIS with the 5m-mesh elevation data on the JGD2000 plane rectangular coordinate system VI band. Coordinates of the summits, vertical points, and orthocenter of *Yamato-Sanzan* triangle are shown in Table 1.

The orthocenter must have been acquired using the three vertical lines during *Suiko's* reign of the *Asuka* period. It is almost identical to the center of *Daigokuden* lock gate.

記紀に従えば，神武以来の血脈を受け継ぐ大王家独自の世界が推古朝によって達成され，それを天武と持統が実体化したものと考えた。

飛鳥時代の中心地は１世紀にわたって飛鳥の谷（飛鳥京）にあったのに対し，藤原京は四半世紀に限られた。飛鳥時代での藤原京に至る過程で，秋山（1971），岸（1970b, 1993），網干（1977），木下（2005），黒崎（2011）などによって藤原京前の飛鳥の谷での方格地割の存在が主張されてきた。その主張の枠組みとして，中ツ道や仏塔や伽藍中軸線そのものが使われてきた。筆者は飛鳥の谷の地割の中心軸として天香具山々頂を通る天の北極軸が6世紀末に現れ，7世紀半ばには飛鳥の谷で大和三山の太極に由来する中ツ道軸が実現されたことを論じる。

1.「御井の歌」に詠まれた山見と大和三山

大和三山と大陸到来の思想を重ねた歌が次の『万葉集』巻一の五二番歌「藤原宮御井の歌」(詠人知らず) である。この長歌とこれに続く短歌の詠人について，中西 (1998) は「宮廷詞人であろう」と言う。ここで詠われている情景は祭祀の一つであって，藤原朝臣不比等，物部麻呂朝臣，中臣大嶋朝臣，忌部宿禰色夫知も当然同席していたであろう。後三者は持統四 (690) 年春正月朔日の天皇即位式に参列し，この順序で儀式を担っている (坂本ほか，1995: p. 259)。儀式の内容を知悉し持統天皇を遠くに見て近くに采女を楽しく鑑賞しうる者として，筆者は詠人として忌部氏を考えるが，同席者の位置関係からすると，『万葉集』に残すには詠人知らずと表現されざるを得なかったのではないだろうか。 原文と訓読を次に掲載する (University of Virginia Library, 1999a:『万葉集』巻一 雑歌)。段落分けとルビを筆者が追加している。中西 (1978: pp. 74-75) とほぼ一致するが，バージニア大学文庫では推定文字が < >で表記されている。

原文：八隅知之 和期大王 高照 日之皇子 麁妙乃 藤井我原尓 大御門 始賜而 埴安乃 堤上尓 在立之 見之賜者 日本乃 青香具山者 日經乃 大御門尓 春山 <跡> 之美佐備立有 畝火乃 此美豆山者 日緯能 大御門尓 弥豆山跡 山佐備伊座 耳 <為> 之 青菅山者 背友乃 大御門尓 宣名倍 神佐備立有 名細 吉野乃山者 影友乃 大御門 <従> 雲居尓曽 遠久有家留 高知也 天之御蔭 天知也 日 <之> 御影乃 水許曽婆 常尓有米 御井之清水

訓読：やすみしし 我ご大君 高照らす 日の皇子／荒栲の 藤井が原に 大御門 始めたまひて／埴安の 堤の上に あり立たし 見したまへば／大和の 青香具山は 日の経の 大御門に 春山と 茂みさび立てり／畝傍の この瑞山は 日の緯の 大御門に 瑞山と 山さびいます／耳成の 青菅山は 背面の 大御門に よろしなへ 神さび立てり／名ぐはし 吉野の山は かげともの 大御門ゆ 雲居にぞ 遠くありける／高知るや 天の御蔭 天知るや 日の御蔭の 水こそば とこしへにあらめ 御井のま清水

1.1　日の経（たて）と日の緯（よこ）に見（め）したまふ

「藤原宮御井の歌」では，香具山，畝傍山，耳成山，そして吉野の山の位置について，方位では示されていない。『日本書紀』では天武紀になって，天文現象の記述に方位が積極的に現れるのであるが，使われていないということは，方位を使うのが適当でないから使われなかったのではないか。

中西（1998: p. 82 下段）の「麁妙乃 藤井我原尓」以下の意訳は次のようである。

> 荒布の藤井の原に新しい朝廷をお作りになって，埴安の池の堤の上にいつもお立ちになって御覧になると，大和の，青々とした香具山は東の御門に向かって，春の山とてうっそうと繁茂した姿を見せている。畝火の，この瑞々しい山は西の御門に対して，瑞祥としての山の姿を見せている。耳成の青菅に囲まれた山は，北の御門の前に，恰好の形をもって神々しくそびえている。その名も美しい吉野の山は南の御門から遠く雲のかなたにある。高々と統治なさるよ，この大殿。天高く支配なさる日の大宮よ。その水こそは永久にあるだろう。御井の清水よ。

この意訳は現在流布され，奈良県のウェブページにも「大和三山に見守られし藤原京へ」として，この種の意訳が掲載されている。果たして，機械的に四山に方位を付していいものだろうか。『初期万葉論』（白川静，2000: p. 110，中央公論社 1979 年版の再版）には，「古代においては，『見る』という行為がすでにただならぬ意味をもつものであり，それは対者との内的交渉を持つことを意味した。国見や山見が重大な政治的行為でありえたのはそのためである。国しぬびや魂振りには，ただ『見る』，『見ゆ』というのみで，その呪的な意味を示すことができる」とある。御井の歌の眼目は，天皇の国見であり山見であり，政治的な行為であった。国土山河と天皇の間に霊的な交流が生じねばならない。天皇の「見之賜（めしたま）」ふは，パノラマ的解釈をしてはならない筈である。

儀式の中軸部を再掲すると，「埴安（はにやす）の堤の上にあり立たし見（め）したまへば，香具山は日の経（たて）の大御門に，畝傍山は日の緯（よこ）の大御門に，耳成山は背面（そとも）の大御門に立てり。吉野の山はかげともの大御門ゆ遠くありける」。経と緯は持統天皇自身も織られる織物の経糸と緯糸である。直角に交差している。持統天皇の四山に関わる儀式について筆者の意訳を次に示す。図 2 の上図には日を経に，下図には日を緯に，に関わる持統天皇の所作を示している。

天皇が香具山を直視される，その上に架かる日を直視される，これを日の経という。天香具山の真上に日が達して，香具山の影が手前に長く伸びる。次に，左頬に日を浴びつつ右手直角方向に畝傍山を直視される。これを日の緯という。天皇が直視される日の背面には耳成山が控えている。そして，天皇が直視される香具山上の日の下（かげとも＝影面（かげつおも））には天武天皇と過ごされた吉野の山がある。

前掲中西（1998）訓読「日の経」の注記８には，「経は縦糸，緯は横糸。つまり方向ではそれぞれ南北，東西になる。一方太陽の運行によって『日の』といえば成務紀に『東西をもって日の縦となし，南北をもって日の横となす。山の陽（みなみ）を影面といひ，山の陰（きた）を背面といふ』」とあるが，後述の理由で御井の歌の「日の経」と「日の緯」の解釈を成務紀に求めることはできない。

成務紀の当該部分を含む部分は次のようである（坂本ほか，1967：p. 319，巻七成務天皇)。「五年秋九月　令諸國　以國郡立造長　(中略) 則隔山河而分國縣　隨阡陌以定邑里。因以東西爲日縱　南北爲日横　山陽曰影面　山陰曰背面。是以　百姓安居　天下無事焉」。

「阡陌（せんぱく）」は南北方向および東西方向の道で，阡陌を作る上での基準は太陽の運行に基づく。すなわち太陽の運行方向，つまり日の出入方向が縦で，これに直交する方向が日の横つまり南北となるという方位の目安が示されている。成務紀での日の縦と横は阡陌を作る際の方位の基準が示されているに過ぎない。

中西の訓読「山の南側を影面（かげとも），山の北側を背面（そとも）という」の部分であるが，原文では，「山陽曰影面　山陰曰背面」とあり，南北の方位は示されていない。原文では，山陽は影面，山陰は背面，と称する，の意に過ぎない。中西の訓読「山河を堺として国県を分け」に示されているように，谷筋や分水嶺をもって国県を分けるのであるから，方位の南北ではなく，分水嶺または谷筋を境に，日向側斜面つまり影面，日陰側斜面つまり背面に区分されることを言うのみである。

それゆえ，中西の御井の歌の訓読「耳成の青菅山（あをすがやま）は背面（そとも）の大御門に」に対する意訳「耳成の青菅に囲まれた山は，北の御門」は成り立たない。耳成山は持統天皇から見ると日向側であり影面である。大和三山のうち，三山に包まれた領域からすると耳成山は他の二山に比べると最も影面であり続ける。耳成山は，持統天皇が日を経に見したまふ状況下で初めて，日に対して背面になりうるのである。

『古事記』中巻其の三の成務天皇の部分は極めて短い（倉野・武田，1958：p. 226)。「若帶日子天皇　坐近淡海之志賀高穴穗宮　治天下也。此天皇　娶穗積臣等之祖　建

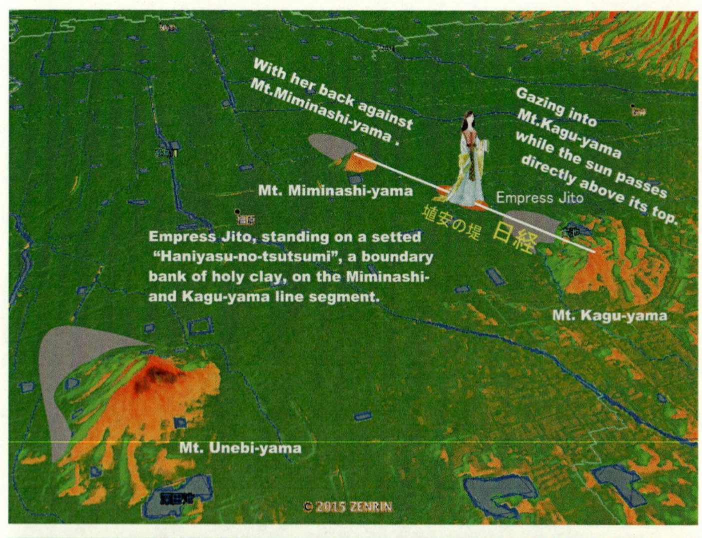

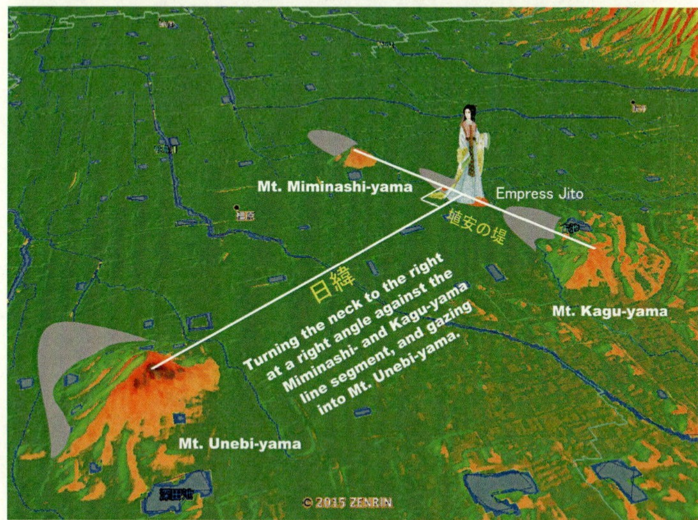

図 2　「御井の歌」に詠われている持統天皇による山見儀式の解釈

上図では，「日の経に見之賜ふ」所作を示している。持統天皇は埴安の地から得た埴土の堤の上に立ち，耳成山を背に香具山の真上に太陽が位置する時刻に，香具山を見之賜ふ。下図では，上図の所作に引き続く「日の緯に見之賜ふ」所作を示している。持統天皇は，耳成山を背にしたまま体を右手直角方向にひねり，畝傍山を見之賜ふ。上図と下図の動作がともに可能な場所は，大和三山がなす三角形の，畝傍山から耳成山一香具山がなす底辺への垂点（図 1 の U 点）に限られる。なお，図中の持統天皇像は里中満智子作『天上の虹』から拝借し，了解を得ている。

Fig. 2　Interpretation of the "Yamami" ritual chanted in the "mii-no-uta", one of ancient Japanese poems' collection, "Man'yoshu".

The image above shows that Empress *Jito* on a line segment between *Miminashi-yama's* and Kagu-yama's summits gazes into Mt. *Kagu-yama*, while the sun passes directly above its summit. That means "日の経に見之賜ふ". After the above action, the next action shown in the image below follows. She turns the neck to the right at a right angle against the line segment, and gazes into Mt. *Unebi-yama*'s summit. That means "日 の 緯 に 見 之 賜 ふ". The both actions come into existence only on the vertical point, the open star labeled as U on Fig. 1, from Mt. *Unebi-yama* to the line segment. The posting of the image of Empress Jito from "Tenjo no niji" (Manga) by Satonaka Machiko was permitted.

忍山垂根之女　名弟財郎女　生御子　和訶奴氣王。一柱。故　建内宿禰爲大臣　定賜大國小國之國造　亦定賜國國之堺　及大縣小縣之縣主也。天皇御年　玖拾伍歳。乙卯年三月十五日崩也。御陵在沙紀之多他那美也」。

ここには，ここで問題とする土地の分割や測量に係わる前掲の『日本書紀』成務紀原文引用の中略以下が全く記されていない。この中略以下の部分は『日本書紀』編集者によって追加されたものと考えてよいだろう。

前掲の中西の日の経に関する注記の「一方太陽の運行によって『日の』といえば成務紀に『東西をもって日の縦となし，南北をもって日の横となす』」とし，方位を含む意訳を示している。香具山に対しては訓読「日の経の大御門に」が「東の御門に向かって」に，畝傍山に対しては訓読「日の緯の大御門に」が「西の御門に対して」と意訳されている。成務紀では「日の」が付けば縦が東西で，横が南北の筈である。畝傍山は「日の緯の大御門に」であるから南北の何れかに該当しなければならない。大和三山に方位を宛てる中西の意訳は到底成り立たない。

このように，御井の歌の「日經乃」と「日緯能」は，天皇と日の関係から理解する必要があり，単純に四山を四方位に当てはめることはできない。持統天皇がその時その場で，日を「見之賜」ふことこそ中心に据えるべきであって，その観点から，「天皇が香具山を直視される，その上に架かる日を直視される，これを日の経という」，で始まる筆者の解釈には矛盾がない。

なお，日の経（縦）や日の緯（横）という表現は，記紀では前述の『日本書紀』成務紀にのみ，『万葉集』では当該「御井の歌」にのみ現れており，この意味で極めて稀な表現である。筆者の通覧した結果である。

1.2　埴安の堤の上にあり立たし

持統天皇がいつも出かけておられるのは埴安(はにやす)の堤の上である。中西の意訳「埴安の池の堤の上」とは違い，原文には「池の堤」とは表記されていない。御井の歌は多分に儀礼的なにおいがする。『万葉集』巻二の二〇一には，高市皇子(たけちのみこ)の殯(もがり)に際し人麻呂が詠んだ長歌の反歌（University of Virginia Library, 1999b:『万葉集』巻二 相聞）がある。

原文：<埴> 安乃 池之堤之 隠沼乃 去方乎不知 舎人者迷惑
訓読：埴安の池の堤の隠(こも)り沼(ぬ)のゆくへを知らに舎人は惑ふ

吉田（1985）は，御井の歌が藤原宮の完成を言祝ぐ春の歌であることから，遷都の翌695年の作としている。高市皇子が亡くなるのが696年であるから，この人麻呂の歌は御井の歌の翌年になる。皇子の居宅である埴安の宮は香具山の北西麓にあったので，埴安池はこれに接してあったのだろう。通説では，国見と山見の場としてこの池の堤が選ばれたことになるが，藤原宮の遷都の勲功を高市皇子に帰するのであれば，あり得るとは思われるが，持統天皇と高市皇子の確執を考慮すると考えにくいことである。

神武紀には，己未（つちのとひつじ）年春二月二十日，諸将に命じて云々という記事があり破竹の勢いで地元の豪族に勝ち進んでいる。その記事の終わりに，「天皇は前年の秋九月，ひそかに天香山（あめのかぐやま）の埴土（はにつち）を取り，沢山の平瓮をつくり，自ら斎戒して諸神を祀られた。そしてついに天下を平定することができた。それで土を取ったところを名づけて埴安という」（宇治谷，1988a：pp. 106-107神武天皇記）。この文の終わりの原文「故號取土之處曰埴安」（坂本ほか，1967：p. 213，神武紀）の「埴安」の地は，神武紀戊午（つちのえうま）の年九月五日の「夢有天神訓之曰　宜取天香山社中土」（坂本ほか，1967：p. 199，神武紀）の「天の香具山の社（やしろ）の中の土」を取った場所と合致すると考えて問題はないと思うが，神武天皇の名づけた埴安の地と，高市皇子の埴安の宮がある地とは地理的には一致しない。

御井の歌で，「埴安乃 堤上尓 在立之 見之賜者」のように，持統天皇が立っておられるのは「埴安（はにやす）の堤」の上であるが，次のように解することができないだろうか（図2）。前述の持統天皇の日を軸として見る行為が実現する場所は，幾何学的には1点に限られ，香具山と耳成山の山頂を結んだ線分と畝傍山からの垂線との交点（図1の☆印で示したU点）である。

その垂点を中心として香具山－耳成山の線分に沿って堤がこの儀式のために用意された。この堤は，持統天皇が余裕を持って立ちうる幅であろう。長さについては，例えば天文書『周髀算経（しゅうひさんけい）（張衡註記）』（橋本訳，1980）に表れる髀（髀とは測量用のノーモン）の長さにあたり，道教に由来する八尺（やさか）が考えられる。その堤の上に天神の神霊の宿る埴土（はにつち）を置き，その上に持統天皇が立って埴安の霊力でもって「見之賜」ふのである。この場合の「堤」は大和三山の領域を「包む」意味を持つ。

御井の歌には「埴安の堤」とされているのに，「埴安の池の堤」とするのは，国文学や史学が古文書に類例を探す研究手法を取る伝統に由来するためであろう。埴安の池は，木下（1983：pp. 363-364）らが述べてきたように，香具山の西北麓近くの（式内社の畝尾坐健（うねびにますたけはにやす））土安神社のそばの小谷地に比定される。これは，飛鳥川扇状地を作った河川が争奪（木庭，2014）されて後の小河道である中ノ川が旧飛鳥川扇状地の扇頂部から流出する地で堰き止められて作られたものである。この埴安の池の場所を図1の香具山北西麓にカエルの記号で示している。この池に持統天皇がわざわざ出かけて，中西の三山のうち，耳成山を北に，香具山を東に，畝傍山を西に配する山見が成立するであろうか。香具山に接近するよりも，三山のほぼ中央に位置する藤原宮から山見をした方が眺望ははるかに優っているであろう。

2017年師走，関西大学地理学教室で開催した講演会で筆者はこの報告の一部を発表した。その後で，京都明徳高等学校教諭の矢野司郎氏から，青木（2017）の節タイトル：「天香具山と版築土」（p. 140）をご紹介いただいた。本論に関わる部分を次に引用する。「吉備池廃寺の版築土は橙褐色土，いわゆる山土を主体とするが，橙褐色土を版築土に使用する例は少ない。しかしながら，酷似した土を用いる遺跡は，わずかながら存在する。それが藤原宮大極殿南門と大官大寺の堂塔だ。これら三遺跡は，いずれも天香具山の周辺に所在することと，天皇が造営を命じた施設という点が共通する。天香具山には，これらの版築土とよく似た山土がある」という。そして続けて，『日本書紀』崇神天皇十年九月条の記事が引用されている。関連部分を坂本ほか校注（1994:（一），p. 288）から引用すると，「是に，（崇神）天皇の姑倭迹迹日百襲姫命（みをばやまとととびももそひめのみこと）（残存史料では孝霊天皇の皇女で，崇神天皇の祖父である孝元天皇の姉妹），聰明く（さとく）叡智しくして，能く未然（ゆくさきのこと）を識りたまへり。乃ち，其の歌の怪（しるまし）を知りて，天皇に言（まう）したまはく，『是，武埴安彦（たけはにやすひこ）（孝元天皇の皇子）が謀反（みかどかたぶ）けむとする表（しるし）ならむ。吾聞く，武埴安彦が妻吾田媛（あたひめ），密に来たりて，倭（やまと）の香山（かぐやま）の土（はに）を取りて，領巾（ひれ）の頭（はし）に裹（つつ）みて祈みて曰（まう）さく，《是，倭国（やまとのくに）の物実（ものしろ）》とまうして，則ち反（かへ）りぬ。是を以て，事有らむと知りぬ。早（すみやか）に図るに非ずは，必ず後（おく）れなむ』とまうしたまふ」（一部の表現を変更）。物実（ものしろ）のシロは，注記10では，「代表または代わりの意。従って，これは倭の代表の土の意」とある。香具山の埴安の土が倭国の代わりになる。持統天皇がいつもお立ちになっていた埴安の堤は，この『倭の国のかわりの土』から成っていると解するのが自然であろう[3)]。

1.3　御井のま清水

長歌「御井の歌」には，次のような一つの短歌が続く（中西，1998: pp. 81–83）。

3）このように，『日本書紀』では姑倭迹迹日百襲姫命が崇神天皇に助言したようになっているが，『古事記』では（倉野，武田校注，1958: p. 185）では武埴安彦の謀反？を崇神天皇が決めつけている。そして，武埴安彦の妻吾田媛も登場せず，香具山から埴安の土を持ち去るといった記述もない。記紀作成者の意図は天皇系図の確証を示すことにあって，このエピソードもその一環ではあろうが，香具山の土を倭国の物実とする価値観は当時一般にもたれていたものと考えて差し支えないであろう。

原文：藤原之　大宮都加倍　安礼衝哉　處女之友者　乏吉呂賀聞
訓読：藤原の大宮仕へ生(あ)れつぐや処女(をとめ)がともは羨(とも)しきろかも
意訳：藤原の大宮に仕えるべく生まれつづく処女たちは羨ましいことだ

前述のように御井の歌の眼目は，持統天皇の藤原宮実現を言祝ぐ，または藤原宮の聖地としての歴史的確認ではあるが，長歌が「水こそば とこしへにあらめ 御井のま清水」で終わり，短歌は何ゆえに処女たちに注目しているのであろうか。中西は前引用のように，「在立之」の訓読「あり立たし」を「いつもお立ちになって」と訳している[4)]。つまり，持統天皇のこの国見または山見の儀式は，この歌が詠まれる前にも繰り返し催されていたことが想像され，藤原遷宮の確認の儀式としてすでに定着していたと考えられるのである。それゆえに，短歌で，天皇中心の儀式の一側面である処女たちの様子が新鮮に語られ，我々読み手もこの処女たちの様子に惹きつけられるのであろう。

さて，この短歌では，「処女たち」に，「藤原の大宮に仕えるべく生まれつづく」という形容句が冠せられている。処女たちは，天皇に仕える采女(うねめ)で，高官の娘達の中から選ばれた美しい人々である。天武と持統の飛鳥浄御原宮(あすかのきよみはらのみや)（図4の Asuka-kyu Palace Ⅲ 伝飛鳥板蓋宮跡）などの飛鳥諸宮が立地した天香具山の南方に続く谷筋の時代から代替わりはあるにしても，続いて仕える采女たちである。その采女たちの御井の儀式を通じて，藤原宮が飛鳥諸宮とつながっている。御井の水は飛鳥諸宮が立地した飛鳥宮都の谷（図1の Asuka Bureaucratic Valley）から続く伏流水である。このことは，藤原宮から飛鳥の谷にまっすぐ見通すことができる地形と，降水時や旱魃時の御井の水位の変動からも当時の常識であったと思われる。埴安の堤に立つ持統天皇が周辺の山々を「見之賜」ふ儀式を後景にして，視線を急遽眼前に移して，天武天皇と持統天皇の飛鳥浄御原宮との連続性を象徴する御井で閉じる，という構図が，この御井の歌の審美感を示している。

4）古語辞典（例えば，金田一・金田一監修，1962）では，「あり立たし」については，この御井の歌が引用され，「いつも立つ」，「いつも立っている」などとされる。古事記上巻大国主神4沼河比売(ぬなかはひめ)求婚の歌（倉野・武田，1958: p. 101）の歌中に「さ婚(よば)ひに　あり立たし　婚ひに　あり通わせ」とあり，あり立たし，の注記17には，「『あり』は動作の継続する意，『立つ』は出立する意。常にお出かけになり」とある。このことから，御井の歌についても，「いつもお立ちになって」ではなくて，「常にお出かけになって」の方が適訳と考えられる。「立つ」は stand ではなくて，出立，つまり，departure 門出としたい。よくこの儀式のために皇居からお出かけになったという意義である。

1.4 大和三山太極の取得とその儀式を可能にする太陽運行

御井の歌には，持統天皇による畝傍山々頂から耳成山－香具山両山頂を繋ぐ線分への垂線との交点である垂点（図1のU点）での見之賜ふ儀式だけが示されているが，続く手順は繰り返しになるので歌では省略されているのか，それともこの時代には持統天皇の儀式そのものが簡略化されていたのかもしれない。この当時，藤原宮はほぼ完成を見ていたであろうから，他の二山の山見については詠人が居たであろう御井近辺から見通すことは難しかった可能性もある。とはいえ，藤原宮，つまり，太極の選定のためには，三山の霊力を統括する必要があり，他の垂点も求めて統合されなければならない。

太陽の昼間の運行と三山をつなぐ線分の傾きからすると（図3），次には耳成山と畝傍山を結ぶ線分への垂点（図1のK点）で見之賜ふことになる。そして最後は，茜色の空の下，香具山と畝傍山を結ぶ線分への垂点（図1のM点）から見之賜ふ。それぞれの垂点から三山を見通す作業の時間間隔には後述のようにかなり余裕があり，天皇としては各作業ステップについて，藤原宮から徒歩で片道1kmまたは1km未満だけ移動すればよい。なお，太陽の運行と持統天皇の見之賜ふ各垂点での儀式が成立するかどうかについては後述する。

現在の高い精度での垂心（図1中の★）は藤原宮大極殿の中心点とは87.4m，大極殿院と朝堂院の境界をなす大極殿閤門の中点とは148.2mほどズレている。それゆえ，図中の三つの垂点も当時の「埴安の堤」設置点より多少のズレはあるだろう。大和三山の垂点や垂心の座標位置などを表1にまとめている。

さて，御井の歌は春の歌とされるが，二十四節気のうちで，春のはじめの立春と，二至二分の一つである春分を見ると，春分時には，持統天皇による太陽を山頂の直上とする三山を使った山見が可能となる。表2に示したように，持統九（695）年の春分はグレゴリオ暦の3月18日にあたり，加唐編（1992: p. 502）では，元嘉暦でも儀鳳暦でも二月二十五日にあたる。この翌月は閏二月であり，持統紀には二月の記事はない。閏二月八日には吉野への御幸があるが，持統は二月二十五日前後には飛鳥にいた筈である。

表2には，持統九（695）年の立春と春分の太陽の運行を示す。このうち，日の出と日の入りの方位からみて立春では儀式は完結し得ない。図1最下部枠内に立春と春分の日の出と日の入りの方位と方位差（度）を示す。春分では，最後のステップ③の17時21分にあってもM点から見て，金剛山地（葛城山と岩橋山の間）より十分上方に太陽は残っている（木庭，2015）。

一連の三山に係わる「日の経に見之賜ふ」儀式のなかで，香具山と畝傍山については，「日の経」に見之賜ふ所作が可能であるが，耳成山については太陽の南寄りの運行ゆえに不可能である。

椎野（2002）は『古事記伝』の「迦具は赫と云意，其は迦賀とも迦宣とも活て，同言なり」（本居宣長，1968: pp. 217–220）を引用しつつ，香具山について多くの頁を裂

表1　大和三山が構成する三角形に関する座標値

Table 1　Coordinates[a)] of the Yamato-Sanzan triangle

Yamato-Sanzan's points [b)]		easting (m)	northing (m)	Estrangements from the ortho-center (m)
Summit of Mt. Kagu-yama	(x_k, y_k)	−16692.49	−166895.40	
Summit of Mt. Unebi-yama	(x_u, y_u)	−19761.63	−167208.52	
Summit of Mt. Miminashi-yama	(x_m, y_m)	−17867.93	−164750.56	
Vertical point from Mt. Kagu-yama		−18467.06	−165528.21	
Vertical point from Mt. Unebi-yama		−17269.40	−165842.70	
Vertical point from Mt. Miminashi-yama		−17639.26	−166991.99	
Orthocenter of the triangle	(x_o, y_o) [C)]	−17730.72	−166095.51	
Center of the Daigokuden		−17672.61	−166160.83	87.4
Center of the Daigokuden ko-mon gate		−17670.96	−166231.18	148.2

a) JGD2000 Cartesian CS VI.

b) The summits and the centers of Daigokuden and its ko-mon gate were read off using the query tool on DEM raster maps, supplied by the Geospatial Information Authority of Japan, in the GUI of GrassGIS.

c) The vertical points and the orthocenter were numerically calculated. The next formula is for the orthocenter.

$$x_o = \begin{vmatrix} -x_u x_m & -y_k^2 & y_k & 1 \\ -x_k x_m & -y_u^2 & y_u & 1 \\ -x_k x_u & -y_m^2 & y_m & 1 \end{vmatrix} \Bigg/ \begin{vmatrix} x_k & y_k & 1 \\ x_u & y_u & 1 \\ x_m & y_m & 1 \end{vmatrix},\quad y_o = \begin{vmatrix} x_k & -x_k^2 & y_u y_m & 1 \\ x_u & -x_u^2 & y_k y_m & 1 \\ x_m & -x_m^2 & y_k y_u & 1 \end{vmatrix} \Bigg/ \begin{vmatrix} x_k & y_k & 1 \\ x_u & y_u & 1 \\ x_m & y_m & 1 \end{vmatrix}$$

表2　持統九（695）年の立春と春分の太陽の運行

Table 2　Path of the sun at spring solar terms at Jito's reign 9, AD 695

Season[1)]	AD 695[2)]	Jito-9[3)]	Sunrise[4)]		Culmination[4)]		Sunset[4)]	
	month/day	month/day	time	BRG[5)]	time	ALT	time	BRG[5)]
1st day of spring	Feb. 1	Jan. 09	6:57	108°	12:13	38°	17:30	251°
Vernal equinox	Mar. 18	Feb. 25	6:04	90°	12:06	54°	18:08	269°

1) Main spring solar terms.

2) The Gregorian calendar dates are based on http://m.jieqi.911cha.com/695.html.

3) Dates were shown in the lunisolar Chinese calendars,Gihoreki and Genkareki,adopted by Enpress Jito's reign using Uchida (1978: p. 357).

4) Using Takehiko Hoshi's web-site, based on T.Nagasawa (1999).

5) Clockwise angles from the north.

き「天香山こそ太陽神話の山」(p. 60) という。畝傍山についても,「こうした天香山に対し, 畝傍山がもう一つのカグ山であったことは, その枕詞タマダスキでカクに掛かることからもわかる。そして, 二つのカグ山は, ペアで語られることが多い」(p. 75) とし,「畝傍山も一つの太陽の聖山・カグ山と考えられていたためかもしれない」(p. 110) とする。枕詞タマダスキが見える歌の一例として,「玉襷(たまたすき) 畝傍の山の 橿

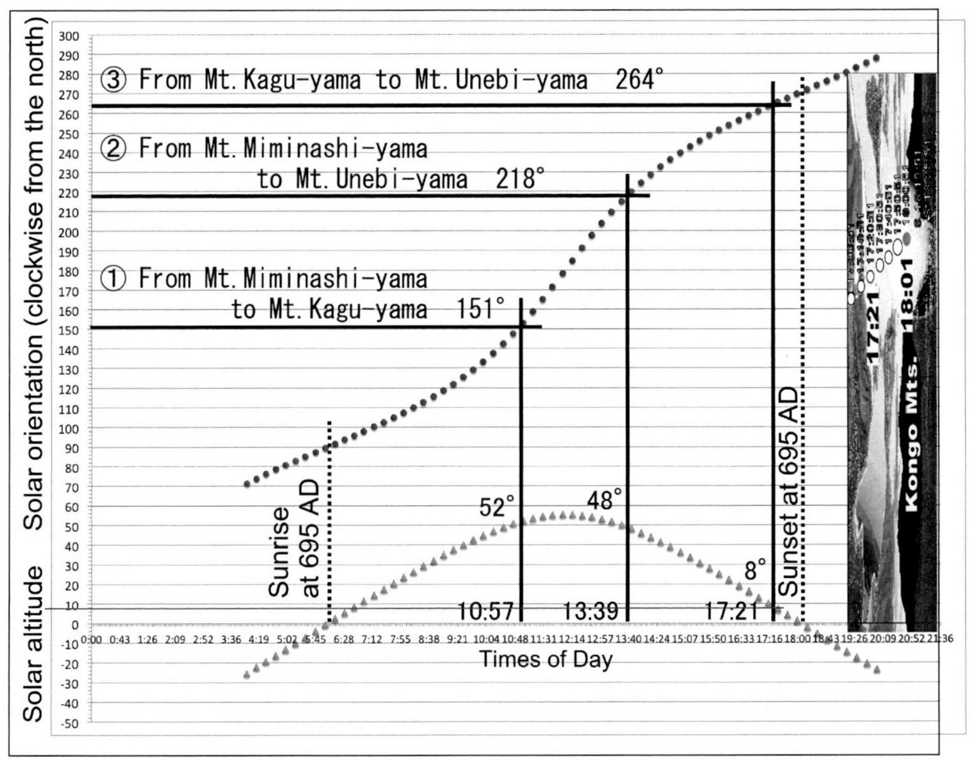

図3　3線分上での「見之賜ふ」の実現性を太陽運行経路から確認

図2と表2などから作成した。春分の太陽の運行経路は2015年3月21日のものを利用しているがこの誤差はこの目的には問題ない. 香具山―畝傍山両山頂がなす線分上M点からの金剛山地への日没過程を示した右端のイメージは, フリーウェアカシミール3D ver. 9.2を使用して作成した。

図中の二つのカーブの横軸は, 持統九年春分の日の時刻変化である。下段のカーブは太陽高度, 上段のカーブは真北からの時計廻りの方位をそれぞれ示す。図中左から右へ, 日の出, 天香具山の山見, 耳成山の山見, 畝傍山の山見, 日の入り, それぞれの太陽高度 (下段), 太陽方位 (上段) を示している。

Fig. 3　Assessment of the possibility of the “Yamami” ritual by Empress Jito along all the three line segments.

“Yamami” is not possible at the first day of spring, but available at the vernal equinox of AD 695. The diagram of the latter term available was figured using times and bearings at sunrise, culmination, and sunset in Table 2. This path of the sun was restored using the present data without worry. The sun at the third step can be watched over Kongo Mountains. The image, simulated using GIS-freeware KASHMIR 3D ver. 9.2 developed by T.Sugimoto, is set at 90° counterclockwise on the right edge of the figure.

原の　ひじりの御代ゆ　生(あ)れましし　神のことごと」と続く柿本人麻呂の長歌（万葉集 巻一雑歌二十九）がある。タマダスキは，「たすきを頸（うなじ）に懸けるところから頸と類音を含む地名「畝火」にかかる（尚学図書編，1981：p. 1577）とされるのが一般的であるが，椎野はタマダスキが「懸く（カク）」に掛かるので，太陽の聖山＝カグ山，とする。

椎野の畝傍山の枕詞タマダスキの説の是非は別にしても，次の記事（宇治谷，1988a：pp. 107-108 神武天皇記）は畝傍山の位置づけを知る上で重要である。己未(つちのとひつじ)年三月七日，「上は天神の国をお授けくださった御徳に答え」，「天の下を掩いて一つの家と」して，「見ればかの畝傍山の東南の橿原の地は，思うに国の真中である。ここに都を作るべきである」とあり，神武天皇はこの橿原宮で即位し，後に畝傍山の東北の陵に葬られた，とされる。なお，天神は天照大神に通じる。日本書紀では，神武天皇に絡んで天香具山と畝傍山の両山が特別の山となっている。

このように，三山のうち香具山と畝傍山の二山だけが太陽神話の山とされる。前述のように，三山がなす三角形の内部からは耳成山を日の経に見ることはできない。それゆえにこそ，三山の一つながら耳成山は太陽神話の山に組み入れられなかったのではないか。大和三山を『史記』封禅書の山東省東北沿岸から渤海にかけて浮ぶ島である蓬萊，方丈，瀛州(えいしゅう)の三山に比定することは可能ではあろうが，御井の歌や万葉集巻一の一三番歌　中大兄(なかつおおほえ)の三山(みつのやま)の歌にも見られるように，三神山同様，中西の意訳のような東西南北の方位に拘るものではない。

2．飛鳥の谷の天香具山軸から中ツ道軸への転換

2.1　飛鳥寺伽藍中軸線の西偏への違和感

藤原京の三古道は奈良文化財研究所，橿原考古学研究所，橿原市教育委員会によって発掘されてその飛鳥時代の存在は確かめられている。岸は一連の 1970 年以来の報告，たとえば「中ツ道が貫通する飛鳥地方を焦点として三道の設置が計画された事実」，「飛鳥の地が政治の中心となってきたのは七世紀初頭，推古朝から」（岸，1970a；1988：p. 91）などの記述からわかるように，推古朝以来，中ツ道が藤原京だけではなく，飛鳥京，倭京の方格地割の基軸であったとしてきた。

1970 年は飛鳥寺遺跡の発掘結果が出そろった時期で，藤原京方格地割の主要な軸である中ツ道の天香具山以南の延長の可能性を論じる上で，飛鳥寺は注目された。岸（1970a；1988：pp. 91-93）には，「伽藍中軸線は西に偏しており，しかも西門の桁行総

長は三二尺もあって」，南門や中門より大きく，「西門が特殊な位置を占めている」ので，「飛鳥寺の建立は中ツ道と関係なく，それ以前から始められたが，主要伽藍が完成したのち中ツ道が計画され」，などとして，飛鳥京で飛鳥寺建立時には中ツ道とは係わりがなかったことをいう。坪井（1983: p. 175）は，創建期の単弁素弁十弁蓮華文軒丸瓦が西門だけでのみ使われていないので，「おそらくそれ（西門だけ）が（他の伽藍に比べて建設が）おくれたことをしめしているのだろう」とする。なお，引用文中の（ ）内は文脈に沿った筆者の補記である。坪井の指摘は，飛鳥寺全伽藍建設のうち，西門付近で新たな事態が生じたことを暗示させる。

2.2 飛鳥の谷の中ツ道軸の成立時期

飛鳥寺北西部に隣接する石神水落遺跡は1981年以来，奈良文化財研究所によって発掘されてきた。飛鳥時代の中ツ道想定位置の遺構も発掘されたが中ツ道は検出されなかった。井上（1986）はそれを踏まえて，中ツ道だけでなく秋山（1971）や岸らが提唱してきた飛鳥京の方格地割をも否定した。現在に至るまで，飛鳥の谷では飛鳥時代の中ツ道は検出されていない（相原，1999: p. 26）。

図4には藤原宮から飛鳥の谷付近までの地形と主な宮廷や伽藍，南北に走る中ツ道軸，そして筆者が想定する天香具山々頂を通る「天の北極軸」を示している。主な宮廷や伽藍の位置と成立年代などは相原（2007）と奈良県教育委員会・橿原考古学研究所（2016）に基づいている。推古四（596）年（伽藍群の中心である五重塔の完成年次）に建立された飛鳥寺の中軸線は，日本では初めての大陸由来の天の北極軸に基づくものである。図4の飛鳥の谷のほぼ中央を南北に走る実線は，中ツ道軸である。飛鳥の皇居と寺院の成立年による時期区分（相原，1993: pp. 71–72）のそれぞれについて中ツ道軸に接して立地する宮寺を確認すると（図4），第1期では7寺のうちで飛鳥寺のみ，第2期8寺には最初の官寺である百済大寺（吉備池廃寺に比定）を含むがいずれも該当せず，第3期6寺では，橘寺の寺域東縁の東門が中ツ道軸に面している。同時期にあたるⅢ期飛鳥宮の後飛鳥岡本宮（斉明天皇）跡とこの上位層準の飛鳥浄御原宮（天武天皇と持統天皇）跡も西縁が中ツ道軸に面する。第4期は藤原京の条坊が設定され寺院の建設は藤原京域に移る。ただこの時期の4寺のうち本薬師寺の造営は条坊に先行することがわかっているがその伽藍配置は条坊に一致している。第5期4寺のうち，主要寺院の文武朝大官大寺は条坊枠にすっぽり入り，中ツ道は東の坊を構成している。藤原京条坊制は中ツ道を主要軸にしているので，大官大寺も広義には中ツ道に面する寺に属すると言える。

以上から，中ツ道に面する皇居と寺院は，第1期の飛鳥寺，第三期に属する橘寺と後岡本宮・浄御原宮である。主に相原（2007）の整理によれば，飛鳥寺は蘇我馬子によって用明二（587）年に発願，崇峻二（588）年に造営開始された。橘寺跡については，飛鳥寺同笵および川原寺式の瓦が出土しており，最も古い記録は天武九（680）年のもので，「橘寺の尼寺に失火して，十坊を焚く」とある。後岡本宮と浄御原宮への斉明及び天武両天皇の遷居はそれぞれ斉明二（656）年，朱鳥元（686）年である。大官大寺は『扶桑略記』には飛鳥時代末期の文武天皇期に金堂を創建したと記されており考古学的に認められている。中ツ道は『日本書紀』の壬申の乱の記述中に出ているが，三古道の成立は前述のように推古二十一（613）年と考えられ，中ツ道軸に関わる資料での初出をこの年としたい。飛鳥寺以外はこの年の数十年後に成立している。

2.3　水落遺跡は天香具山を通る天の北極軸上に位置する

相原（2013: p. 162）は石神遺跡の発掘結果を踏まえて，推古天皇が豊浦宮から推古十一（603）年に移った小墾田宮について次のように述べている。「仮称石神東方遺跡が推古朝の小墾田宮の最有力候補地と考えられる。（中略）それは古山田道に面した北側に広がっており，石神21次調査の瓦葺建物が正方位をすることから，推古朝小墾田宮も正方位をした王宮であった可能性が高い」とし，相原（2013: 図4　7世紀前半の飛鳥寺北方域）には，中ツ道を跨いだ小墾田宮推定地が描かれている（図4におよその位置を大きな丸で示す）。小墾田宮の成立は飛鳥寺と全く同時代のものである。小墾田宮が中ツ道軸の影響を受けていないことからすると，当時の飛鳥寺が中ツ道に面していた可能性は極めて低い。

相原（2007: p. 5）によれば，「（石神・水落遺跡）は，7世紀前半には開発が始まっており，7世紀後半にその最盛期を迎える」。「この地域は『飛鳥寺の西槻の広場』として記録にみられ，斉明朝の建物群は迎賓館としての機能が推定されている」。「水落遺跡では斉明朝に漏刻（遺構）が建てられるが，その前段階には石神遺跡と類似の建物群も想定されている。つまり，迎賓館は当初，水落遺跡側にあったが，斉明朝には石神遺跡側に移転，これと合わせて水落遺跡には漏刻が建てられていた」。この漏刻遺構は『日本書紀』の天智十（671）年条「夏四月丁卯朔辛卯，置漏剋於新臺，始打候時動鍾鼓，始用漏剋。此漏剋者，天皇爲皇太子時，始親所製造也」云々の記述に対応したものである。

水落遺跡を天文台とする説もあり，これに対し，水落遺跡のすぐ西には甘樫丘があって西の空を観測するには適していないという反論があるが（関西大学文学部考古学研究室，2015: p. 18)，この反論は当時の天の北極に関わる四游璿璣などの観察対象からするとあたらない。

黒崎（2011）の「表2 飛鳥藤原地域における発掘遺構等の国土座標値（世界測地系)」のうち，ここで必要な座標値を使って計算処理した結果と筆者のGrass GISでの計測結果を表3にまとめている。水落遺跡基壇の柱心交差心PiC（木庭，2017: 表1；本書第Ⅳ章 表1）easting値は，筆者が国土数値情報高度5mメッシュデータから描いた2m間隔の等高線から求めた天香具山々頂の東方向距離にほぼ一致している（表3行1)。これら両値の差は6cmであり，天香具山軸はまさしく基壇中央を通過すると考えて良い。当時の水落遺跡基壇上では，暦の作成や占星などのために，天の北極を周回する帝星（コカブ）や北斗七星をはじめ，木星などの惑星やさらには太陽の観測がこの地で実施された可能性が高い。一辺22.5m正方形の強固な基壇内部には用排水ための木樋や銅管が設置されており，『日本書紀』の記述のように漏刻が設置されていたのはほぼ確実であろうが，漏刻の時間設定と天帝（大王）の権威誇示のためには，天文台は不可欠であり，天文台こそ，天香具山軸上に位置する基壇中央に設置されなければならない筈である。記録には残っていないが，天の北極軸に則った伽藍中心軸を持つ飛鳥寺建設の前にはすでに，この天香具山々頂を通る天の北極軸上に，天の北極を周回する天体を観察する場が設置されていたと考えるのは無理なことではない。この観測の場は『周髀算経』に記された観測法では水平に均された土俵で十分であり，遺跡として残るほどの構造物は不要と言える。

2.4 飛鳥寺域の天香具山軸に面した建立から中ツ道軸による分断へ

飛鳥寺の遺跡としては西縁が中ツ道軸になっているが，これは飛鳥寺建立後の新たな価値世界を反映した中ツ道軸の採用の結果による可能性が大きい。これは，前述のように，岸（1970a）による建設途次の価値転換の蓋然性の指摘や坪井（1983）による西門に使われた瓦の特殊性の指摘，それに相原（2013）の図に描かれた飛鳥寺と同時代の小墾田宮推定地が中ツ道を跨いでいること，中ツ道軸に面する皇居と寺院のうち飛鳥寺だけが三道の設置時期に先んじていることから支持されると考えている。天香具山軸上に関連する遺跡として水落遺跡の他に次に数例を挙げることができる。なお，岸（1970b；1988: pp. 120-130）は飛鳥地域に1町＝106mの方格地割があったとした。これは前述のように，石神遺跡の発掘結果に基づいて井上（1986）によって否定される。方格地割存否の議論の決着は未だついていないと思われるが，黒崎（2011）が述べるように遺跡間の距離について，確実に1町＝106m地割網の青写真は存在していたと考えられる。

図4の拡大枠に飛鳥寺の寺域とその周辺を示している。この飛鳥寺の敷地を見ると，西縁が切断されているように見える。この切断前の想定し得る元の飛鳥寺敷地の西縁を通る南北線は，図4全図の破線で示したように，天香具山の山頂を通過すると考える。飛鳥寺は，飛鳥で最も輝く香具山の山頂に載る天の北極軸が通過する軸線に西面して建造されたがその後，新たに出現した価値世界に基づいて，元の敷地を切断するまでして中ツ道軸に合わせ，新たに大きな西門が追加されたと考えるのである。この西門について大脇（1989: p. 36）は「西門は西回廊のすぐ西に位置し，南門と同じ八脚門であるが，規模はこちらの方が大きく，南門より重視されていた」という。飛鳥寺遺跡西縁には中ツ道軸が通過する。この西方には飛鳥寺西方遺跡があり，ここでは

表3　飛鳥京に見られる寺院遺跡と皇居遺跡の天香具山軸と中ツ道軸との繋がり

Table 3　Connections of sites of temples and palaces in the Asuka-kyo capital with the axis of Nakatsu-michi and the North Pole one on the summit of Mt. Kagu-yama

Row	Easting difference in JGD2000 Cartesian CS VI	Calculation in meters	Result
1	Center of Mizuochi site (**Mo_Ax**) and Axis of the summit of Mt. **Kagu-yama**	-16692.43-(-16692.49)	0.06m
2	Stupa of Asuka-dera (**At_Ax**) and Axis of the nearby Nakatsu-michi (**Nm_Ax**)	-16519.10-(-16608.96)	89.86m
3	Axes of Mt. Kagu-yama (**Kagu-yama**) and of the nearby Nakatsu-michi (**Nm_Ax**)	-16692.49-(-16608.96)	-83.53m
4	Logic eastern road of Kawara-dera (**Kt_Rd**) and Axis of Mt. Kagu-yama (**Kagu-yama**)	-16695.10-(-16692.49)	-2.61m
5	Stupa of Tachibana-dera (**Tt_Tw**) and Axis of Mt. Kaguyama (**Kagu-yama**)	-16699.60-(-16692.49)	-7.11m
6	Stupa of Kawara-dera (**Kt_Tw**) and Central axis of Asuka-kyu III (**Ak_Ax**)	-16763.70-(-16498.60)	1 bou(坊)
7	Central axes of Kawara-dera (**KT_Rd**) and of Asuka-dera (**At_Ax**)	-16783.60-(-16519.10)	1 bou(坊)
8	Stupas of Kawara-dera (**Kt_Tw**) and of Asuka-dera (**At_Ax**)	-16763.70-(-16519.10)	1 bou(坊)-20m
9	Central axes of Asuka-dera (**At_Ax**) and Asuka-kyu III (**Ak_Ax**)	-16519.10-(-16498.60)	1 bou(坊)-20m
10	Stupa of Daikwan-daiji (**Dd_Tw**) and Axis of Mt. Kagu-yama (**Kagu-yama**)	-16695.40-(-16692.49)	-2.91m

Note: Abbreviations in parentheses like **Mo_Ax** and **Kagu-yama** correspond with ones in Fig. 4. Easting values of **Kagu-yama**, the summit of Mt. Kagu-yama, and **Nm_Ax**, location of Nakatsu-michi axis near the tower of Asuka-dera, were obtained geometrically from the map made using GrassGIS, and the other values were referenced from Kurosaki (2011: Table 2). **At_Ax** means both the stupa and the central axis of Asuka-dera, because the buildings around the stupa in N-S line symmetry. **KT_Rd** stands for the central axis of Kawara-dera. It is located at the cross point between the ancient E-W road between the two temples and the N-S cental axis.

敷石と砂利が密に敷き詰められ，この下の整地層から出土した土器や瓦から7世紀中頃以降に位置づけられている（明日香村教育委員会，2010，2011，2013)。『日本書紀』巻二十四皇極天皇三（644）年春正月条には，「中臣鎌子連（中略)，偶預中大兄於法興寺槻樹之下打毱之侶，而候皮鞋隨毱脱落，取置掌中，前跪恭奉」で始まる中大兄皇子と藤原鎌足との出会いが描かれているが，発掘結果から，この「法興寺槻樹之下」が飛鳥寺西方遺跡にあたることが確実となった。この場所は図4拡大図の中ツ道軸と天香具山軸の間の部分にあたる。「槻樹之下」は「法興寺槻樹之下」と記されるように飛鳥寺に属すると考えて良いだろう。飛鳥寺建立当時は，飛鳥寺域の西縁は天香具山軸にあたり，飛鳥寺の伽藍軸は寺域のほぼ中央に位置していたことになる。

天香具山々頂は飛鳥の谷から望むことができるので，天香具山軸は常に天香具山々頂を通る天の北極軸と一致するが，大和三山の太極から得られた東方500歩に設定された中ツ道の基点からの南北延長は，『九章算術』に示された句股の法で順次測量して実施されたと考えている（木庭元晴，2016b)。藤原京条坊軸も同じ手法で求められた筈である。その結果，中ツ道の真北からのわずかな西への偏りは南北延長方向に受け継がれているようである。

中ツ道跡は橿原市教育委員会が2003年に発掘している。黒崎〔2011：図46 中ツ道跡の発掘遺構（露口真広，2005)〕はその測量結果を使って中ツ道の道路心を，平面直角座標系VI帯(easting, northing) = (東方向距離，北方向距離) = (−16630.1,−165455.00)とする。この地点は図1にKashihara-shi 2003として●で示している。

飛鳥寺の仏塔付近での中ツ道軸を奈良県遺跡地図から図学的に求めると，(easting, northing) = (−16608.96,−168779.00）となる。この2点を使うと，中ツ道軸は3324m南行すると21.14m東にズレることがわかる。天香具山々頂の東方向距離は，−16692.49mだから，飛鳥寺の仏塔付近では，中ツ道軸と天香具山軸の間の東方向間距離は83.53mとなる（表3行3)。中ツ道軸と飛鳥寺の仏塔の間の東方向間距離は89.86m（表3行2）であるから，飛鳥寺の仏塔から元々の飛鳥寺域西縁までの距離は中ツ道による切断後と比べると2倍近くになる。

酒井（2009）は推古期の道路に関わる単位は，発掘結果300尺≅105.9mから，尺≅0.353mの高麗尺が使われていたとする。GrassGIS上での測定によれば，1000歩（6000尺）にあたる横大路上の上ツ道と中ツ道の両交差点間距離と，下ツ道と中ツ道のそれとの距離との平均は2121m[5]であって，尺＝0.3535mとなり，酒井の高麗尺推定値に

5）横大路と中ツ道の交差点座標値 east-north(−16633,−165204)，横大路と上ツ道の交差点座標値 east-north(−14500,−165199)，横大路と下ツ道の交差点座標値 east-north(−18743,−165210)。

一致している。飛鳥寺の仏塔と天香具山軸との東方向間距離は，89.86＋83.53＝173.39m で，高麗尺では 490.5 尺となり，浄御原令以前の 1 歩＝6 尺と大宝律令雑令に定められた 1 歩＝5 尺で換算すると，それぞれ，82 歩と 98 歩となる[6)]。この飛鳥寺仏塔と天香具山軸の東方向間距離については，本章に続くコラム「飛鳥寺域東斜辺から唐尺を使って推古期の天香具山軸および甘樫丘軸を捉える」で述べる。

2.5　藤原京条坊制理念の飛鳥の谷での実現と天香具山軸への憧憬

第 3 期に属する後岡本宮と川原寺は斉明天皇縁（ゆかり）の施設である。川原寺の敷地には，飛鳥板蓋宮焼失のために斉明天皇が一時的に移った仮宮の川原宮があった。天皇死後，川原宮は斉明天皇を母とする天智天皇によって川原寺に改められている。この川原寺は天武天皇期には飛鳥寺，大官大寺（図 4 の文武朝大官大寺とは異なる）とともに飛鳥三大寺の一つであった。飛鳥宮との関係から，黒崎（2011: pp. 74-77）は，川原寺東門前に仮称川原寺東辺道を想定している。この想定軸心と天香具山々頂の東方向間距離は -2.61m で，ほぼ天香具山軸に一致している（表 3-行 4)。つまり，仮称川原寺東辺道は想定される飛鳥寺西縁道に続くことになる。川原寺と対をなし南隣に位置する橘寺の仏塔は伽藍の右方に偏るが，これは 7 世紀前半に建てられた金堂に遅れて，7 世紀中頃に建てられた。この仏塔と天香具山軸との東方向間距離は -7.11m でかなり近接していることがわかる（表 3-行 5)。

川原寺の仏塔と III 期飛鳥宮の建物群の中心軸にあたると考えられる内郭前殿の東方向間距離は -265.1m となり，岸（1970b；1988: pp. 120-130）の言う藤原京 1 坊＝1 条に一致（表 3-行 6）しているので，中ツ道を含む新しい価値観で，川原寺の仏塔も III 期飛鳥宮の施設も作られた可能性が高い。岸（1970b；1988: pp. 119-122）は，川原寺と飛鳥寺の両伽藍中軸線の緯線方向の距離が藤原京 1 坊＝1 条に一致するとした（黒崎の座標値を使うと 264.5m/106m＝2.495 町，表 3 行 7)。このように，藤原京 1 坊＝1 条の地割は，飛鳥寺伽藍中軸線から川原寺伽藍中軸線に移され，川原寺仏塔から飛鳥寺 III 期伽藍中軸線に移されたことがわかる。

川原寺と飛鳥寺の両仏塔の間の東方向間距離は 244.6m で 265m に 20m 足らず

6）岸（1970b, 1988: p. 122）は，1 里と高麗尺の絶対値を動かさず，大宝律令雑令に定められた 1 歩＝高麗尺 5 尺と浄御原令以前の 1 歩＝高麗尺 6 尺を使って，藤原京の東西京極距離 1200 歩から大陸の都市計画でしばしば使われた完数 1000 歩を引き出している。つまり，大宝令雑令 1 歩＝高麗尺 5 尺として，300 歩 / 里＊4 里＝1200 歩。1200 歩＊(5 尺 / 歩)＝6000 尺。浄御原令以前 1 歩＝高麗尺 6 尺として，6000 尺＊(1 歩 /6 尺)＝1000 歩となる。この結果から，大和三古道の成立が浄御原令以前とした。

(表3, 行8), 飛鳥寺伽藍とIII期飛鳥宮建物の中軸線の東方向間距離も20m足りない（表3-行9）という現象については，今後の検討課題ではあるが，新たな価値観に基づく地割は飛鳥の谷では飛鳥寺の伽藍中心軸または仏塔を基準にしたと言えるだろう。

黒崎（2011: p. 156）は岸が提唱してきた中ツ道について，遺構が無くても計画線としての存在を主張しつつ，「下ツ道や中ツ道，上ツ道の位置も横大路の位置も，飛鳥寺の伽藍を基点に設定された。（中略）飛鳥および藤原地域における古道の設定や方格地割の基準など『すべては，飛鳥寺から始まった！』」としたが，飛鳥寺域は天香具山軸に面する形で建設されたものであり，その後の価値転換で中ツ道軸によって西の槻木広場と東の伽藍域に切断されたものであり，飛鳥寺は飛鳥の谷限定で新たな価値の実現に使われたと言えるのではないか。文武朝大官大寺は藤原京の条坊枠（九条条間路－十条大路と東三坊大路－東四坊大路）内にすっぽりと入る形で建立されたものである（木下，2005)。伽藍配置をみると，九重の仏塔は中門－金堂－講堂の伽藍中心軸から大きく東に偏している。この九重の仏塔はすぐ北にそびえる天香具山軸より東方向距離が2.91mほどに位置している（表3-行10)。大官大寺の成立は飛鳥時代末期ではあるが，新たな価値枠内に立地しつつ，中心伽藍である仏塔に天香具山軸が採用されており，飛鳥の谷の天香具山軸への憧憬が強く感じられることである。

2.6 天香具山軸と太極に基づく中ツ道軸の成立と実践

本章では飛鳥寺域建造初期の西縁を天香具山軸に求めてきた。それを踏まえると，飛鳥寺の仏塔および伽藍の配置は天香具山軸に繋がる。飛鳥寺遺跡西方の水落遺跡の中核施設である基壇の中心が天香具山軸上に正しく載ることからすると，飛鳥の谷に，当時の思想の中核として，天香具山軸が存在したと考えて良い。実際，飛鳥の谷の南縁の橘寺とほぼ北縁にあたる大官大寺には，この軸上に載せるべく，いずれも寺域から東に偏して寺の中核である仏塔が設置されていたのである。天香具山軸が支配または憧憬されていた時代は，飛鳥の谷に王宮が移った6世紀末の飛鳥寺建造から文武朝大官大寺建造までで，これは飛鳥時代に一致する。

この飛鳥時代に新たな価値世界が現れた。これが本報告の中心をなす大和三山の太極の発見である。これまで述べてきたように，太極を核にして，正方位の中ツ道と下ツ道，そして，両軸に直交する横大路が建設された。この建設時期はこれまで述べてきたように，推古二十一（613）年頃である。大和三山の太極は元飛鳥川の扇状地域で，香具山の南に続く飛鳥の谷底平野とは別格に位置づけられたものと考えられる。ただ，道教の

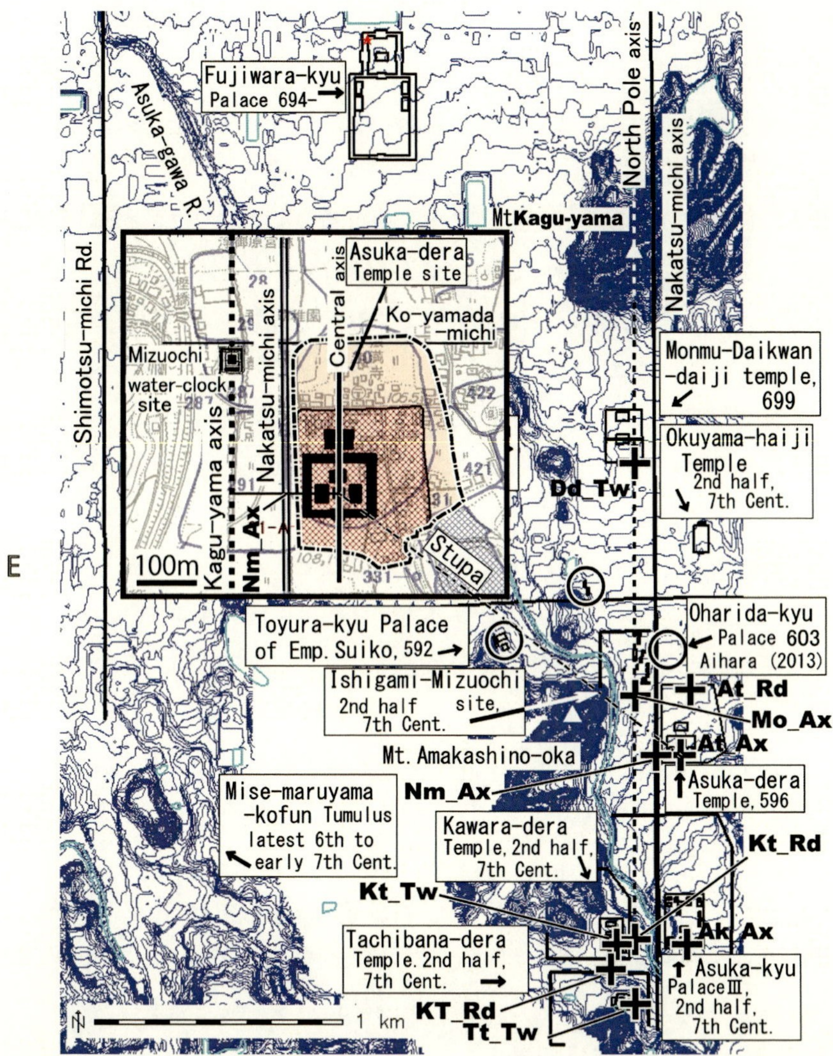

図４　飛鳥京に見られる寺院遺跡と皇居遺跡の天香具山軸と中ツ道軸との繋がり

図中の各遺跡線画は奈良県遺跡地図web１万分の１（奈良県教育委員会・橿原考古学研究所，2016）から抽出したもので，図１で使用したGrassGISロケーション上に落としている。図中のMo_AxやKagu-yamaなどの太字付きプラス記号の位置は主に黒崎（2011：表2）から得た。飛鳥京に描いた南北線のうち太い実線は中ツ道軸，破線は天香具山軸を表す。太枠内の拡大図は飛鳥寺付近のもので，飛鳥寺仏塔の位置で拡大図の全図での位置を示している。

Fig. 4　Connections of sites of temples and palaces in *Asuka-kyo* capital with axes of *Nakatsu-michi* and the North Pole axis on Mt.*Amano-Kagu-yama*.

Line images of archaeological sites were extracted from one ten thousandth of *Nara-ken* remains maps posted on http://www.pref.nara.jp/16771.htm, and were plotted on the GIS map used in Fig. 1. Thick plus symbols with thick literatures like Mo_Ax and Kagu-yama on the map were almost obtained from Kurosaki (2011: Table 2). Their deatails are shown in Table 3. Two N-S running lines in *Asuka-kyo* capital show *Nakatsu-michi* axis derived from the *Taiji* of *Yamato-Sanzan*, a thick solid line, and the North Pole axis on Mt.*Amano-Kagu-yama*. The window shows *Asuka-dera* temple and its periphery, with a connecting line of the stupa.

東方三神山に擬せられる大和三山域内に天武天皇が遷都するまで待つ必要はなかった。

相原（1993）の第3期（7世紀第3四半期）に該当する遺跡として，前述の川原寺や橘寺，そして斉明天皇の後岡本宮があり，すでに述べたように，この時期には藤原京条坊の枠組みが取り込まれている。条坊制は次の第4期（7世紀第4半期）に新城（藤原）地域に設置されるのであるが，それに先んじて飛鳥の谷で実行されたことになる。斉明天皇は皇極天皇の重祚であり，前述のように皇極天皇三（644）年には，飛鳥寺西方遺跡にあたる法興寺槻樹之下の広場は存在しており，これより前に中ツ道軸による飛鳥寺域の分断はあったといえるが，古文書と遺跡からみて，中ツ道軸が実行された年次を伝える上で，最古の史料といえる。

おわりに

筆者はGrass GISを使って三山の垂心と藤原宮の中心の奇妙な一致に出会い，既存研究の調査を経て千田（2008）の報告を知った。前述のように，藤原宮の立地に関する通説は，藤原宮の中心，つまり大極殿院と朝堂院の境界（大極殿閤門中央）が，中ツ道・下ツ道同様，横大路からも500歩にあるというもので，千田の「中ツ道と下ツ道の間の中心線に垂心が偶然に載った，そして，横大路からの距離も偶然500歩になった」（2008: p. 164）という考えの成立は難しい。三古道の成立を太極獲得の先に置くと，垂心の出番はない。垂心選定が先にあって，古道や藤原宮の立地が決まったとする筆者の「御井の歌」の含意するところからの主張はすでに述べたところである。

太極決定が推古期であったとする根拠は，三古道の成立時期の通説を採用したことなどによるが，この主に考古学者由来の通説であっても記紀などの古文書の単に記述順序ではなく，推古期の用水路や道路の大規模な土木工事（酒井，2009など多数）の考古学的な発掘結果が背景にあるものと思われる。『日本書紀』推古十（602）年条には，百済の僧観勒が来て，暦本と天文地理書などを献上し，書生三，四名を選び観勒の下で学ばせ，皆よく理解した，などとあり（坂本ほか，1965: p. 179　推古紀），暦博士や測量天文観測の専門官の国内での養成が始まったと考えられる。『日本書紀』の暦日から復元された推古期の元嘉暦（内田，1975，1978）の暦日は，持統期に併用されるようになった儀鳳暦とズレはなく，月齢（太陰暦）の天文学的なズレも皆無（決定係数0.999）で（木庭，2016a: 図1），元嘉暦冬至日の黄経誤差（太陽暦）は最大10日，8年ほどで誤差0～2日に戻る仕掛けが機能していた（木庭，2016a: 図2）。蘇我馬子や厩戸皇子などからなる大陸文化を積極的に取り込む体制が，参照または渡来知識人に従う姿勢から積極的な模倣さらにはそれ以上へと大陸文化の受容姿勢が大きく転換したことを示していると考えられるのである。

太極を求める過程で，垂点と垂心の概念は当時，認識されていたかどうか。この幾何学の推古期の実現性を劉徽(りゅうき)註『九章算術』（川原訳a，1980a）の基礎概念を使って復元することができた（木庭，2015）。大和三山がなす三角形の垂心を求める測量法は具体的にどのようなものであったのか。これについても，前述の劉徽撰『九章算術』の劉徽作成の付録『海島算経』（川原訳b，1980b）に基づいて，句股の法を使ったスタジア測量の手法を組み合わせて，木庭（2016b）は提示している。

英語要旨

Taiji of Yamato-Sanzan, authorizing the location of Fujiwara-kyu palace, and the North Pole axis on the summit of Mt. Kagu-yama deduced from archaeological sites in Asuka-kyo capital of 7th century, Japan

Fujiwara-kyo capital, established latest 7th century, is unambiguously the first Japanese capital having a N-S and E-W grid pattern originated from China. The most popular academic view, based on the equidistant theory from three imperial cardinal roads founded early 7th century, of Emperor Temmu's positioning of Fujiwara-kyu imperial palace cannot explain his strong preference for Yamato-Sanzan composed of three sacred mountains, compared to three isles of the immortals to the east of China. The Fujiwara-kyu palace and the grid pattern of Fujiwara-kyo capital founded around it must be planned based on the Taiji, supreme ultimate, of Yamato-Sanzan, as described below. The present author has geographically found the key to get it from "Fujiwara-kyu no mii no uta", a long spring poem of Man'yoshu. This Yamami ritual must have been conventionally performed since the acquisition of the Taiji. The poem shows that Empress Jito, the successor of her husband Temmu, performed in relation to the summits of Yamato-Sanzan in accordance with the movement of the sun. Her performance could lead to the orthocenter, i.e. Taiji, of the triangle of Yamato-Sanzan, and this was almost identical to the center of Daigokuden ko-mon gate. Going to the former capital, Asuka-kyo was located at the upstream of the Fujiwara-kyo capital for 102 years of the Asuka entire 118 year period. The present author derives the North Pole axis just above the summit of Mt. Kagu-yama controlling the distributions of archaeological sites in the Asuka-kyo capital. This axis is running just on the center of 22.5 m squared stone-paved platform in the middle of Mizuochi site, where an astronomical observatory might have been located. The outstanding stupas of Tachibana-dera and Daikwan-daiji temple sites were distributed at the southern and northern ends respectively of the valley of the Asuka-kyo capital. Their stupas were deviated easterly from the centers of their temple areas, and were set on the North Pole axis. Therefore, the Asuka-kyo capital must have been protected by their two stupas on the blessed axis.

Evidences of the Fujiwara-kyo grid pattern originated from the Taiji of Yamato-sanzan were recognized middle 7th century in the Asuka-kyo capital, such as division of Asuka-dera temple area by the Nakatsu-michi axis of the three cardinal roads originated from the Taiji, prior to ones in the Fujiwara-kyo capital.

英語要旨和訳：

藤原京，これは七世紀末に成立したものであるが，中国に由来する東西南北の方格地割を持った間違いなく日本で最初の都である。この占地についての最も有名な学説は，推古期にあたる七世紀初期に建設された南北と東西に走り交差する三本の官道から，後の天武天皇によって等距離に設置されたとするものである。ところがこの学説では，中国のはるか東方にあるとされる三神山に擬せられる大和三山に強く拘った天武天皇の思いを実現できていない。藤原宮とこれを中心に設置された藤原京条坊は，下記のように，大和三山のこの太極に基づいて計画されねばならない。筆者は，万葉集の一長歌である「御井の歌」から太極を得る鍵を地理学的手法で見いだした。この山見儀式は大和三山の太極の獲得以来，続けられてきたものと思われる。この歌によれば，天武天皇の後継者であり妻であった持統天皇が太陽の運行に合わせて大和三山に関わって演じるのであるが，これが大和三山の頂点が成す三角形の垂点，つまり太極を導く。これは後に建設される藤原宮大極殿閤門の中点にほぼ一致する。次に藤原京の前の都の飛鳥京を取り上げる。飛鳥京は飛鳥時代 118 年間のうちの 102 年の間，前述の藤原京上流域にあった。筆者は，飛鳥京の遺跡から，それら遺跡群の分布を制御する天香具山々頂を通る天の北極軸を見いだした。この軸は，発掘された水落遺跡の中央部を占める 22.5m 四方の敷石で強化された基壇のまさに中点上を通っている。この場所には天文台が設置されていたに違いない。飛鳥の谷のほぼ南端と北端にはそれぞれ，橘寺跡と大官大寺跡があり，壮麗な仏塔があった。両仏塔は両寺の寺域からすると東に偏しており，いずれも天香具山の天の北極軸上に設置されている。それゆえに，飛鳥京はこの聖なる軸上の二つの仏塔に護られていたに違いない。大和三山の太極から生まれた藤原京条坊制は，七世紀半ばに飛鳥京で，藤原京域よりも先に実現した。その代表例は飛鳥寺域の太極から派生した中ツ道による分断である。

文　献

相原嘉之，1993．倭京の実像ー飛鳥地域における京の成立過程ー．滋賀県文化財保護協会紀要，No. 6，pp. 60-83.

相原嘉之，1999．飛鳥の道路と宮殿・寺院・宅地ー飛鳥の都市景観についての一視点ー．条里制・古代都市研究，No. 15，pp. 5-33.

相原嘉之，2007．飛鳥古京から明日香へー飛鳥地域における歴史的風土の形成過程ー．明日香村文化財調査研究紀要，No. 6，pp. 1-49.

相原嘉之，2013．飛鳥寺北方域の開発ー7 世紀前半の小墾田を中心としてー．橿原考古学研究所論集，No. 16，pp. 155-164.

青木敬，2017．土木技術の古代史．吉川弘文館．

秋山日出雄，1971．「飛鳥京と大津京」都制の比較研究．橿原考古学研究所編『飛鳥京跡一』（奈良県史跡名勝天然記念物調査報告，第二十六冊，奈良県教育委員会刊），pp. 269-358.

明日香村教育委員会，2010．飛鳥寺西方遺跡．現地説明会資料．

明日香村教育委員会，2011．飛鳥寺西方遺跡．明日香村の文化財 17．

明日香村教育委員会，2013．飛鳥寺西方遺跡．明日香村の文化財 18．

網干善教，1977．倭京（飛鳥）地割の復原―飛鳥地方の寺院跡を中心として―．関西大学考古学研究紀要，No. 3，pp，36-50．

井上和人，1986．飛鳥京域の検証．考古学雑誌，Vol. 17，pp. 175-210．

宇治谷孟訳，1988a．『日本書紀（上）全現代語訳』講談社学術文庫．

宇治谷孟訳，1988b．『日本書紀（下）全現代語訳』講談社学術文庫．

内田正男編著，1975．『日本暦日原典』雄山閣出版．

内田正男編著，1978．『日本書紀暦日原典』雄山閣出版．

大脇潔，1989．『飛鳥の寺』日本の古寺美術 14，保育社．

小澤毅，2003．『日本古代宮都構造の研究』青木書店．

加唐興三郎編，1992．『日本陰陽暦日対照表（上巻）445 年～1100 年（允恭天皇 34 年～康和 2 年）』株式会社ニットー出版企画．

川原秀城訳，1980a．「劉徽註九章算術」．藪内清編著『中国天文学・数学集』科学の名著 2，pp. 75-264，朝日出版社．

川原秀城訳，1980b．「魏劉徽撰海島算経」．藪内清編著『中国天文学・数学集』科学の名著 2，pp. 265-271，朝日出版社．

関西大学文学部考古学研究室，2015．水落遺跡と水時計解説書．奈良県明日香村．

岸俊男，1970a．大和の古道．橿原考古学研究所編『日本文化論巧』．『日本古代宮都の研究』（岸俊男，1988）pp. 66-10 岩波書店，に再録．

岸俊男，1970b．飛鳥と方格地割．史林（京都大学史学研究会），Vol. 53，No. 4．『日本古代宮都の研究』（岸俊男，1988）pp. 119-166 岩波書店，に再録．

岸俊男，1993．『日本の古代宮都』岩波書店．

木下正史，1983．藤原宮の開発―宮前身遺構の性格について―．文化財論叢（奈良文化財研究所創立 30 周年紀年論文集），pp. 361-381．

木下正史，2005．『飛鳥幻の寺 大官大寺の謎』角川書店．

金田一京助・金田一春彦監修，1962．『明解古語辞典新版』三省堂．

倉野憲司・武田祐吉校注，1958．『古事記 祝詞』日本古典文学大系 1，岩波書店．

黒崎直，2011．『飛鳥の都市計画を解く』同成社．

木庭元晴，2014．最近公開された GIS データベース情報を使って得られた飛鳥及びその周辺の古代～更新世末期の自然環境．史泉（関西大学史学・地理学会），No. 119，pp. 23-36．

木庭元晴，2015．飛鳥時代の中軸古道と藤原宮の位置選定に係わる新たな視点．日本地理学会 2015 年秋季学術大会（愛媛大学，松山市）．

木庭元晴，2016a．飛鳥時代推古期の北辰と暦数獲得．関西大学博物館紀要　No. 22，pp. 1-20．

木庭元晴，2016b．句股定理による地図作成法の復元：大和三山を例として．日本地理学会 2016 年春季学術大会（早稲田大学，東京）．

木庭元晴，2017．飛鳥時代の水落天文台遺跡から観測された天球．関西大学文学論集，Vol. 67，No. 1．pp. 29-63．

酒井龍一，2009．推古朝都市計画の復元的研究．文化財学報（奈良大学文学部文化財学科），No. 27，pp. 31-46．

坂本太郎・家永三郎・井上光貞・大野晋校注，1965．『日本書紀 下』日本古典文学体系，68，岩波書店．

坂本太郎・家永三郎・井上光貞・大野晋校注, 1967.『日本書紀 上』日本古典文学体系, 67, 岩波書店.

坂本太郎・家永三郎・井上光貞・大野晋校注, 1994.『日本書紀(1)～(5)』岩波書店.

椎野禎文, 2002.『日本古代の神話的観想』かもがわ出版.

尚学図書編, 1988. 国語大辞典.

白川静, 2000.『万葉集』白川静著作集 11, 平凡社.

千田稔, 2008.『平城京遷都―女帝・皇后と「ヤマトの時代」』中央公論新社.

坪井清足, 1983. 飛鳥寺創建諸説の検討. 文化財論叢(奈良国立文化財研究所編), 同朋社, pp. 169-177.

長沢工, 1999.『日の出・日の入りの計算―天体の出没時刻の求め方』地人書館.

中西進, 1978.『万葉集全訳注原文付（一)』講談社文庫.

中西進, 1998.『万葉集全訳注原文付（一)』中西進著作集 19. 四季社.

奈良県教育委員会・橿原考古学研究所, 2016. 奈良県遺跡地図 http://www.pref.nara.jp/16771.htm［2016年8月20日閲覧]

橋本敬造訳, 1980.「周髀算経（張衡註記)」. 藪内清編著『中国天文学・数学集』科学の名著 2, pp. 289-350, 朝日出版社.

星岳彦, 2015. 日の出と日の入りの計算. http://www.hoshi-lab.info/env/solar-j.html［2016年8月20日閲覧]

本居宣長, 1968.『古事記伝』本居宣長全集, 第九巻. 筑摩書房.

吉田義孝, 1985. 万葉集における持続朝・序説―藤原宮役民歌・御井の歌を中心に―. 国語国文学報（愛知教育大学国語国文学研究室), No. 42, pp. 23-34.

University of VirginiaLibrary, 1999a. Japanese Text Initiative –Manyoshu[Book1](Nishi Honganji bon). http://jti.lib.virginia.edu/japanese/manyoshu/Man1Yos.html［2016年8月20日閲覧]

University of Virginia Library, 1999b. Japanese Text Initiative –Manyoshu[Book2](Nishi Honganji bon). http://jti.lib.virginia.edu/japanese/manyoshu/Man2Yos.html［2016年8月20日閲覧]

COLUMN

推古期の垂心の幾何学

大和三山の垂心が藤原宮の中心点と考えられる大極殿または大極殿閣門にほぼ一致した。この発見から，第Ⅵ章で縷々述べてきたように，藤原宮は実は推古期に発見された大和三山のいわば太極に由来するとの帰結に至った。

この推理過程が成立するには，推古期の垂心を求め得るバックグラウンドを復元する必要があるが，第Ⅵ章から分離した方が論理の道筋が明確になると考え，このコラムを立てた。

科学技術の粋を集め，推古四（596）年に完成した飛鳥寺大伽藍は，推古期が垂心に触れる絶好の機会であったと想像される。中国さらには東アジアでの基本的な算術書である『九章算術』は紀元前後に成立したが，三国時代魏の人で三世紀に活躍した数学者劉徽（りゅうき）によって編纂されたものが現存している。推古十年に百済僧觀勒が持参した「天文地理書」の中に『九章算術』が入っていたかどうかはわからないが，むしろ飛鳥時代よりも前に導入され，課税や土木工事など広い分野で利用されてきたことが想像される。

このコラムでは『九章算術』の記述から垂心概念に到達する可能性を示した。

1．『九章算術』と飛鳥寺建設

『九章算術』は課税などを必須とする行政と結びついた最古の算書であり（川原，1980a：p. 48），紀元前後100年をまたぐ200年間のうちに編纂補修され成立したものとされる（p. 53）。現存のものは劉徽（りゅうき）によって注が付された版のものに限られる。この算学制度は中国本土にとどまらず，朝鮮や日本にも多大の影響を与えた。新羅では唐にならい算学教育を行い，日本では淳和（じゅんな）天皇（在位期間823-833年）の勅になった『令義解（りょうぎのげ）』に見える（p. 57）。

『九章算術』の巻第一「方田」（川原，1980b：p. 84-）には田畑の面積（分数計算法など）が，巻第二「粟米（ぞくべい）」（川原，1980b：p. 107-）には異なる作物間の交換比率計算法などが記されている。豪族および民を支配するには，耕地面積を把握し，異なる作物間の交換評価法を駆使する必要があるので，朝鮮半島に強い影響力を持ち得た欽明期にまで遡る可能性は高い。蘇我馬子が物部守屋大連（おおむらじ）を滅ぼした後に創建した飛鳥寺に係わって，百済が提供した寺院建築の技術者のリストは注目される。造営には，崇峻元（588）年から推古四（596）年の完成まで8年を要しているが，崇峻元（588）年の記事（宇治谷訳，1988: p. 82）に，「仏舎利及び僧六名（具体名表記）などとともに，寺院建築工の太良未太（だらみだ），文賈古子（もんけこし），仏塔最上部の相輪など鋳造技術に長け（仏塔の最上部にある露盤を含めた相輪などを作った）鑪盤（ろばん）博士の將徳白昧淳（しょうとくはくまいじゅん），瓦博士の麻奈文奴（まなもんぬ），陽貴文（よういもん），昔麻帝彌（しゃくまたいみ），そして畫工（えたくみ）の白加（びゃくか）を奉った」（一部変更）などとある。彼ら高度の技術者集団は，『九章算術』に記されている各種算術法に基づいた運用能力を当然ながら獲得していたと考えられる。

寺院建築については，巻第四，巻第五，巻第九が特に関連があるだろう。つまり，巻第四「少広」（川原，1980b: p. 129-）の劉徽註では，これによって正方形，立方体と円，球の面積，体積をおさめるとされ，巻第五「商功」（川原，1980b: p. 148-）の劉徽註では，これによって土木工事の功程（ママ）と，種々の立体の体積，容積をおさめる，とある。この巻第五の第四問は次にようである。

> 「いま下の横幅が二丈，上の横幅が八尺，高さが四尺，長さが十二丈七尺の隄防（ママ）がある。問う，体積はいくらか。冬の功程では，一人一日の仕事量は四百四十四立方尺である。問う，（この隄防をつくるには）何人の人夫が必要か。〈計算法〉体積の立方尺数『実』（被除数）とし，この功程の仕事量の立方尺数を『法』（除数）とする。『実』を『法』で割れば，必要な人夫の人数である」。

一丈＝十尺であり，計算は尺で実施される。前者について，断面が等脚台形の隄防だから，(20＋8)/2＊4＊127＝7112 立方尺である。後者については，7112/444＝16.018018 であるが，答えは，十六人と百十一分の二人，となっており，小数点以下が正しく分数表現されている。飛鳥寺建設の際に，土地や土壁などの整備にこの種の計算は必須であった。

巻第九「句股（こうこ）」（川原，1980b: p. 242-）の劉徽註では，これによって高，深，広，遠をおさめるとされる。

問一 「いま『句（こう）』は三尺，『股（こ）』は四尺である。問う，『弦』はいくらか。〈計算法〉『句』と『股』をそれぞれ自乗し，加え合わし，開平方すれば，『弦』である」。劉徽註には，「短辺を『句』といい，長辺を『股』という。また角（かど）を結んだ辺を『弦』という。『句』は『股』より短く，『股』はその『弦』より短い。これを諸比例関係に用いようとするのであるから，まずこの術をそなえ，その源をはっきりさせる」とある。

さらに劉徽註には，句股の法，つまりピタゴラスの定理が幾何学的に証明されており，土木建築で多用される基本的な直角または垂直に関する問といえる。

問四「いま直径が二尺五寸の円材（丸太のこと）がある。これより厚さ7寸の方版（板のこと）をつくろうと思う。問う，横幅（『広』）はいくらか。〈計算法〉径二尺五寸の自乗から，七寸の自乗を引き，その余りを開平方すれば，横幅である」。劉徽註には，「ここでは円径に二尺五寸を『弦』，版の厚さ七寸を『句』，求める横幅を『股』とする」とある。

この劉徽註によって，図1(a)を描くことができ，横幅（『広』）は，√(25^2-7^2)＝24（寸）となる。川原（1980b: p. 243）は誤った値二尺四寸五分を示しているが，劉徽註原本では正しく二尺四寸とされている。この種の計算も飛鳥寺建設には必須である。

問七 「いま立木があり，その梢に索（なわ）を繋ぐと，地に三尺たれる。また索を引いて後退りすると，木根から八尺で索が尽きる。問う，索長はいくらか。〈計算法〉木根からの長さを自乗し，地にたれる長さで割る。得た値に，地にたれる長さを加え，半分にすると，索長である」。なお，掲載されている引而索尽図（川原，1980b: p. 245）の一部増補したものを図1(b)に示す。計算法に従えば，(8^2/3＋3)/2で，正しく一丈二尺と六分の一尺を得ることができる。

ピタゴラスの定理にあたる句股定理は前述のように確立していたのであるが，単純に，索長（解）をXとして，8^2＝X^2-(X-3)^2では計算していない。劉徽註の〈計算法〉は次のような構造になっている。図1(b)に示すように，木の根元からの距離は句にあたり，地に垂れた索の長さ三尺は弦と股の差，つまり（弦－股）である。それゆえ，弦＝[(句)^2/(弦－股)＋(弦－股)]/2となる。この式の分子の第1項，(句)^2/(弦－股）は，(弦＋股)，とされる。これはピタゴラスの定理の変形であり，上式は，[(弦＋股)＋(弦－股)]/2から正しく弦，つまり索長が得られる。

この問七では何ゆえ，索長が問われているのであろうか。索長は地上で延ばせば簡単に計測できるため，未知数には成り得ない。立木の高さこそが未知数になる筈であろう。索は立木の梢から垂らされて，地上で三尺分が余っている。立木の高さを求めるのに，梢から垂らすことができるのであれば，わざわざ索が尽きるまで一杯に引く必要性もない。この問七は高い頻度で利用されていた索を使った測量に係わって，その特性を認識させる役割を果たしていたのではないか。地上で延ばす場合，この例のように垂直（重力方向）に垂らす場合，斜めに引っ張る場合，それぞれで長さが変わる。その弛みの特性を理解させるのである。

なお，この種の計算は，心柱はもちろん，すべての立柱に必要な測量技術ではある。

2．『九章算術』と三角形の垂心の認識

垂点に関連するものは，『九章算術』巻第一「方田」にある。この巻には，長方形，三角形，台形，円またはその複合形の田（耕地の意）に対する求積法が示されている。三角形の耕地は，圭田と呼ばれる。葬祭で使用される容器の圭の形に似ているから圭田とされる（李，1992：p. 241）。面積の計算方法を示したものが図 1 の(c1)，(c2)である。これは劉徽註『九章算術』巻第一「方田」の図に基づいており，李（1992: p. 242）の図 4-1 圭田以盈補虚，をこの図に再掲している。圭田之積は，(c1）については 1/2 廣×正従，(c2）については 1/2 正従×廣，と表現できる。三角形の面積を，以盈補虚，つまり直角三角形の合同関係を利用して，長方形の面積に替えている。

李（1992: p. 241）は（漢代の）古文書に従って，

「値得注意的是“正従”一詞，従，即縦，古人測量平面図形，一般只量縦，横両個方向的尺寸。絵図時底邊皆横置，因而高皆為縦向，故現代所謂的“高”古代称為“正従”，其“正”與“邪”相對，“正”，即正交，垂直的意思，“邪”即邪交，不垂直，這表明中算家有明確的両線垂直與邪交的概念」という。

古代の測量では，まずは一頂点からその対辺にあたる底辺に垂線を求め，その垂点から離れる両方向へ底辺沿いに底辺長を求めるとある。そして，測量成果である「絵図」では，頂点からの垂線を縦（上下）方向に，底辺を横（左右）方向に描くという。算家が直交を正とし斜交を邪とする姿勢にも言及している。

三角形の一頂点からその対辺への垂点については，前述の巻第九「句股」問七の垂直面に関する問に表れている。垂点は重力方向に垂らした索と地上の交点から容易にわかるが，この問七には梢から垂らした索の最短の地上への到達点が垂点であることを示している。一頂点を中心に索を使って，底辺付近で弧を描いて最短の交点（接点）を求めることで垂点が得られるのである。索が垂線長より長いと，索が描く弧と底辺とは 2 点で交わり，2 点間の距離は索を短くすることで小さくなってゆく。このようにして得られた正従つまり垂線三本の交点が垂心となる。図 1(d)にその作業過程を示す。ある不等辺三角形について，垂線の頂点のいずれを選んでも，もちろん面積は一致するので，圭田の面積を求める過程で経験的に垂心の存在は認知されたと推測される。長方形や円など単純な図形とみなし得る耕地を除いて，すべての耕地は多角形と考えられるので，必ず複数の直角三角形に分割でき，種々の耕地に最も柔軟に適用で

きるのはこの圭田の求積法であったと想像される。

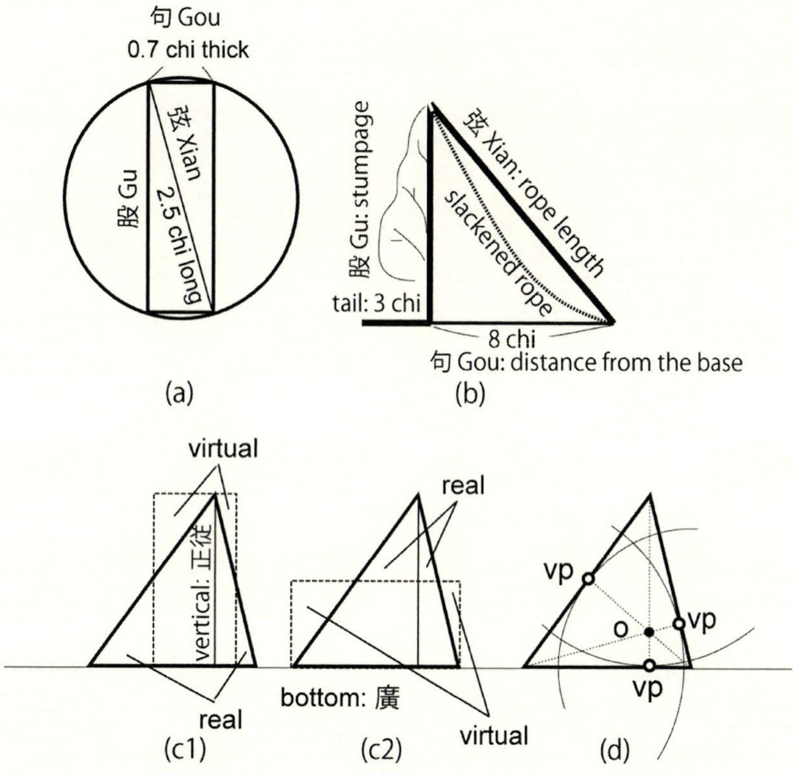

図 1　『九章算術』の句股弦形(a)と(b)：句股の法，(c1)と(c2)：三角形を矩形に変換して求積する方法，(d)：垂心を求める方法

(a)円材から板を作る，(b)斜めの索の弛み限界値を喚起する，(c1)と(c2)三角形を矩形に変換して求積する，(d)勾股弦形から垂心を求める。

Fig. 1　How was the orthocenter found using the Gougu theorem, i.e.the Pythagorean, of "The Nine Chapters on the Mathematical Art"?

(a) How to get a rectangular wooden plate from a log having a circular cross section: This question shows the Gougu theorem. 股 Gu = √(弦 Xian^2- 句 Gou) = √(25^2-7^2) = 24(1/10 chi). The calculation like this was necessary to build Asuka-dera Temple in the Asuka period.

(b) Creating an awareness of slacking of diagonal rope: Thick lines show measuring ropes. 弦 Xian corresponds to one, and equals the length of 股 Gu = stumpage plus tail.

弦 Xian = [句 Gou^2/(弦 Xian- 股 Gu) + (弦 Xian- 股 Gu)]/2 = [8^2/3 + 3]/2 = 12 and 1/6. This calculation must have been checked by the real measurement, and some students would know the slacking character of a measuring rope.

(c1) and (c2) Converting a triangle into a rectangle, and calculating the area: To do this, the perpendicular distance from the base of a triangular to the opposite vertex is needed. The above question (b) indicates how to obtain the vertical line and the heigt of a triangle using a measuring rope under the circumstances.

(d) Finding the orthocenter using the Gougu theorem: Shown in (b), a measuring rope is used as compasses. The vertical lines can be drawn from respective vertices, for a rope to be just inside the triangle with minute atttension.

文　献

宇治谷孟訳（1988）：日本書紀（下）全現代語訳．講談社学術文庫．［Ujitani, T., trans. (1988b): Nihon-shoki 2nd volume, Modern Translation. (Nihonshoki Ge, Zen-gendaigo-yaku). Kodansha Academic paperback. (in Japanese)*］

川原秀城（1980a）：「九章算術」解説．藪内清編著：中国天文学・数学集．科学の名著 2，47-74．朝日出版社．［Kawahara, H. (1980): A commentary on "The nine chapters on the mathematical art (Kyusho Sanjutsu Kaisetsu), coll. by Liu Hui". Yabu'uchi, K. ed.: Astronomy and Mathematics in ancient China, Great Scientific Books 2, 47-74, Asahi-shuppansha. (in Japanese)*］

川原秀城訳（1980b）：劉徽註九章算術．藪内清編著：中国天文学・数学集．科学の名著 2，75-264．朝日出版社．［Kawahara, H., trans. (1980b): The nine chapters on the mathematical art (Kyusho Sanjutsu), coll. by Liu Hui. Yabu'uchi, K., ed.: Astronomy and Mathematics in ancient China, Great Scientific Books 2, 75-264, Asahi-shuppansha. (in Japanese)*］

李　繼閔，1992.『《九章算術》及其劉徽注研究』九章出版社，台湾．［Li Jimin (1992): The study on "The nine chapters on the mathematical art, coll. by Liu Hui". Nine Chapters Pub., Taiwan. (in Japanese)*］

COLUMN

飛鳥寺域東斜辺から唐尺を使って推古期の天香具山軸および甘樫丘軸を捉える

飛鳥寺の寺域（図1，3）について，伽藍の西方が窮屈で余裕がなく，東辺は西辺のように南北方向ではなくて，二つの斜辺から構成されていることで，過去，疑問が呈せられてきた。南東隅の切り取られたような斜辺については地形に対応したものとされた。

『飛鳥寺 2013』に拠って発掘過程をここで確認したい。「飛鳥寺の寺域」（p. 17）には，「昭和 31，32 年（筆者注：西暦 1956，1957）の調査では，（中略）寺域の南限と西限が確認されました。その後，昭和 52 年（1977）に北限の区画施設（北面大垣）が確認され，昭和 57 年（1982）には寺域の北東角と東面大垣が検出されました。（中略）当初考えられていたような方形ではなく，東面大垣が北で西に約 8° 振れる台形をすること」などが記されている。このページには「想定された飛鳥寺の寺域（飛鳥資料館編，1986）」の復元図が示されており，南東隅は切り取られていない。

その後の調査として，「平成 9 年（1997）におこなわれた寺域東南隅部の調査（奈文研：飛鳥藤原第 84 次）では，寺域を区画する塀は確認できませんでしたが，南面大垣に平行すると考えられる東に北へ振れる東西溝を検出しました。この結果，南面大垣は，東南隅で北に屈曲し，寺域も斜めに切られた形になると想定されました（奈文研 1997，1998）。そして平成 11 年（1999）の調査（奈文研：飛鳥藤原第 97 次）で，想定どおり，東で北に屈曲する南面大垣を検出しました。（中略）これらの結果から飛鳥寺の寺域については掘立柱塀で囲まれた不整な五角形をしていることがわかりました」（pp. 19-20）とあり，「あらたに判明した飛鳥寺の寺域（奈文研，1999）」図が示されている。

図1，3には，上記奈文研（1999）の図に基づいた飛鳥寺の伽藍配置と寺域を GrassGIS の座標系に落としている。座標値そのものではなく，この奈文研（1999）の図の各ラインのおよその中心軸をイラストレーター上でトレースして PlugX-shape でシェープ出力して GrassGIS（CS6 座標系ロケーション）に取り込んだので，最大数メートルの誤差が生じているものと思われる。図 3 には黒崎（2011：p. 56 表 2）の飛鳥寺塔心（奈文研 1956・57 調査）の座標値（northing, easting＝−168,779.0，−16,519.1）をプロット

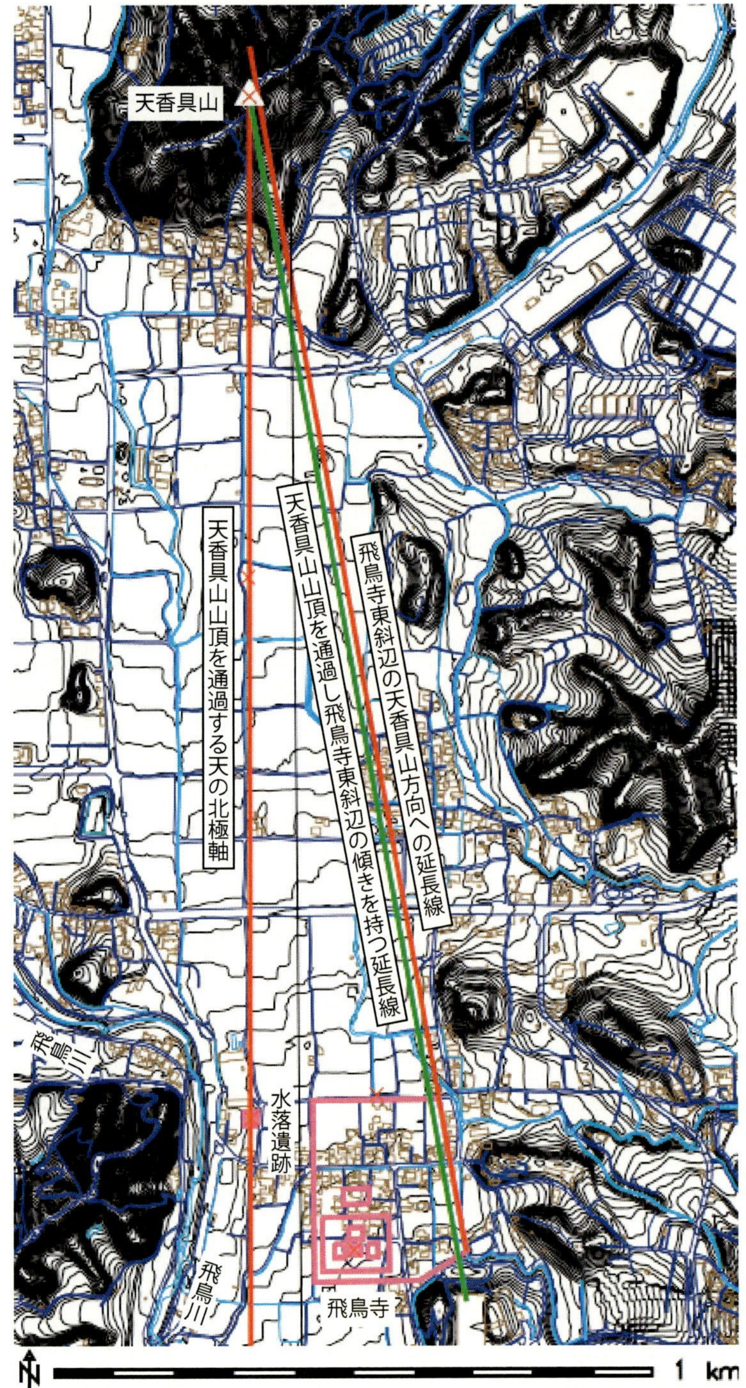

図１　飛鳥寺から天香具山の３本の軸線

国土地理院基盤地図情報 5m メッシュ DEM から 1m 等高線を作成し，1／5000 基礎情報のうちの水涯線，道路，建物のライン情報を GrassGIS（CS6）上で表示している。そして奈文研（1999）の飛鳥寺伽藍配置図を組み込み，その上で計算によって得た３本の天香具山に関わる軸線を描いている。
図３の範囲はこの図の南三分の一にあたる。

（a を付した白縁の赤つぶし◯）しているが，画像情報から投影された塔心の位置は1.6m 東にずれている。

1．飛鳥寺東斜辺と天香具山軸の交点

さて，南東隅の切り取り以外の飛鳥寺の大部分の東辺を限る寺域境界線をここでは，飛鳥寺東斜辺と仮称する。この節名から想像されると思うが，筆者は，2015年秋，本書第Ⅱ章にあたる報告を書いている際に，飛鳥寺東斜辺の北方延長は天香具山々頂に載るのではないかと考えた。このコラム作成のための確認作業で2年越しの思いを叶えることができた。なお，計算過程はこのコラム末尾に示している。

図1には飛鳥寺から天香具山の範囲を示している。左から，①「天香具山山頂を通過する天の北極軸」，②「天香具山山頂を通過し飛鳥寺東斜辺の傾きを持つ延長線」，③「飛鳥寺東斜辺の天香具山方向への延長線」の3軸を示している。①は天香具山々頂から南方向に延ばした濃いオレンジ色の線分で，水落遺跡を通過する。③は飛鳥寺東斜辺をそのまま天香具山方向に延ばした濃いオレンジ色の線分である。③の線分は天香具山軸上では，天香具山々頂よりも 81.5m だけ北にずれた。念のため，天香具山々頂から，飛鳥寺東斜辺の傾斜で延長線を描いたのが緑色の線分である。図1では②と③の平行線のズレを見ることができる。

このような東斜辺の視準軸が天香具山々頂を通過することから，飛鳥寺が造営された推古期の天香具山への熱い嗜好を筆者は感知するのである。第Ⅲ章で述べたように，甘樫丘東方では天香具山軸は元飛鳥川の流路にあたっていた。そのために，飛鳥寺の中心である仏舎利塔を天香具山軸上に配置することができなかった。寺域の西縁を河原ではあるが天香具山軸に設置し，伽藍は河原から外れたより東に配置した。西縁は河原ゆえ，事実上，掘立柱塀も設置できない。そこで，寺域の東縁に対して，天香具山を指向する斜辺に敢えてした。そう筆者は考えるのである。

推古期にはどのような測量が実施されたのであろうか。第Ⅳ章では斉明期の水落遺跡基壇の精緻な測量結果を検証しているが，ほぼ同様の測量過程があったものと想像している。その一端は木庭（2016）で報告した。天香具山々頂で無風時に狼煙を上げる。飛鳥寺用地南東端からその狼煙に向かって視準する。そして飛鳥寺用地北東端付近に表（ノーモン）を立てて移動しつつ，視準点と狼煙を結ぶ線上に一致させればいいのである。第Ⅱ章の「コラム：飛鳥の谷から天の北極の随時把握」で示した手法の応用である。

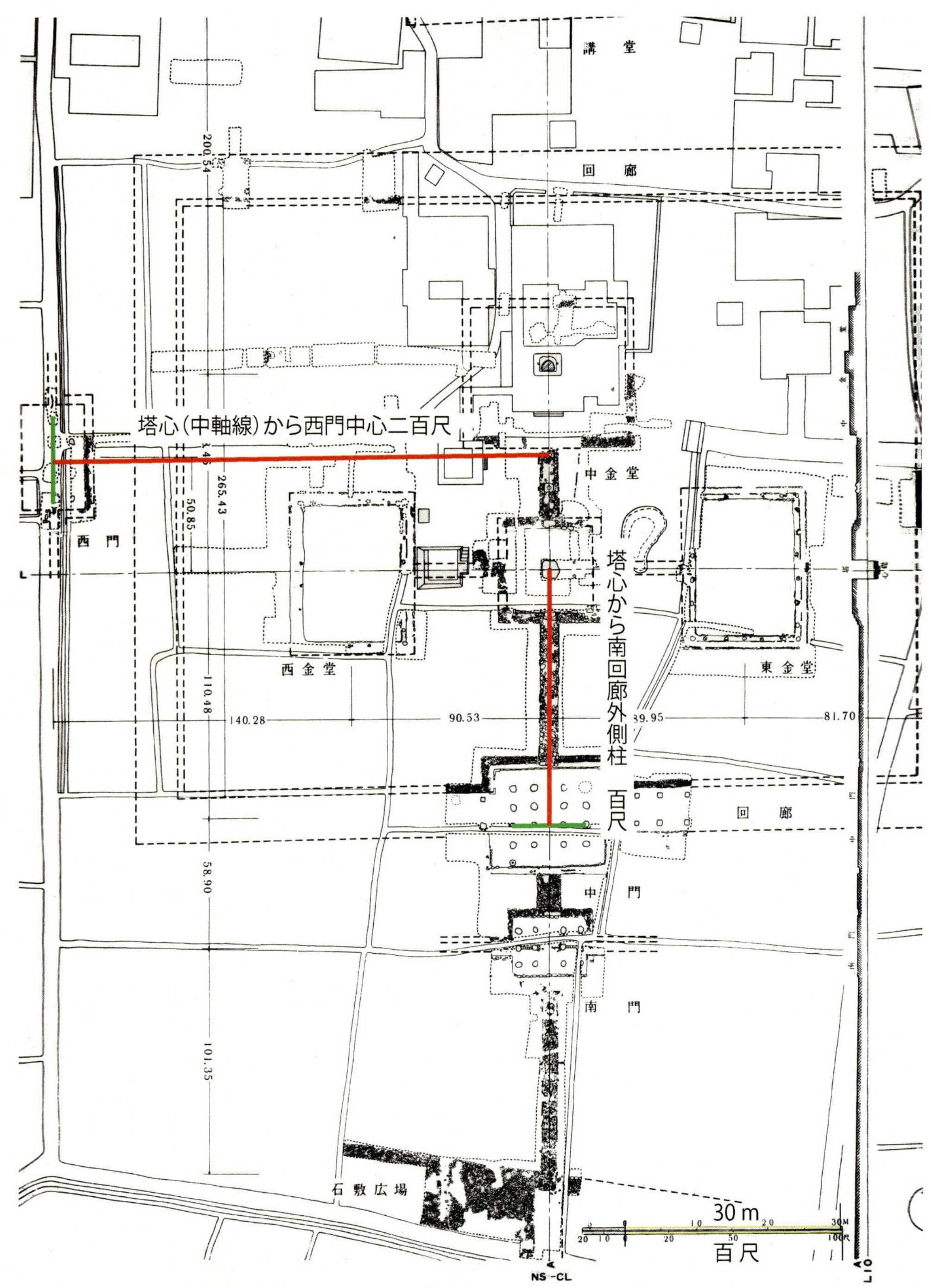

図2　飛鳥寺伽藍配置と高麗尺の関係

奈文研（1958）の「PLAN2 発掘全域実測図」の北端を除く範囲を示している。

水落遺跡基壇中央の測量は斉明期のもので，繰り返し述べてきたように極めて精緻な測量が実施されている。推古期の飛鳥寺域東斜辺と天香具山々頂を通る天の北極軸との交点は山頂から81.5m北にずれた。水落遺跡基壇中央の測量がどのように実施されたのかはもちろん分かっていないが，天香具山々頂で北天の天球を観測して天の北極軸を決定し，その成果を基に，180度回転して真南軸上に載るようにノーモンを使って何回か，もりかえするか，狼煙などで一気に決めてしまうといったことが考えられるが，光の屈折の問題があって，実際にやってみないとわからない。とはいえ，天球の観測から直接得られる天の北極軸上での測量よりも，天の北極軸を斜交する飛鳥寺東斜辺から天香具山々頂を視準する測量の精度が低下することは想像できるところである。

2．高麗尺と唐尺

ここでは第Ⅵ章2.4「飛鳥寺域の天香具山軸に面した建立から中ツ道軸による分断へ」の最終段落（pp. 207-208）に関わって論じたい。水落遺跡基壇の場はこれまで述べてきたように元飛鳥川の河道域にあたり，半永久的なランドマークを設置することはできず，水落遺跡基壇中央の測量は斉明期に実施されたと考えるのが妥当である。とはいえ，推古期の飛鳥寺中核の仏塔設置にあたって，天香具山軸を嗜好していたのであるから，推古期にかなりの努力で天香具山軸が決定されたことは，これまで述べてきた飛鳥寺東斜辺の存在からも確認できる。

文化庁（2013）には飛鳥資料館編（1986）の図録について塔心と他の伽藍建物配置に関わる数値が再掲されており，いまだ奈文研（1958）との間に認識の違いが生じていないことを示している。「飛鳥寺伽藍は建物各個の設計も，建物相互の位置関係つまり伽藍配置も，ともに高麗尺を造営基準としている」，「各建物間の位置関係は，塔心を基点にして，塔，中・東・西金堂，講堂，中門，南門，西門は建物の中心を，回廊は外側の柱通りの位置を基準として，完好な寸尺値により設定されている」（pp. 18-19）などとされる。この引用文中で使用されている「完好な」という日本語はなく，中国語の「完好的」に対応する用語で，中国語では無傷の意である。考古学者がよく使う「完数（または完全数）」という用語も現代中国の数学用語（complete numberの訳語）であって，完好も完数も適切な用語とは思えない。

新井（1990：p. 3）の次の議論は完数を考える上で参考になる。〔「完数」ならびに「完数度」については以上のように定めたが，建造物等の計測値については施工誤差やその後の変容があり，計測値／基準尺が完全に整数となることはむしろまれであり，かなりのバラツキをともなう。例えば，0.754m，1.283m，1.769m の3個の計測値から推定される「基準尺」の一例は0.254m であるが，これで各計測値を除すると2.97 (3)，5.05 (5)，6.96 (7) となり，( ) 内に示した「完数」を容易に推定出来るものの，「完数度」と云う点では若干割り引かなければならない。そこで，一般の整数値のみでなく，全ての実数についても「完数度」を定義し，これをもって想定した「尺度」がどの程度良く合っているかの評価の基準としたい〕。完数とは建物の多くの桁行などを計測して，全部の計測値について共通の実数（いわば実数ではあるが公約数にあたる）で割って得られる整数に過ぎないのである。もっと言えば，この整数に意味がある訳ではない。複数の計測値に共通の基準尺を求めることに意味がある。とはいえ，さらにある軸上での整数群の総和に十進法や易学などで意味を付加できればそれに超したことはない。個々の測定値には意味を見いだすことは通常できず，いわば総合値に意味をもたせるということだ。

浅野（1957）の報告には，飛鳥寺建造で使用された基準尺を高麗尺とした経緯が示されていると思う。この報告は1956年5〜6月，11〜12月の発掘を踏まえたもので，この翌年の発掘も含めて奈文研（1958）の報告書に出ている。浅野（1957: p. 448）は建築学の立場から参加し，柱間寸尺について次のように述べている。「こゝの建物では柱間を単なる完数値にとっているのか，棰割（たるきわり）によってすべての柱間寸尺が一定の数値の公倍数になっているかを吟味しておくことが望ましい（中略）。実測寸法中には6.5尺とか7.5尺と云った寸尺が出ていて，唐尺では到底完数を得がたいが，一応高麗尺の完数を採ったものとしてこれを整理してみると，次のようにまとまるのである」として，中門，南門，西門，東金堂の桁行端間，桁行中間，梁行端間，梁行中間を高麗尺で示している。この表値についての議論は示されていないが，桁行中間の数値のみが中門12，南門11，西門12，東金堂9というように，すべてで整数を示しており，唐尺よりも高麗尺が採用される高い可能性を示している。大辞林などによれば，唐尺（とうじゃく）は正倉院及び法隆寺などに残っておりほぼ29.6cm 長を示す。須股（1992: p. 131）によれば「日本の唐尺使用の上限は7世紀中葉とされてきた。（中略）したがって曲尺（かねじゃく）9寸7分にちかい長さの尺は唐王朝以前の古代日本に存在した」などとする。曲尺9寸7分というのは，現在の曲尺が約30.3cm であるから，29.4cm にあたる。

奈文研（1958）の伽藍跡の測量図面では尺表示になっている。この図面集の始めに図中の数字が曲尺値であることが明記されている。文化庁（2013: p. 19）には，「飛鳥寺伽藍は建物各個の設計も，建物相互の位置関係つまり伽藍配置も，ともに高麗尺を造営基準値としている」とある。飛鳥寺伽藍配置に関わって高麗尺(こまじゃく)の「完数」として挙げられているのは，40，50，75，100，175，190，200，250，320である（文化庁，2013: pp. 18-19)。十進法に慣れた我々にとって切りの良い100と200に一応注目して，奈文研（1958）の測量図面（図2）を使って次に検証してみる。100は塔心から伽藍中軸線に載って南回廊外側柱列（図中の緑線）まで（赤線）と考えられる。この距離は，図最下段のスケールを利用して計算すると58.171/50.117＊30m＝34.821mとなり，高麗尺の長さは，34.821/100＝0.348mとなる。200は塔心を通る伽藍中軸から西門の中心（緑線）まで（赤線）で，この距離は，同スケールを利用して115.564/50.117＊30m＝69.177mとなり，高麗尺の長さは，69.177/200＝0.346mとなる。このように，基準尺の両数値はほぼ一致する。

高麗尺1尺は曲尺1尺1寸7分6厘または唐尺の1.2倍とされるので，高麗尺＝35.3～35.6cmとすると，飛鳥寺の基準尺は小さめである。つまりは，飛鳥寺の高麗尺採用説は35.3～35.6cmを使って求められたのではなく，いわば先験的に100尺または200尺を当てはめて，遺跡内での端点を探して設定されたことに由来すると考えられる。もちろん，造営時の作業精度の限界ゆえにこの種のモデル化は許されると思う。

中心伽藍の講堂について，文化庁（2013: p. 20）は，2006年の奈文研による飛鳥藤原第143-6次調査について次のように述べる。「講堂南西隅を含む南側の柱筋を確認することができました。その成果を詳細に検討した結果，講堂身舎(しんしゃ)の桁行(けたゆき)部分の柱間が4.48m（15高麗尺），廂(ひさし)部の柱間は3.83m（13高麗尺）となることが判明し」ました。ここで高麗尺とされているのは，明らかに不適切である。この換算だと，それぞれ4.48/15＝0.297，3.83/13＝0.295となって，唐尺になる。この元文献の奈文研（2007）では，高麗尺とは明記されず，尺とのみ表記されている。この報告にはこれより前に知られている身舎の梁行(はりゆき)の柱間値5.40m（18尺）も挙げられており，5.40/18＝0.300となる。特にこの柱間値5.40mは高麗尺では整数値にはなり得ず，飛鳥寺が高麗尺だけでなく，唐尺も使用されていたことがわかる。伽藍配置の距離は高麗尺であっても唐尺であっても恣意的に整数値にすることは可能ではあるが，建物の柱間値などは難しい。飛鳥寺の中心伽藍のうち，回廊で囲繞(いにょう)された聖域から北に外れた講堂でこのような柱間距離が出ていることからすると，講堂は仏塔を通る伽藍中軸に載るとはいえ，その建物軸が回廊囲繞域に比べて真北からの西偏が大きいことも踏まえて，工人集団や建築時期に違いがあった可能性が高い。

次節では，推古期の天香具山軸探査について唐尺を使って述べるが，その前に岸（1970）の高麗尺説に改めて言及する必要がある。本書ではこの岸の高麗尺説を前提に論を進めてきたからである。〔大和三古道のうち，横大路上の下ツ道と中ツ道の交差点間の距離を3000分の1地図で読むと2118mを示す。この数値は当時の測地尺であった高麗尺（約35.3～35.5cm）に換算するとほぼ6000尺という完数を得る。これは大宝令の雑令に規定された高麗尺5尺＝1歩とする測地法に従えば6000尺＝1200歩ということになる。しかし高麗尺5尺＝1歩という測地法は大宝令施行以後のもので，三道設定時期，すなわち大宝令以前の測地法は高麗尺6尺＝1歩とするものである。したがってこの高麗尺6尺＝1歩とする当時の常用測地法によれば，1000歩とすべきである。このような「一千歩」という完数表示は他にも当時の用例があり，おそらく三道は「一千歩」という完数を相互間隔に選んで設定されたのであろう〕（本書筆者は煩瑣を避けるため，里(り)に関わる所を省き，漢数字をアラビア数字などに置き換えた；岸，1993: p. 35）。

岸は大宝令雑令の大宝大小尺の大尺を高麗尺としているが，小泉（1977: pp. 75-78）は，現在の定説では，大尺はいわゆる唐尺で曲尺9寸7分，小尺は8寸1分としている。後述するように，1歩＝6唐尺＝6×0.294m＝1.764mとすると，7200尺＝1200歩になる。ここでは具体例を挙げないが『九章算術』や大宝令雑令などには単位の換算値として6の倍数は多用されており，「一千二百歩」であることに問題はない。ここで筆者が伝えたいことは，この大和三道に関する議論は，高麗尺でも唐尺でも成り立ちうるということである。

3．推古期の天香具山軸と甘樫丘軸

上記「飛鳥寺域の天香具山軸に面した建立から中ツ道軸による分断へ」の最終段落（pp. 207-208）で示した数値についてここに再掲する。塔心 -16519.10mと天香具山軸 -16692.49mの東方向間距離は173.39mである。先の高麗尺0.3535mを使うと173.39m/0.3535m＝490.5尺となる。これを浄御原令以前の1歩＝高麗尺6尺で換算すると82歩になり，切りのいい数字にはならない。

須股（1992: p. 133）は「大宝令大尺の寸法」というテーマの議論をする過程で，「現実に残る奈良時代の物差しの実物は正倉院，法隆寺，福島県恵日寺に在り，曲尺9寸7分～9寸8分（29.4～29.7cm）前後である」とし，さらに，「小泉袈裟勝氏は大宝令大尺と唐令の大尺は同じで，その祖型は北魏の時代には公定され隋，唐に普及していたもので，7世紀より遥かに前から日本に渡来し，同時に入ってきた小尺よりも実用面で普及し始めていた」という。この引用部分は，引用元の小泉（1977: p. 72）で確認した。ここでいう唐大尺は唐尺にあたる。須股（1992: p. 142）は5世紀築造の仁徳陵，履中陵などの研究を通じて，「畿内に設けられた座標軸，基本線と遺構配置から，4世紀の頃23.1cmと29.4cm尺の両者が使用された可能性があること，7～8世紀造営の都城配置は，基本線を基準に29.3～29.9cm尺による18里の完数で定められている場合が多く，畿内地図作成のために18里方格網が設定された可能性を示した」とする。以上を踏まえて筆者は，当該の古代飛鳥寺域の測量については唐尺が使われたとし，その長さとしては曲尺9寸7分の29.4cmを採用したい。

そこで，塔心と天香具山軸の東方向間距離173.39mを100歩で割ると，1歩≈1.7339mとなる。この値は，1歩＝6唐尺＝6 × 0.294＝1.764mにかなり近い。このズレは推古期の天香具山軸が斉明期のそれと異なる可能性を示唆しているので，改めて東斜辺と塔心の東方向間距離が鍵になると思われたのである。

飛鳥寺域の東端（東方向距離 -16331.70m）は，第Ⅲ章の図6に示した水落遺跡への東山漏刻用水池の西縁にあたる。塔心-16519.10mとの東方向間距離は，187.4mで530高麗尺になる。屋外なので1歩＝6尺で換算すると88歩となる。これも切りのいい数字にはならない。高麗尺で100歩だと飛鳥寺東側の寺域を越えてしまう。以下の議論に関わる（easting, northing）値＝(東方向距離，北方向距離）を表1にまとめている。

飛鳥寺中軸線から飛鳥寺東斜辺までの距離が100歩であればと思う。そこで，飛鳥寺中軸線（東方向距離 -16519.10m）から見て，唐尺を使って東斜辺のどの部分で100歩になるのか調べてみることにした。100歩＝100*（0.294*6）＝176.4mであるから，-16519.1＋176.4＝-16342.7となる。この値を示すのは，図3のｂ点である。この北方距離は，文末で示した「計算過程について」で示した式から，-168720.0mとなる。この値は北回廊北縁ｃ点に一致する。そして，更にこの西方延長の甘樫丘の二つの山頂

表1　飛鳥寺周辺の天香具山と甘樫丘に関わる地点の座標値

図1の地点記号	地点名	東方向距離（m）	北方向距離（m）
a	飛鳥寺仏塔心	-16,519.1	-168,779.0
b	飛鳥寺東斜辺軸上のｂ点	-16,342.7	-168,720.0
c	飛鳥寺北回廊北縁のｃ点	-16,519.1	-168,720.0
d1	甘樫丘山頂北辺 d1点	-16,902.5	-168,720.0
d2	甘樫丘山頂北辺 d2点	-17,025.4	-168,720.0
e	推古期の天香具山軸	-16,695.5	-168,720.0
参考地点	天香具山山頂	-16,692.5	-166,895.4
参考地点	水落遺跡柱心交差心	-16,692.4	-168,563.6
参考地点	文武朝大官大寺仏塔心	-16,695.4	-167,679.7

d1 点，d2 点北縁に一致するのである。

飛鳥寺北回廊の北縁を甘樫丘の二つの山頂に合わせる意義はわからないが，近接する聖山甘樫丘の二つの山頂が真東西軸上に載る偶然性に神秘性が付与されたのであろう。「回廊東西幅は 320 高麗尺であり，南北幅は東西幅の 5 分の 4」（文化庁，2013: p. 19）とあり，回廊の東西および南北幅には意味があり，回廊北縁がこの b 点の真東西線に一致する意義はあるかと思われる。図 3 には塔心から北方向に白線を描き，b 点～d2 点の東西の白線と c 点で T 字に交差させている。

推古朝が，甘樫丘の d1 点と d2 点の山頂が東西に並ぶ現象に深い意味を汲み取った可能性は高いとは思われる。以前より，飛鳥寺の南北位置が甘樫丘と繋がりがあるとは考えてきたので，この東斜辺の塔心からの東方間距離 100 歩の b 地点から甘樫丘に繋がるのは驚きであり，偶然とは思えない。

この現象からすると，塔心の西方 100 歩の位置が，推古期の天香具山軸に該当することになる。つまり，塔心の東方向距離 -16519.10m−176.4m＝-16695.5m の東方距離がそれにあたるのである。天香具山々頂を通る軸は，-16692.49m であるから，推古朝が求めた天香具山軸は，天香具山々頂を通過する軸よりもわずか 3.01m 西方になっている。推古期にこの測量精度を確保している証左となるのである。

なお，ここで得られた推古期の天香具山軸の東方向距離と，天香具山に最も近い軸上に載る文武朝大官大寺仏塔心の東方向距離との間は，0.1m に過ぎず，いわば完全に一致している（表 1）。天香具山軸の位置は推古朝によって決定され，斉明朝に引き継がれた可能性も高くなった。

世界観の実現プロセスとしては，

1．天香具山々頂での天の北極軸の把握。
2．真南への視準による天香具山軸の飛鳥寺造営予定地付近への移写。
3．天香具山軸に対する垂直線を使った甘樫丘 2 峰 d1-d2 両点間の線分の真東西方向の確認。この作業で e 点が確定される。
4．そして飛鳥寺北回廊北縁予定地決定のための d2-d1 両点の東方延長線上で，e 点から 100 歩の c 点，さらには c 点から東方 100 歩の b 点を求める。
5．b 点から天香具山々頂を視準して東斜辺が決定される。この過程では東斜辺の北端 f 点と南端 g 点は世界観からすると任意の点で，北端 f 点は飛鳥寺北辺道路，南端 g 点は丘陵の手前に該当するのであろう。推古期に飛鳥寺へ導く東山（漏刻）用水池が設営されていた可能性もある。
6．c 点から予定される仏塔心 a を真南に配置する。

伽藍内の設計では歩の代わりに尺が使用される。c点 -168,720から仏塔心a -168,779までの南北距離は59.0mとなる。これを唐尺に替えると，59.0m÷(0.294m/唐尺)=200.7，つまり200唐尺と切りの良い数字になる（図3)。

これまで，飛鳥寺仏塔心または飛鳥寺中軸線に到達すべく唐尺で議論を進めてきた。この流れに疑問を持たれる方々もあろう。筆者も同様の思いを持つが，唐尺百歩を採用することでこの議論は成功した観がある。小泉（1977: p. 71）の次の記述は，この事情を説明し得るかも知れない。「この唐の大小尺は，隋代に漢代から伝わってやや伸びた正統尺と，その一尺二寸の開皇官尺と同じだから，日本が積極的に中国の文物を取り入れはじめた六世紀なかば以後に入ってきたと考えられる。これらは工人の携えてきたものと違って，先進文化国の公の制度によるものだから，ようやく制度の確立の必要を感じはじめた日本の朝廷が，他を廃しても取り入れようとするのは当然である。しかも度量衡の制度は，他の同時に導入しようとする諸制度と切離すことができないから，尺度もそのまま採用する。このときもし固有の制度や習慣が局地的にでもできあがっていれば，その矛盾がただちに現れてくる。こうして高麗尺がはしなくも歴史の上に浮かび出た，というわけである」。

もちろん，この小泉の記述は，このコラムで展開してきた飛鳥寺の天香具山軸との関係に直接的つながりはない。小泉の記述は，唐尺と高麗尺との関係をヤマト政権，ここでは推古朝の受容に関して一般論として述べたものである。とはいえ，古代飛鳥寺に関わって，主要伽藍が高麗尺で，講堂が唐尺で，飛鳥寺域を当時の最高の聖地天香具山、そして甘樫丘とつなぐ測量を，権威があり（しかも小泉によるとヤマトでも4世紀頃から使われてきた尺に近い）唐尺で実施した蓋然性はかなり高いと思われるのである。『日本書紀』によれば，崇峻元（588）年に百済から仏舎利が献上され，優秀な僧や技術者が渡来して，飛鳥寺の造営が開始されるとある。講堂を除く伽藍造営に当時の朝鮮半島の技術がそのまま使用されたことは確実で、寺域の測量が異なる技術者集団によって実施された可能性もある。

筆者は水落遺跡の立地について，東西方向が天香具山軸に載ることを本書で述べてきた。そして南北方向が甘樫丘と繋がる筈だと考えてきたがこれまでは，見いだし得なかった。表1の北方向距離をみると，水落遺跡基壇中心（柱心交差心）-168,563.6 マイナス 飛鳥寺仏塔心 -168,779.0＝215.4mとなる。これを唐尺*6または高麗尺*6で割ると，122.1歩または100.8歩となる。「完数」と歩数の切りの良さからすると，斉明期に設置された水落遺跡の南北位置は高麗尺が使われたこと，そして「完数」として100歩が使われていた高い可能性がある（図3)。この水落天文台遺跡は東西方向について

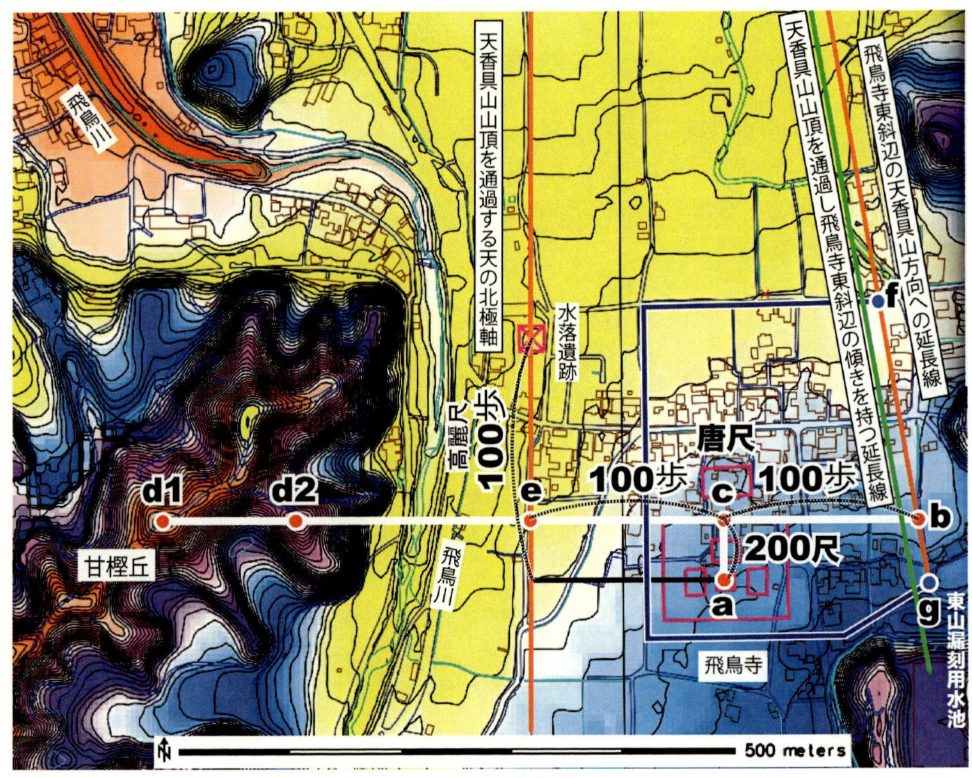

図3　飛鳥寺周辺の天香具山および甘樫丘に関わる軸線

飛鳥寺の回廊で囲繞された聖域の北縁を通過する真東西軸と仏塔心を通る飛鳥寺中軸線の交点が図中の c 点である。唐尺でこの東西 100 歩に b 点，e 点，そして甘樫丘の山頂北縁 d1 点と d2 点が並ぶ。c 点と仏塔心 a 点とは中軸上で 200 尺に設定されている。水落遺跡と飛鳥寺仏塔心とは真北軸距離で高麗尺 100 歩。

は天香具山軸に載せつつ，南北方向については飛鳥寺仏塔を通じて甘樫丘と繋がっていることは，斉明朝にも理解されていたことと想像される。

参考文献

浅野清，1957．飛鳥寺の諸門及び東西金堂．日本建築学会論文報告集，No. 57，pp. 445-448.

新井宏，1990．古代尺度復元法の研究—（第1報）よみがえる古韓尺と高麗尺—．計量史研究．Vol. 12，(No. 1)，pp. 1-135.

岸俊男，1993．日本の古代宮都．岩波書店．

本文で引用している「大和の古道」部分は，岸俊男，1970．古道の歴史．坪井清足・岸俊男編著『古代の日本』5 近畿，角川書店　にあたる。本文での引用ページ番号は 1993 のものを使用している。

黒崎直，2011．飛鳥の都市計画を解く．同成社．

小泉袈裟勝，1977．ものさし．法政大学出版局．

木庭元晴，2016．句股定理による地図作成法の復元：大和三山を例として．日本地理学会 2016 年春季学術大会（早稲田大学，東京）.

須股孝信，1992．畿内の遺構配置にみる古代の土木技術（その3）―古代の使用尺度に関する考察．土木史研究，No. 12，pp. 131-142.

奈文研（奈良国立文化財研究所），1958．飛鳥寺発掘調査報告．奈良国立文化財研究所学報第5冊．

奈文研，2007．飛鳥寺の調査―第143-6次．奈文研紀要2007，pp. 105-107.

文化庁，2013．奈良文化財研究所飛鳥資料館 春期特別展『飛鳥寺2013』資料（会期：平成25年4月26日(金)〜6月2日(日)).

計算過程について

①「天香具山山頂を通過する天の北極軸」の設定

筆者が設定した天香具山々頂のCS6座標値は，(easting, northing)＝(−16692.49,−166895.40)である。この山頂から水落遺跡付近を通過する南北方向の直線が，①にあたる。GrassGISに取り込むために次のコマンドを実行した。

```
v.in.lines in=-out=Amanokaguyama_jiku fs=, <<EOF
-16692.49,-166895.40
-16692.49,-169538.77
EOF
```

③「飛鳥寺東斜辺の天香具山方向への延長線」

②を実行する前にこの③を実行した。東斜辺の北端（x1, y1）と南端（x2, y2）の座標値は，下記のようにGrassGIS上で読み取った。

easting x1, x2	northing y1, y2
−16377.16623	−168532.1677
−16331.42728	−168781.4062

この両点を通過する直線の傾きは，a＝(y1−y2)/(x1−x2)＝−5.449152539となる。直線の式はy＝ax＋(y1−ax1)となり，この直線と天香具山軸との交点（x, y）は，この式でx＝−16692.49とすればyを得ることができる。すなわち，(−16692.49, −166813.9204）である。①で示したように天香具山々頂は（−16692.49, −166895.40）なので，交点は天香具山々頂よりも，北に81.5mずれていることになる。

②「天香具山山頂を通過し飛鳥寺東斜辺の傾きを持つ延長線」

天香具山々頂（−16692.49, −166895.40）から飛鳥寺東斜辺の傾斜−5.449152539で延長してみる。

y−(−166895.40)＝−5.449152539＊(x−(−16692.49))　この式に南端のx値

x＝−16331.42728を代入すると，南端の座標値は，

(−16331.42728,−168862.8859）が得られる。GrassGISへの取り込みは次式。

```
v.in.lines in=-out=Amanokaguyama_Slope_EastObliqLine fs=, <<EOF
-16692.49, -166895.40
-16331.42728, -168862.8859
EOF
```

なお，参考のために飛鳥寺域のGrassGISへの取り込みのためのコマンドを次に示す。

```
v.in.ogr input=/Users/moto/grassdata/FileConvert_folder/Asuka/Asukadera1999/Asukadera_iki3.shp
output=Asukadera_iki3 min_area=0.0001type=boundary,centroid snap=1e-10-overwrite
```

以　上

索　引

●ア　行●

●カ　行●

●サ　行●

●タ　行●

●ナ　行●

●ハ　行●

●マ　行●

●ヤ　行●

●ラ　行●

●ワ　行●

【著者紹介】

木庭　元晴（こば　もとはる）
関西大学教授，理学博士（東北大学）
東北大学大学院理学研究科博士課程後期課程（地理学専攻）1979年10月修了

編著書

東日本大震災と災害周辺科学．古今書院，2014年
地震と火山のメカニズム．古今書院，2014年
新修茨木市史 第一巻 自然編．pp. 5-177，2012年
地球環境問題の基礎と社会活動．古今書院，2009年など。

※本文では他の著者との混乱を避けるために，本書著者を筆者としている。

飛鳥藤原京の山河意匠 ―地形幾何学の視点―

2018年3月30日　発行

著　者　木　庭　元　晴

発行所　関　西　大　学　出　版　部
〒564-8680 大阪府吹田市山手町 3-3-35
TEL 06(6368)0238　FAX 06(6389)5162

印刷所　株式会社 遊文舎
〒532-0012 大阪市淀川区木川東4-17-31

ISBN 978-4-87354-677-3 C3021　落丁・乱丁はお取替えいたします。